城市客运自动驾驶
发展与应用示范报告

（2022—2023）

主　编 / 吴忠宜
副主编 / 宜毛毛　祁　昊　刘好德

人民交通出版社股份有限公司
北京

图书在版编目（CIP）数据

城市客运自动驾驶发展与应用示范报告.2022—2023 / 吴忠宜主编；宜毛毛，祁昊，刘好德副主编. — 北京：人民交通出版社股份有限公司，2023.12
 ISBN 978-7-114-19256-2

Ⅰ.①城… Ⅱ.①吴…②宜…③祁…④刘… Ⅲ.①城市运输—旅客运输—自动驾驶系统—研究报告—中国—2022—2023 Ⅳ.①F570.82

中国国家版本馆 CIP 数据核字（2023）第 248529 号

Chengshi Keyun Zidong Jiashi Fazhan yu Yingyong Shifan Baogao（2022-2023）
书　　名：**城市客运自动驾驶发展与应用示范报告（2022—2023）**
著 作 者：吴忠宜
责任编辑：杨丽改　刘捃梁　钟　伟
责任校对：孙国靖　宋佳时
责任印制：刘高彤
出版发行：人民交通出版社股份有限公司
地　　址：（100011）北京市朝阳区安定门外外馆斜街 3 号
网　　址：http://www.ccpcl.com.cn
销售电话：（010）59757973
总 经 销：人民交通出版社股份有限公司发行部
经　　销：各地新华书店
印　　刷：北京印匠彩色印刷有限公司
开　　本：710×1000　1/16
印　　张：23
字　　数：313 千
版　　次：2023 年 12 月　第 1 版
印　　次：2023 年 12 月　第 1 次印刷
书　　号：ISBN 978-7-114-19256-2
定　　价：100.00 元

（有印刷、装订质量问题的图书，由本公司负责调换）

编委会

主　　任：王先进

副 主 任：杨新征　乔　云

委　　员：刘好德　彭　虓　陈徐梅　冯旭杰　管妮娜

编写组

主　　编：吴忠宜

副 主 编：宜毛毛　祁　昊　刘好德

参编人员：刘向龙　宋德王　王江锋　龙科军　杨东龙
　　　　　　苏　奎　张柱庭　陈　晨　杨　烨　史可朝
　　　　　　张迪思　高培基　茅志强　周晓宁　汪　磊
　　　　　　张　健　陈　巍　李林桓　魏保祥　常振廷
　　　　　　霍　静　程修远　张　驰　申　杰　朱　田
　　　　　　唐　瑶　孙　雷　秦孟强　朱中和　万　如
　　　　　　姚振兴　周红媚　李　成　曾乾瑜　刘漫霞
　　　　　　倪　鹏　蒋　园　吴征明　董志威　张晓波
　　　　　　管妮娜　李佳杰　胡　锐　王寒松　高志波
　　　　　　钱贞国　罗冬宇　穆　凯　李香静　陈　峻
　　　　　　熊　壮　樊　静　周志恒　朱彬榕　彭之川
　　　　　　毕炜丽　杨　蕾　高　阳　郭杏荣　王彩凤
　　　　　　马春林　张孝法　袁宏伟　田晓明　梁振华

编写单位

主编单位： 交通运输部科学研究院

副主编单位： 中国公路学会自动驾驶工作委员会
城市公共交通智能化交通运输行业重点实验室
北京交通大学
长沙理工大学
北京百度网讯科技有限公司

参编单位： 深圳市交通运输局
广州市交通运输局
郑州市公共交通集团有限公司
广州市公共交通集团有限公司
广州巴士集团有限公司
中国雄安集团交通有限公司
东南大学
上海海事大学
长安大学
大连理工大学
北京车网科技发展有限公司
广州智能网联汽车运营中心
招商局检测车辆技术研究院有限公司
武汉车网智联测试运营管理有限公司
永川区新城建设发展促进中心
湖南湘江智能科技创新中心有限公司
先导（苏州）数字产业投资有限公司
广州宸祺出行科技有限公司
中车时代电动汽车股份有限公司
北京智行者科技股份有限公司
深圳元戎启行科技有限公司
悦享雄安科技有限公司
北京轻舟智航科技有限公司
深圳安途智行科技有限公司
北京小马智行科技有限公司
蘑菇车联信息科技有限公司

PREFACE
前言

随着科技的快速发展，自动驾驶技术逐渐走进大众视野。作为一项具有革新性的新技术，自动驾驶在交通领域的探索应用越来越受到关注。本报告以城市客运自动驾驶应用示范为主题，分为综述篇、政策法规篇、技术产业篇、应用示范篇和专家观点篇，旨在向读者呈现这一领域的年度发展现状、问题及未来发展趋势。

综述篇中，探讨了城市客运自动驾驶应用示范的现状、形势、问题及发展建议。自动驾驶技术的发展给城市客运带来了诸多机遇和挑战，在技术不断进步的同时，我们需要思考如何更好地将自动驾驶技术应用于城市客运，并解决其中存在的问题。针对这一目标，本报告提出加强政策法规的引导和支持，推动技术创新和人才培养，加快运营安全监管体系、配套保障体系、标准规范体系建设，强化示范应用的跟踪评估等建议。

政策法规篇中，阐述了深圳、北京、广州、武汉、重庆、长沙、苏州等地的自动驾驶政策法规创新思路与探索实践，并跟踪了美国、欧盟、日本等国家和地区的自动驾驶政策法规进展。各地的政策法规探索实践为推动自动驾驶技术的应用落地起到了积极作用。通过对比分析不同国家和地区的自动驾驶政策法规，总结其共性和差异性，为我国国家和地方制定更加完善的政策法规提供参考和借鉴。

技术产业篇主要介绍了城市客运自动驾驶科研总体进展、技术发展、产业发展、人才培养以及标准规范建设等情况，供广大读者更好地了解自动驾驶技术、人才和产业的最新发展动态，以及行业面临的主要机遇和挑战。

应用示范篇选取了上海、郑州、广州、苏州、雄安新区等地的自动驾驶应用示范案例进行分析。案例涵盖了不同场景和级别的自动驾驶技术应用情况，包括快速公交、便民巴士、自动驾驶出租汽车等，展现了自动驾驶技术在城市客运领域推广应用的典型经验。

专家观点篇分享了多位行业专家就自动驾驶相关的法律法规、应用分级、发展阶段划分等方面的见解。这些观点和建议为读者提供了更加专业的视角并启发读者更加深入思考，有助于读者深入理解自动驾驶技术在城市客运领域的应用挑战和发展前景。

附录部分收录了 2022 年以来城市客运自动驾驶领域相关的大事记、政策法规清单以及标准规范清单。这些资料有助于读者全面了解该领域的发展动态和政策法规的出台情况，为进一步研究和实践提供参考。

本报告希望通过总结分析城市客运自动驾驶领域的发展现状、问题和未来趋势，帮助读者更好地了解这一领域的实际情况，为推动自动驾驶技术在城市客运领域的应用发挥积极作用。

本报告的编写得益于广州市重点研发计划重大科技专项（202206020004）的大力资助。在本报告的编写过程中，得到了多位专家学者和行业从业者的支持和帮助，在此一并表示感谢。特别感谢王江锋教授、龙科军教授、张健教授、汪磊副教授、周红媚副教授以及姚振兴副教授为本报告审稿作出的贡献。同时，也感谢各位读者的关注和支持，希望本报告能为读者带来一定的思考和启示，期待着与各位读者共同见证城市客运自动驾驶的不断发展和创新。

本报告的观点均为作者根据从业经验和体会提炼形成，不当之处还请读者批评指正。

编 者

2023 年 12 月

CONTENTS 目录

第一篇 综述

01 城市客运自动驾驶应用示范现状、问题及建议 ……………… 3
    一、政策法规建设进展 ……………………………………………… 3
    二、标准规范制定情况 ……………………………………………… 12
    三、城市客运自动驾驶示范应用情况 ……………………………… 15
    四、面临的发展形势 ………………………………………………… 18
    五、存在的主要问题 ………………………………………………… 19
    六、发展建议 ………………………………………………………… 21

第二篇 政策法规

02 深圳市智能网联汽车政策法规创新思路与探索实践 ………… 27
    一、立法背景 ………………………………………………………… 27
    二、立法思路 ………………………………………………………… 28
    三、主要内容和制度创新 …………………………………………… 30
    四、经验总结与展望 ………………………………………………… 32

03 北京市智能网联汽车政策先行区"2＋5＋N"管理政策体系 …… 34
    一、背景 ……………………………………………………………… 34
    二、"2＋5＋N"管理政策体系 …………………………………… 36
    三、实施成效与经验总结 …………………………………………… 39
    四、下一步规划 ……………………………………………………… 40

04 广州市智能网联汽车混行试点政策体系探究分析 …………… 41
    一、广州市智能网联汽车混行试点政策发布背景 ……………… 41

	二、广州市智能网联汽车混行试点主要政策	42
	三、广州市智能网联汽车混行试点实施成效	46
	四、下一步规划	47
05	**武汉市无人商业化服务政策探索与应用实践**	**49**
	一、运营环境建设	49
	二、政策保障	52
	三、自动驾驶应用成果	54
	四、总结与展望	55
06	**重庆市永川自动驾驶政策体系探索与实践**	**56**
	一、永川区自动驾驶管理组织架构	57
	二、全无人商业化支撑政策	58
	三、实施成效	62
	四、经验总结	63
	五、发展展望	67
07	**长沙市智能网联汽车测试示范政策研究**	**71**
	一、发展背景	71
	二、长沙自动驾驶测试及运营基础条件	72
	三、道路测试与示范应用管理政策制定历程	74
	四、《测试示范细则 4.0》架构体系与主要内容	76
	五、《测试示范细则 4.0》特色	77
08	**苏州智能网联汽车立法思考**	**79**
	一、苏州智能网联立法基础	79
	二、立法工作开展情况	82
	三、立法思路与主要内容	84
	四、问题与展望	85
09	**国外自动驾驶政策法规进展与经验借鉴**	**87**
	一、地理信息开放与共享	88
	二、车辆量产与准入	89
	三、测试与上路许可	92
	四、事故责任划分	94
	五、配套法规	97

六、经验借鉴……………………………………………………… 99

第三篇　技术产业

10　城市客运自动驾驶科研总体进展综述……………………………… 105
　　一、文献综述……………………………………………………… 106
　　二、重大项目……………………………………………………… 108
　　三、研究报告……………………………………………………… 113
　　四、总结…………………………………………………………… 115

11　城市客运自动驾驶技术发展情况概述……………………………… 117
　　一、自动驾驶技术分级及技术应用分类………………………… 118
　　二、城市客运自动驾驶关键技术进展…………………………… 120
　　三、公共汽（电）车和出租汽车自动驾驶关键技术发展现状……… 124
　　四、总结…………………………………………………………… 128

12　自动驾驶领域人才培养情况综述…………………………………… 132
　　一、背景与意义…………………………………………………… 132
　　二、国内外自动驾驶人才培养现状……………………………… 133
　　三、国内外自动驾驶人才需求…………………………………… 137
　　四、面临的主要问题……………………………………………… 142
　　五、对策建议……………………………………………………… 145
　　六、总结…………………………………………………………… 148

13　城市客运自动驾驶产业发展情况概述……………………………… 150
　　一、行业发展情况………………………………………………… 150
　　二、资本投资情况………………………………………………… 153
　　三、相关企业发展情况…………………………………………… 155
　　四、总结…………………………………………………………… 164

14　城市客运自动驾驶标准规范建设情况……………………………… 165
　　一、自动驾驶标准体系…………………………………………… 165
　　二、国内外自动驾驶相关标准建设情况………………………… 170
　　三、城市客运自动驾驶相关标准介绍…………………………… 174
　　四、总结…………………………………………………………… 179

第四篇　应用示范

15　郑州市东三环 L3 级自动驾驶快速公交应用示范 …………183
 一、项目概述 …………………………………………184
 二、关键技术 …………………………………………185
 三、应用示范效果 ……………………………………190
 四、经验体会 …………………………………………193

16　广州自动驾驶巴士，打造自动驾驶出行服务典型应用示范 ………194
 一、项目背景 …………………………………………194
 二、预期目标 …………………………………………195
 三、关键技术 …………………………………………196
 四、应用示范建设情况 ………………………………197
 五、运行安全保障措施 ………………………………198
 六、未来展望 …………………………………………199

17　苏州高铁新城城市公交场景自动驾驶应用 …………………201
 一、项目背景及意义 …………………………………201
 二、项目概述及目标 …………………………………202
 三、关键技术 …………………………………………204
 四、项目运营状况 ……………………………………207
 五、项目经验及问题 …………………………………208
 六、未来展望 …………………………………………209

18　雄安新区智能网联公交开放道路应用示范 …………………210
 一、示范运营场景 ……………………………………210
 二、系统结构组成 ……………………………………211
 三、示范运营效果 ……………………………………215
 四、未来展望 …………………………………………216

19　上海滴水湖自动驾驶公交示范应用案例 ……………………217
 一、案例背景 …………………………………………217
 二、运营场景 …………………………………………219
 三、关键技术 …………………………………………219
 四、示范效果 …………………………………………222

五、存在风险及应对措施⋯⋯⋯⋯⋯⋯⋯⋯⋯⋯⋯⋯⋯⋯223

六、未来展望⋯⋯⋯⋯⋯⋯⋯⋯⋯⋯⋯⋯⋯⋯⋯⋯⋯⋯224

20 百度L4级自动驾驶关键技术与无人商业化出行服务示范⋯⋯⋯⋯226

一、自动驾驶核心关键技术⋯⋯⋯⋯⋯⋯⋯⋯⋯⋯⋯⋯⋯⋯227

二、"全链条、全场景、全闭环"自动驾驶测试体系⋯⋯⋯⋯⋯229

三、自动驾驶无人商业化出行服务⋯⋯⋯⋯⋯⋯⋯⋯⋯⋯⋯⋯230

四、未来展望⋯⋯⋯⋯⋯⋯⋯⋯⋯⋯⋯⋯⋯⋯⋯⋯⋯⋯233

21 元戎启行前装方案车队深圳示范运营案例⋯⋯⋯⋯⋯⋯⋯⋯⋯234

一、项目背景：高阶自动驾驶迈入量产时代⋯⋯⋯⋯⋯⋯⋯⋯234

二、核心技术：打造首个低成本、可量产的高阶智能驾驶解决方案⋯⋯235

三、示范运营：多场景开放城市出行服务⋯⋯⋯⋯⋯⋯⋯⋯⋯238

四、未来展望：打造人人都消费得起的自动驾驶⋯⋯⋯⋯⋯⋯240

22 如祺出行RoboTaxi与网约出租汽车混合运营应用示范案例⋯⋯⋯242

一、项目背景及基本情况⋯⋯⋯⋯⋯⋯⋯⋯⋯⋯⋯⋯⋯⋯⋯242

二、如祺出行RoboTaxi混合运营模式及特点⋯⋯⋯⋯⋯⋯⋯243

三、如祺出行RoboTaxi混合运营关键技术⋯⋯⋯⋯⋯⋯⋯⋯245

四、应用示范效果⋯⋯⋯⋯⋯⋯⋯⋯⋯⋯⋯⋯⋯⋯⋯⋯⋯248

五、经验借鉴及存在的问题⋯⋯⋯⋯⋯⋯⋯⋯⋯⋯⋯⋯⋯⋯249

六、未来展望⋯⋯⋯⋯⋯⋯⋯⋯⋯⋯⋯⋯⋯⋯⋯⋯⋯⋯251

23 AutoX安途无人驾驶技术在RoboTaxi领域的探索与应用⋯⋯⋯252

一、关键技术⋯⋯⋯⋯⋯⋯⋯⋯⋯⋯⋯⋯⋯⋯⋯⋯⋯⋯253

二、运营体系⋯⋯⋯⋯⋯⋯⋯⋯⋯⋯⋯⋯⋯⋯⋯⋯⋯⋯255

三、RoboTaxi示范应用案例⋯⋯⋯⋯⋯⋯⋯⋯⋯⋯⋯⋯⋯257

四、未来展望⋯⋯⋯⋯⋯⋯⋯⋯⋯⋯⋯⋯⋯⋯⋯⋯⋯⋯258

24 小马智行广州南沙RoboTaxi应用示范案例⋯⋯⋯⋯⋯⋯⋯⋯260

一、项目背景⋯⋯⋯⋯⋯⋯⋯⋯⋯⋯⋯⋯⋯⋯⋯⋯⋯⋯260

二、关键技术⋯⋯⋯⋯⋯⋯⋯⋯⋯⋯⋯⋯⋯⋯⋯⋯⋯⋯263

三、应用示范情况⋯⋯⋯⋯⋯⋯⋯⋯⋯⋯⋯⋯⋯⋯⋯⋯⋯265

四、经验借鉴⋯⋯⋯⋯⋯⋯⋯⋯⋯⋯⋯⋯⋯⋯⋯⋯⋯⋯266

五、未来展望⋯⋯⋯⋯⋯⋯⋯⋯⋯⋯⋯⋯⋯⋯⋯⋯⋯⋯267

25 蘑菇车联"车路云一体化"自动驾驶系统框架及应用示范⋯⋯⋯268

	一、项目背景	268
	二、"车路云一体化"示范及应用场景	270
	三、"车路云一体化"系统框架及关键技术	271
	四、应用示范效果	272
	五、发展过程中存在的部分问题	274
	六、未来展望	275
26	国外客运自动驾驶发展现状与应用案例	277
	一、美国客运自动驾驶现状及应用案例	277
	二、欧洲客运自动驾驶现状及应用案例	285
	三、日本客运自动驾驶现状及应用案例	292
	四、总结	297

第五篇 专家观点

27	关于我国机动车辆立法的思考与建议	301
	一、对当前社会关注的"四个问题"的研究	301
	二、区分政策、标准、法律三个工具的功能	304
	三、从两个方面说明立法的必要性	305
	四、《中华人民共和国机动车辆法》的立法框架建议	306
28	自动驾驶该如何分级？	307
29	城市客运自动驾驶应用阶段划分与进阶路径	312
	一、阶段划分现状	312
	二、他山之石：城市轨道交通建设运营阶段划分	314
	三、城市客运自动驾驶：从测试走向商业化运营的三阶段和六过程	315
	四、总结	317

附录

附录1：2022—2023年大事记	321
附录2：2022—2023年发布的政策法规清单	329
附录3：城市客运自动驾驶相关标准规范清单	337
附录4：中英文术语对照表	354

第一篇

综述

01

城市客运自动驾驶应用示范现状、问题及建议

吴忠宜❶ 祁 昊❷ 刘好德❸

自动驾驶技术作为全球新一轮科技革命与产业发展竞争的重点领域，受到全球各主要经济体的广泛关注并取得快速发展。自 2019 年 9 月起，我国先后印发《交通强国建设纲要》《智能汽车创新发展战略》《关于促进道路交通自动驾驶技术发展和应用的指导意见》等文件，均将智能网联汽车和自动驾驶产业作为重点，并明确提出了相关发展目标与工作任务。2023 年 11 月，交通运输部发布《自动驾驶汽车运输安全服务指南（试行）》，将城市客运（公交车、出租汽车）作为自动驾驶应用落地的重点领域。研究我国城市客运自动驾驶商业化运营面临的瓶颈问题并提出相应的对策建议，对于促进城市客运自动驾驶的健康可持续发展具有重要意义。

一、政策法规建设进展

2022 年以来，交通运输部、工业和信息化部等部委持续推动智能网联（自动驾驶）汽车政策法规建设，在产品准入、安全监管、运营服务等方面积极

---

❶ 吴忠宜，交通运输部科学研究院，研究员。
❷ 祁昊，交通运输部科学研究院，助理研究员。
❸ 刘好德，交通运输部科学研究院城市交通与轨道交通研究中心，副主任/研究员。

探索。上海、深圳等地开展地方立法工作，探索突破智能网联汽车的法律空白。北京、上海、广州等城市建立智能网联汽车道路测试报告披露机制，持续发布智能网联汽车道路测试报告。上述工作为智能网联汽车创新提供了良好的发展环境，也为其他城市提供了经验借鉴，带来了积极的示范效应。

（一）国家部委持续推动智能网联汽车政策法规建设

在《交通强国建设纲要》《智能汽车创新发展规划》《关于促进道路交通自动驾驶技术发展和应用的指导意见》《智能网联汽车道路测试与示范应用管理规范（试行）》《关于加强智能网联汽车生产企业及产品准入管理的意见》等基础上，交通运输部、工业和信息化部、公安部、市场监管总局等部委积极推动智能网联汽车政策法规建设，在产品准入、安全监管、运营服务等方面积极探索。

产品准入方面，2022 年 10 月，工业和信息化部发布《道路机动车辆生产准入许可管理条例（征求意见稿）》，增加了针对智能网联汽车的准入管理规定，开始讨论填补智能网联汽车产品准入管理的空白。2023 年 11 月，工业和信息化部、公安部、住房城乡建设部、交通运输部联合发布《关于开展智能网联汽车准入和上路通行试点工作的通知》，对智能网联汽车产品准入、上路通行、应急处置等提出了明确要求。《道路机动车辆生产准入许可管理条例（征求意见稿）》与《关于开展智能网联汽车准入和上路通行试点工作的通知》的发布，反映了我国坚定发展智能网联汽车的决心，也标志着我国智能网联汽车已经进入快速发展阶段。

专栏 1

《道路机动车辆生产准入许可管理条例（征求意见稿）》

《道路机动车辆生产准入许可管理条例（征求意见稿）》与智能网联汽车相关的规定：

第九条 智能网联汽车产品同时应当符合预期功能安全、功能安全、网络安全和数据安全相关标准、技术规范要求，其中具有自动驾驶功能的产品应当通过风险测试评估。

第二十六条 智能网联汽车生产企业应当建立车辆产品网络安全、数据安全、个人信息保护、车联网卡安全管理、软件升级管理制度，完善安全保障机制，落实安全保障措施，明确责任部门和负责人，落实安全保护责任。智能网联汽车产品所使用的软件和硬件应当符合国家网络安全相关强制性标准要求。

第二十七条 智能网联汽车产品使用车联网卡的，生产企业应当落实国家关于用户真实身份信息登记的规定，建立车联网卡采购、使用、实名登记等管理制度，开展用户身份信息核验，并按照有关规定及时向国务院工业和信息化主管部门报送数据。

第二十八条 智能网联汽车生产企业生产活动中应用的网络和服务平台应当按照《网络安全法》规定，落实网络安全等级保护制度和关键信息基础设施安全防护，依照有关规定，开展网络安全防护定级备案，加强网络安全保护，涉及在线数据处理与交易处理、信息服务业务等电信业务的，应当依法取得电信业务经营许可。

第二十九条 智能网联汽车生产企业在产品销售、使用等过程中收集和产生的个人信息和重要数据，应当依法在境内存储。因业务需要确需向境外提供的，应当通过国家网信部门会同工业和信息化等有关部门组织的安全评估，并向相关部门报备，法律、行政法规另有规定的，依照其规定。

第三十条 智能网联汽车生产企业应当建立车辆产品安全漏洞发现、报告、修补、发布制度，发现车辆产品存在安全漏洞时，应当采取补救措施，按照规定及时告知用户并向国务院工业和信息化主管部门报告。智能网联汽车生产企业应当定期开展车辆产品网络和数据安全风险评估，加强安全风险监测，制定应急预案，发生网络安全、数据安全、个人信息安全事件时，应当立即启动应急预案，并按照规定及时向工业和信息化、电信、公安、网信等部门报告。

安全监管方面，2022年4月，市场监管总局会同工业和信息化部、交通运输部、应急管理部、海关总署等部门发布《关于试行汽车安全沙盒监管制度的通告》，共同启动汽车安全沙盒监管试点工作，探索汽车新技术、新业态、新模式安全监管方式，对于监管智能网联汽车质量安全问题，提高应急处置能力，防范和化解重大风险，保护消费者合法权益等具有重要作用。

专栏2

《关于试行汽车安全沙盒监管制度的通告》

《关于试行汽车安全沙盒监管制度的通告》的主要内容：

第一部分：监管对象。汽车安全沙盒监管采用目录清单制；监管对象是在车辆使用中的环境感知、智能决策、协同控制等前沿技术，或实现各级别自动驾驶、远程升级等新功能新模式。申请进入沙盒监管的前沿技术或新功能新模式，以现有的科学认知难以预见其潜在风险。申请进入沙盒监管的企业，包括相关汽车整车、零部件、互联网科技、数据服务、网络运营、软件与系统供应等，需主动履行质量安全主体责任，具备必要的测试和应急处置资源。

第二部分：工作流程。此部分规定了企业就前沿技术或新功能新模式申请进入沙盒监管，需要经过申请、评估、测试、报告、退出等五个阶段。企业需制定车辆深度测试方案，包括测试周期、测试项目、关键监测指标、消费者安全保障计划、质量安全风险防控及应急处置措施、测试实施监督及测试退出策略等。市场监管总局组织评估车辆深度测试方案，跟踪测试情况，提出产品设计、制造改进建议，及时指导帮助企业查找质量安全问题。

第三部分：部门职责。市场监管总局搭建汽车质量安全监管服务云平台，对进入沙盒监管的前沿技术或新功能新模式，采取多元化管理。市场监管总局会同相关部门，加强车辆深度测试及评估、事故及调查报告等信息共享；组建专家委员会，制定沙盒监管实施指南和配套措施，确保沙盒监管制度顺利实施。

运营服务方面，2023 年 11 月，交通运输部发布《自动驾驶汽车运输安全服务指南（试行）》（以下简称《指南》），鼓励和规范自动驾驶汽车在运输服务领域应用针对自动驾驶应用场景复杂多样、运营监管制度缺失、安全保障体系不健全、可持续发展能力不足等突出问题，从应用场景、运输经营者、运输车辆、人员配备、安全保障、监督管理等方面，为自动驾驶汽车在运输服务领域的应用提供了全面的指导和支持，筑牢了自动驾驶汽车应用的安全底线，给自动驾驶创新应用留有了充足的空间，将进一步推动自动驾驶技术在交通运输领域的应用落地，也为地方推动自动驾驶相关立法提供了依据。

专栏 3

《自动驾驶汽车运输安全服务指南（试行）》

自动驾驶在部分场景的应用取得了积极成效，但仍面临应用场景复杂多样、运营监管制度缺失、安全保障体系不健全、可持续发展能力不足等突出问题。针对上述问题，《指南》从应用场景、运输经营者、运输车辆、人员配备、安全保障、监督管理等方面出发，分别提出了具体要求，将有效引导和规范自动驾驶在运输服务领域的应用，具有很强的及时性、针对性、指导性。

（1）分类规范应用场景。针对不用应用场景进行分类指导和规范。《指南》明确，可在物理封闭、相对封闭或路况简单的固定线路、交通安全可控场景下进行城市公共汽电车客运经营活动；可在交通状况良好、交通安全可控场景下进行出租汽车客运经营活动；可在点对点干线公路运输或交通安全可控的城市道路等场景下从事道路货物运输经营活动。《指南》指出,应审慎使用自动驾驶汽车从事道路旅客运输经营活动。《指南》强调,禁止从事道路危险货物运输经营活动。

(2)明确经营准入要求。准入管理是守好自动驾驶运营安全的第一关。《指南》强调经营者应依法办理市场主体登记,具备相应业务类别的经营许可资质,并要求地方交通运输主管部门应为经营者从事自动驾驶运输经营服务提供办理渠道。《指南》提出自动驾驶汽车应符合国家强制相关标准及技术规范等要求,依法办理机动车辆注册登记,取得机动车号牌、机动车行驶证等。

(3)加强企业运营管理。自动驾驶运输经营者是交通运输安全的第一责任主体。《指南》提出依法投保承运人责任保险、机动车交通事故责任强制保险、交通事故责任保险或道路交通事故赔偿保函等。《指南》提出,客运服务应随车配备安全员,其中从事出租汽车客运的完全自动驾驶汽车在特定条件下可使用远程安全员;从事道路货运运输经营的自动驾驶汽车原则上配备安全员。安全员应符合交通运输领域从业人员管理相关规定和要求,取得相应业务类别的从业资格。

(4)强调全过程监管。全过程监督管理是保障运营安全的重要举措。《指南》提出交通运输主管部门要按照"双随机、一公开"要求开展监督检查,运营中的技术缺陷、隐患和问题应依法向主管部门反馈,并迅速排查整改,及时消除安全隐患,确保生产安全。同时,《指南》要求交通运输主管部门应定期监测汇总并逐级报告本地自动驾驶运营服务情况。

(5)健全运输安全保障体系。保障安全是交通运输领域的首要任务。《指南》指出经营者应履行安全生产主体责任,要求其建立实施运营安全管理制度;在正式运营前应制定自动驾驶汽车运输安全保障方案,并进行专业性论证和安全风险评估;制定自动驾驶汽车运营突发事件应急预案,并定期组织开展应急演练。《指南》强调要加强对自动驾驶汽车的动态监控,自动驾驶车辆应向经营者和主管部门实时传输关键运行状态信息,在车辆发生事故或自动驾驶功能失效时,应自动记录和存储事发前至少 90 秒的运行状态信息。

（6）引导行业创新发展。创新是驱动行业发展的关键，《指南》提出从事出租汽车客运的完全自动驾驶汽车，在确保安全的前提下，经设区市人民政府同意，在指定区域运营时，可使用远程安全员，远程安全员人车比不得低于1∶3，为打通自动驾驶商业闭环创造了有利条件。同时，城市客运企业、道路运输企业可与汽车生产企业组成联合体开展自动驾驶运输经营，为自动驾驶创新商业模式和丰富生态体系提供了重要支撑。

（二）沪、深等地突破开展智能网联汽车立法

2022年7月，深圳市人民代表大会常务委员会发布《深圳经济特区智能网联汽车管理条例》，该条例是国内首部关于智能网联汽车管理的地方性法规；从智能网联汽车自动驾驶的定义、准入登记、上路行驶、权责认定等方面进行了具体规定，解决了智能网联汽车无法准入、无法登记、无法合法上路、无法开展道路运输等关键问题。11月，深圳市交通运输局、发展改革委、工业和信息化局、公安交通警察局联合发布《深圳市智能网联汽车道路测试与示范应用管理实施细则》，明确深圳自动驾驶测试道路扩展到包括高速公路在内的公路、城市道路和区域，并允许在深圳市行政区域范围内开展驾驶人不在车辆驾驶位上的无人道路测试与示范应用活动。

2022年11月，上海市人民代表大会常务委员会发布《上海市浦东新区促进无驾驶人智能网联汽车创新应用规定》，明确在浦东新区行政区域内划定的路段、区域开展无驾驶人智能网联汽车道路测试、示范应用、示范运营、商业化运营等创新应用活动以及相关监督管理工作。同月，上海市交通委、经济信息化委、公安局联合发布《上海市智能网联汽车示范运营实施细则》，明确了智能网联汽车示范运营的职责分工、申请要求、确认程序、收费管理、工作规则、安全措施等内容，并明确了管理机制及第三方机构职责，确定了申请主体开展示范运营的范围、路径、流程、条件等，为企业开展示范运营

活动提供了具体的操作指引。

此外，2022年9月，无锡市人民代表大会常务委员会一审通过了《无锡市车联网发展促进条例（草案）》，全国首部车联网领域地方立法也进入倒计时。2023年2月，无锡市正式发布《无锡市车联网发展促进条例》，从基础设施建设、推广应用、技术创新与产业发展、安全保障、促进措施等方面作出全面规定。

综上，我国部分城市开始突破智能网联汽车运营相关法律法规壁垒，开展地方立法工作，自下而上探索填补智能网联汽车运营相关法律空白。

（三）各地城市持续深化道路测试与示范应用政策

天津、上海、合肥等十余个城市陆续出台智能网联汽车道路测试与示范应用相关政策，持续推动自动驾驶发展。北京、重庆、武汉出台车内无人的相关政策，探索推进车内无安全员的远程测试、示范应用和商业化试点。

2022年4月，北京市发布《北京市智能网联汽车政策先行区乘用车无人化道路测试与示范应用管理实施细则》，在国内首次开展乘用车无人化运营试点；11月，发布《北京市智能网联汽车政策先行区无人接驳车管理细则（道路测试与示范应用）》，在国内率先以编码形式给予无人接驳车相应路权。2022年6月，武汉市经济和信息化局、公安局、交通运输局印发《武汉市智能网联汽车道路测试和示范应用管理实施细则（试行）》，允许获得通知书的示范应用主体开展车内无安全员的远程测试、示范应用和商业化试点。2022年8月，重庆市永川区印发《永川区智能网联汽车政策先行区道路测试与应用管理办法》，涵盖了智能网联汽车的道路测试、示范应用、示范运营以及无人化各个阶段的相关要求，推动智能网联汽车无人化的远程测试、示范应用和商业化试点。

此外，北京、上海、广州等城市建立智能网联汽车道路测试报告披露机制，持续发布智能网联汽车道路测试报告。2022—2023年各地自动驾驶道路测试与示范应用政策情况见表1-1。

2022—2023 年地方自动驾驶道路测试与示范应用政策　　表 1-1

地区	时间	发布单位	文件名称
北京	2022 年 3 月	北京市高级别自动驾驶示范区工作办公室	《北京市智能网联汽车政策先行区智能网联客运巴士道路测试、示范应用管理实施细则（试行）》
北京	2022 年 4 月	北京市高级别自动驾驶示范区工作办公室	《北京市智能网联汽车政策先行区乘用车无人化道路测试与示范应用管理实施细则》
北京	2022 年 11 月	北京市高级别自动驾驶示范区工作办公室	《北京市智能网联汽车政策先行区无人接驳车管理细则（道路测试与示范应用）》
天津	2022 年 6 月	天津市交通运输委员会、公安局	《关于发布东疆保税港区智能网联汽车测试道路的通告》
重庆	2022 年 1 月	重庆市人民政府	《重庆市智能网联汽车道路测试与应用管理试行办法》
重庆	2022 年 8 月	重庆市永川区经济信息委、发展和改革委、交通局、公安局	《永川区智能网联汽车政策先行区道路测试与应用管理办法》
吉林	2022 年 10 月	吉林省工业和信息化厅、公安厅、交通运输厅	《吉林省智能网联汽车道路测试与示范应用管理实施细则（试行）》
海南	2022 年 9 月	海南省工业和信息化厅、公安厅、交通运输厅	《海南省低速功能型无人车道路测试与示范应用管理办法（试行）》
广州	2022 年 10 月	广州市 ICV 产业发展促进会	《广州市智能网联汽车（自动驾驶）安全员培训管理办法（第一版）》
合肥	2022 年 3 月	合肥市经济和信息化局	《智能网联汽车道路测试与示范应用管理规范》
武汉	2022 年 6 月	武汉市经济和信息化局、公安局、交通运输局	《武汉市智能网联汽车道路测试和示范应用管理实施细则（试行）》
长沙	2022 年 6 月	长沙市工业和信息化局、公安局、交通运输局、城市管理和综合执法局、湖南湘江新区管理委员会产业促进局	《长沙市智能网联汽车道路测试与示范应用管理细则（试行）V4.0》
成都	2022 年 6 月	成都市经济和信息化局、公安局、交通运输局	《成都市智能网联汽车道路测试与示范应用管理规范实施细则（试行）》
无锡	2022 年 9 月	无锡市工业和信息化局、公安局、交通运输局	《无锡市智能网联汽车道路测试与示范应用管理实施细则》
嘉兴	2022 年 12 月	嘉兴市经济和信息化局、公安局、交通运输局、住房和城乡建设局	《嘉兴市智能网联汽车道路测试与示范应用管理实施细则》
深圳	2023 年 1 月	深圳市坪山区人民政府	《深圳市坪山区智能网联汽车全域开放道路测试及示范应用管理办法（试行）》
贵阳	2023 年 2 月 23 日	贵阳市交通委员会	《贵阳贵安智能网联汽车测试与示范应用实施细则（征求意见稿）》

续上表

地区	时间	发布单位	文件名称
德清	2023年3月20日	德清县交通运输局、公安局、经济和信息化局	《德清县智能网联车辆道路测试与示范应用管理实施细则（试行）》
杭州	2023年4月12日	杭州市人民政府	《杭州市智能网联车辆测试与应用管理办法》
鄂尔多斯	2023年5月6日	鄂尔多斯市工业和信息化局、市公安局、市交通运输局、市能源局	《鄂尔多斯市智能网联汽车测试与示范应用管理办法（试行）》
海南	2023年6月19日	海南省工信厅	《海南省智能汽车道路测试和示范应用管理办法（征求意见稿）》
福州	2023年8月1日	福州市人民政府	《福州市智能网联汽车道路测试与示范应用管理实施细则（试行）》
横琴	2023年9月10日	横琴粤澳深度合作区	《横琴粤澳深度合作区智能网联汽车道路测试与示范应用管理细则》

二、标准规范制定情况

国际标准化组织、国家标准化管理委员会、各行业标准技术委员会、地方市场监督管理部门、社团组织积极开展自动驾驶相关标准规范研究，规范自动驾驶发展。

国际标准方面，国际标准化组织积极推动自动驾驶相关标准制定，主要侧重于测试、系统功能等方面的通用标准规范。其中，《道路车辆自动驾驶系统测试场景词汇》（ISO/FDIS 34501：2022）是由我国牵头制定的首个自动驾驶测试场景领域国际标准，规范了自动驾驶系统、动态驾驶任务、设计运行范围及条件等概念，明确了场景、动静态环境和实体要素之间的关系，并形成了包括功能场景、抽象场景、逻辑场景和具体场景在内的场景层次描述规则。

国家标准方面，我国持续完善自动驾驶标准规范，工业和信息化部发布《车联网网络安全和数据安全标准体系建设指南》，明确了车联网网络安全和数据安全标准体系包括总体与基础共性、终端与设施网络安全、网联通信安全、数据安全、应用服务安全、安全保障与支撑共6个部分20类标准；发布了《国家车联网产业标准体系建设指南（智能网联汽车）（2023版）》，充分考虑智能网联汽车技术深度融合和跨领域协同的发展特点，形成了"三横二纵"的技术逻辑架构，主要针对智能网联汽车基础、通用规范、产品与技术应用，构建包括智能网联汽车基础、技术、产品、试验标准等在内的智能网联汽车标准体系，充分发挥标准对智能网联汽车产业关键技术、核心产品和功能应用的基础支撑和引领作用。同时，国家市场监督管理总局、国家标准化管理委员会发布了《驾驶员注意力监测系统性能要求及试验方法》（GB/T 41797—2022）、《智能网联汽车 自动驾驶功能场地试验方法及要求》（GB/T 41798—2022）、《智能运输系统 智能驾驶电子道路图数据模型与表达 第1部分：封闭道路》（GB/T 42517.1—2023）等国家标准，支撑和规范自动驾驶产业发展和落地实施。

行业标准方面，根据自动驾驶发展，通信行业积极推动自动驾驶相关标准制定，出台《基于LTE的车联网无线通信技术 应用标识分配及映射》（YD/T 4008—2022）、《基于车路协同的高等级自动驾驶数据交互内容》（YD/T 3978—2021）等车路协同技术相关标准，支撑自动驾驶落地实施。由于自动驾驶尚未在城市客运中开展大规模应用，服务监管、安全运营等方面行业标准尚属空白。

地方标准方面，部分地方积极探索标准制定，结合当地自动驾驶实际发展情况，聚焦智能网联道路建设、智能网联汽车等方面，出台标准规范，助推智能网联规模化部署和应用。北京市发布了《自动驾驶地图数据规范》（DB11/T 2041—2022）、《自动驾驶车辆封闭试验场地技术要求》（DB11/T 2050—2022）等标准，重庆市发布了《智能网联汽车道路测试远程监控系统技术规范》（DB50/T 1290—2022），湖南省发布了《智能网联汽车云控平台运营服务规范》（DB43/T 2291—2022）、《智能网联汽车自动驾驶功能测试规程 第1部分：公交车》（DB43/T 2292.1—2022），无锡市制定了《智能网联道路基础设施建设指南 第1部分：总则》（DB3202/T 1034.1—2022），深圳市发布了《智能网联汽车自动驾驶数据记录系统技术要求》（DB4403/T 357—2023）、《智能网联汽车远程服务与管理系统技术要求 第2部分：车载终端》

（DB4403/T 363.2—2023）等 12 项地方标准。

团体标准方面，社团组织积极探索自动驾驶标准，较为快速地制定并发布了相关测试、运营、监管等方面的团体标准，推动城市客运自动驾驶落地实施，见表 1-2。

团体标准清单　　　　　　　　　　　　　　　　表 1-2

序号	发布单位	团体标准名称	标准号
1	中关村中交国通智能交通产业联盟	《自动驾驶公交车 第 1 部分：车辆运营技术要求》	T/ITS 0182.1—2021（2022 年 3 月实施）
2		《自动驾驶公交车 第 2 部分：自动驾驶能力测试方法与要求》	T/ITS 0182.2—2021（2022 年 3 月实施）
3		《自动驾驶出租汽车测试运营规范与安全管理要求》	T/ITS 0154—2021（2022 年 3 月实施）
4		《自动驾驶车辆载人功能测试内容及方法》	T/CMAX 22001—2022
5	中国汽车工程学会	《智能网联汽车 V2X 系统预警应用功能测试与评价规程》	T/CSAE 246—2022T
6		《智能网联汽车道路试验监管系统技术规范》	T/CSAE 247—2022
7		《合作式智能运输系统 车路协同云控系统 C-V2X 设备接入技术规范》	T/CSAE 248—2022
8		《V2X 车载终端安全芯片处理性能测试方法》	T/CSAE 251—2022
9		《智能网联汽车车载端信息安全测试规程》	T/CSAE 252—2022
10	陕西省汽车工程学会	《智能网联汽车自动驾驶功能封闭场地测试规程》	T/SXSAE 002—2022
11		《自动驾驶小型客车总体技术要求》	T/SXSAE 003—2022
12	青岛市汽车行业协会	《智能网联汽车道路测试与示范应用数据采集规范》	T/QAAM 001-2023
13		《智能网联汽车道路测试与示范应用管理平台标准》	T/QAAM 002-2023
14		《智能网联汽车道路测试与示范应用安全管理要求》	T/QAAM 003-2023
15		《智能网联汽车道路测试与示范应用智能化道路分级标准》	T/QAAM 004-2023

综上，我国各级标准化组织均在积极开展自动驾驶产业相关标准规范的研究与制定工作，初步解决了自动驾驶车辆技术性能、道路测试等环节的共性问题，逐步探索自动驾驶运营安全、运营服务、运营监管等领域，有力推

动了城市客运自动驾驶的落地应用。

三、城市客运自动驾驶示范应用情况

交通运输部、自然资源部、市场监管总局等部委在自动驾驶示范、高精度地图应用、汽车安全沙盒监管、产品准入与上路通行等方面启动试点工作，探索自动驾驶技术应用新场景。特别是交通运输部组织开展的"智能交通先导应用试点项目"，是交通运输领域首批国家级自动驾驶试点项目，聚焦自动驾驶技术在运输服务领域的应用，对于促进新一代信息技术与交通运输深度融合具有重要意义。同时，各地也在积极开展 RoboBus（自动驾驶公交车）与 RoboTaxi（自动驾驶出租汽车）示范应用，丰富应用场景，探索自动驾驶商业化路径。

（一）智能交通先导应用试点

智能交通先导应用试点工作由交通运输部统筹组织，产、学、研、用多方参与、协同开展、共同申报，各省级交通运输主管部门等审核确认后，择优向交通运输部科技主管部门推荐，并由交通运输部科技主管部门组织对申报项目进行论证，择优确定自动驾驶和智能航运试点项目并发布。项目实施期间，由各省级交通运输主管部门等对试点项目跟踪指导，协调解决相关问题。试点项目结束后，由交通运输部科技主管部门组织专家对试点情况进行考核评估。

2022 年 8 月，交通运输部公布了第一批 18 个智能交通先导应用试点项目，涉及城市客运自动驾驶的项目共 8 个，涵盖北京、上海、长春、苏州、广州、郑州、重庆、合肥等城市，以 RoboBus 和 RoboTaxi 为主，聚焦自动驾驶技术与交通运输业务的深度融合，以期形成面向场景的综合解决方案。所有获批城市均开展了 RoboBus 示范应用，预计投入 RoboBus 车辆 170 辆、服务 119.52 万人次；北京、上海、苏州、广州共 4 个城市同步开展了 RoboTaxi

示范应用,预计投入 RoboTaxi 车辆 728 辆、服务 101 万人次。各城市拟投入的自动驾驶车辆及预期效益见表 1-3。

各城市拟投入的自动驾驶车辆及预期效益　　　表 1-3

序号	城市	试点名称	RoboBus(自动驾驶公交车)				RoboTaxi(自动驾驶出租汽车)				技术指南或标准(项)
			车辆数量(辆)	服务人次(万人次)	运行里程(万公里)	运行时长(万小时)	车辆数量(辆)	服务人次(万人次)	运行里程(万公里)	运行时长(万小时)	
1	北京	北京城市出行服务与物流自动驾驶先导应用试点	5	0.4	2	—	38	6	100	3	3
2	长春	长春城市出行服务和物流倒运自动驾驶先导应用试点	8	10	1						2
3	上海	上海奉贤区城市出行服务与物流自动驾驶先导应用试点	5	1	2	—	50	5	20	1.2	5
4	苏州	苏州城市出行服务与物流自动驾驶先导应用试点	47	3	17		430	60	181	5	12
5	合肥	合肥滨湖国家森林公园园区自动驾驶先导应用试点	5	0.12	0.5						
6	郑州	郑州快速公交自动驾驶先导应用试点	40	2	16		—				3
7	广州	广州城市出行服务自动驾驶先导应用试点	50	100	150	—	210	30	400	20	2
8	重庆	西部(重庆)科学城园区自动驾驶先导应用试点	10	3	2	—	—				2
		合计	170	119.52	190.5	—	728	101	701	29.2	29

注:合肥试点项目为公园观光车。

(二)RoboBus 典型应用案例

据不完全统计,截至 2023 年 10 月,我国典型 RoboBus 示范应用的车辆总规模超过 150 辆,线路总长度超过 230 公里,服务总人次超过 100 万人次。

基于城市客运自动驾驶知识库中收集整理的 RoboBus 典型案例进行分析，当前由于 L2 级别的智能网联技术，如车道保持、自动制动辅助、自动泊车、绿波车速引导等，能有效提升城市公交运营的安全性和效率，我国已开始规模化应用，并取得了良好的应用效果。L3/L4 级的 RoboBus 总体上还处于示范应用阶段，呈现如下特征：

（1）大多由科技企业/车辆生产企业主导建设和运行，公交运营企业参与程度不高，对 RoboBus 运营能力和运营保障体系考虑不足；

（2）RoboBus 车辆以 12 米 L3 级大型客车和 5.9 米 L4 级小型客车为主，车队规模普遍较小，多以 1～5 辆 RoboBus 开展测试运行；

（3）示范线路以 10 公里以下的接驳/微循环线路为主，主要分布在交通流量较小、运行环境较为单一的远郊区域开放/半开放道路；

（4）除重庆等少部分城市允许并施行收费以外，大部分 RoboBus 示范应用以阶段性道路测试和观摩体验为主，示范应用效果有待进一步验证。

（三）RoboTaxi 典型应用案例

据不完全统计，截至 2023 年 10 月，我国典型 RoboTaxi 示范应用的车辆总规模超过 1500 辆，服务总人次超过 200 万人次。目前，我国 RoboTaxi 相关企业超过 80 家，头部企业主要包括百度萝卜快跑、小马智行、轻舟智航、文远知行、智行者、元戎启行和 AutoX 等，示范应用地点分布于北京、上海、广州、武汉、重庆等城市，呈现如下特征：

（1）由于技术研发与系统建设等成本较高、资源投入更为密集、技术更新迭代速度更快等问题，当前示范应用全部以科技企业主导建设和运营；

（2）部分城市或地区已经开始积极探索自动驾驶无人化与商业化出行服务管理模式，逐步尝试开展 RoboTaxi 的无人化测试和收费运营；

（3）大部分 RoboTaxi 的驾驶模式主要处于"主驾有人"和"副驾有人"阶段，北京允许开展"后排有人"，广州、重庆、武汉先行开展"远端有人"运行测试。

四、面临的发展形势

（一）自动驾驶是汽车产业发展的重要方向

在全球汽车产业向电动化、网联化、智能化、共享化方向转型升级的背景下，全球各主要经济体均将自动驾驶作为汽车产业发展的重要方向，我国也将自动驾驶纳入制造强国与交通强国战略，先后出台《中国制造 2025》《交通强国建设纲要》《国家综合立体交通网规划纲要》《智能汽车创新发展战略》等政策文件支撑自动驾驶产业发展。

（二）自动驾驶是行业转型升级的重要途径

自动驾驶是提升道路交通智能化水平、推动交通运输行业转型升级的重要途径，也是促进交通、汽车、通信等行业融合发展的有利契机。推进落实自动驾驶技术应用，对于满足社会公众日益增长的多样化、个性化出行需求，提升道路交通安全性、提高道路通行效率、减少交通事故、降低劳动成本等方面具有重要作用。

（三）商业化运营是自动驾驶企业的核心诉求

随着自动驾驶技术不断成熟，自动驾驶产业正在加速开展城市客运领域的商业化运营探索，研究新的生态体系与商业逻辑，旨在打通从研发到商业化的完整闭环，增加营收渠道，提高自我造血能力，从而推动行业的持续变革和良性发展，如北京、重庆、武汉等城市已经实现了特定区域的常规载客出行、常态化收费运行和限定条件下的驾驶无人化。

（四）理论技术创新为自动驾驶带来新的发展机遇

2023 年 3 月 23 日，*Nature* 正刊封面报道了自动驾驶安全性测试的重要突破，该研究成果基于密集强化学习的深度学习网络 D2RL，可以将目前基于 NDE（自然驾驶环境）的仿真模拟效率提升 2000 倍，可有效降低目前仿真测试的成本投入,并极大提升自动驾驶汽车的安全性,有望缩短自动驾驶汽车实现大规模商用化运营落地进程。理论技术的创新与突破,为自动驾驶带来了新的发展机遇。

五、存在的主要问题

(一)自动驾驶存在新老业态之争,各方认识有待统一

目前,对城市客运自动驾驶业态存在两种代表性的观点:一是将自动驾驶纳入交通运输新业态管理。此种观点认为自动驾驶系统将取代人类驾驶,城市客运自动驾驶与城市公交车、出租汽车等传统客运业态在人员和车辆管理、业务链条、组织架构、安全监管等方面均存在较大差异,现有城市客运自动驾驶运营管理体系框架难以适应城市客运自动驾驶发展。站在鼓励新技术发展的角度,为自动驾驶提供更为宽泛的发展环境,认为将自动驾驶纳入交通运输新业态管理,更有利于促进自动驾驶技术的落地应用。持该观点的主要为自动驾驶科技企业、整车企业等。二是将自动驾驶按照传统业态管理。将自动驾驶作为一种新型技术引入城市客运领域,用于提升运输企业的运营组织、管理服务效能,此种观点认为自动驾驶技术不会对城市客运的业态作出根本性改变,应在城市客运传统业态框架下,优化相关运营组织管理体系,且有助于保持运输企业运营主权。持该观点的主要为交通运输行业管理部门和城市公交车、出租汽车运输企业等。

综上,各方对城市客运自动驾驶的业态认识存在分歧,可能在政策法规、运营监管等制度建设方面出现举棋不定的现象,导致相关政策制度制定过程不畅,对商业化发展带来不利影响。但是,各方对城市客运自动驾驶安全管理方面的态度较为一致,均认为应当坚持包容审慎、稳妥有序的原则,推动城市客运自动驾驶落地实施。

(二)自动驾驶可靠性未经充分验证,商业逻辑尚未自洽

目前,自动驾驶可靠性未经充分验证,主要体现在以下四个方面:一是

由于实际运输环境和运营场景复杂多样，现有的道路测试与示范应用未实现城市客运自动驾驶场景的全覆盖，自动驾驶套件还未达到车规级要求，技术长尾问题短期内仍无法完全解决，自动驾驶系统的可靠性还未得到充分验证，各方对自动驾驶的安全性仍存在疑问。二是自动驾驶项目主要以道路测试、示范应用、示范运营等为主，要求配置驾驶员/安全员，无法正式收费，缺乏营收渠道，但自动驾驶的建设成本、驾驶员/安全员人工成本、运行管理成本等高昂，尚未形成自我造血能力，无法实现盈利，商业逻辑尚未自洽。三是自动驾驶项目以投入为主，尚未形成有效的产出，商业化前景不明朗，相关资本投资信心下降，自动驾驶产业遇冷，如2022年10月Argo AI宣布倒闭，随后百度、小马等自动驾驶头部企业陆续宣布裁员。四是运输企业对于何时介入、怎么介入、如何发展自动驾驶存在困惑，因为自动驾驶商业化前景不明朗，一方面担心投入过早难以见到实效，另一方面担心投入过晚错失发展机遇，甚至丢失运营主权。综上，自动驾驶可靠性未经充分验证，商业逻辑尚未自洽，各方对自动驾驶技术应用和发展进程信心不足。

（三）自动驾驶商业化进程逐步加快，政策法规亟待突破

《智能网联汽车道路测试与示范应用管理规范（试行）》解决了自动驾驶道路测试和示范应用的政策问题，在此推动下，我国城市客运自动驾驶示范应用规模持续快速增长，商业化进程逐步加快。截至2023年10月，全国开展城市客运自动驾驶示范应用的城市超过30个，车辆规模超过1650辆。同时，相关部委积极探索自动驾驶产品准入、上路通行、运营管理等相关政策法规，制定了《道路机动车辆生产准入许可管理条例（征求意见稿）》《道路交通安全法（修订建议稿）》等，但均未正式出台。且现行法律法规是以机动车和人类驾驶员为管理对象，难以满足智能网联汽车的相关管理需求，关键障碍点包括以下四个方面：一是产品准入，智能网联汽车产品不能进入《道路机动车辆生产企业及产品公告》，难以量产销售。二是牌照管理，智能网联汽车无法取得正式牌照，车辆上路通行权限受限。三是运营许可，智能网联

汽车运营准入制度缺失，无法取得运营资质。四是责任认定，智能网联汽车责任划分和界定尚不清晰，保险、事故、数据、安全、隐私等方面的管理制度难以制定和落实。社会各界对此热切关注，相关政策法规亟待突破。

（四）自动驾驶运营监管能力不足，配套保障体系缺失

城市客运领域要推动自动驾驶落地，需具备自动化驾驶、自动化运营和自动化监管等三个关键能力。目前城市客运自动驾驶项目大多由科技企业/车辆生产企业主导建设和运行，普遍重视和解决自动化驾驶能力，对自动化运营和自动化监管能力建设不足。一是自动驾驶技术的应用将会引起城市公交、出租汽车等劳动密集型企业的管理制度、人力资源、运营服务、安全监管等方面巨大变革，对企业的车辆调度管理、维护和修理、驾驶员/安全员技能、企业运营管理平台建设等提出新的要求，企业配套保障能力不足。二是城市客运自动驾驶在智能网联基础设施、数据与网络安全、个人隐私、道德伦理等方面的保障条件建设薄弱，且缺乏多部门的协同联动机制，社会配套保障能力不足。三是交通运输行业尚未建立自动驾驶客运车辆运营安全监管体系，管什么、如何管等问题尚不清晰，运营安全监管能力不健全。四是自动驾驶运营相关标准规范与技术要求尚属空白，缺乏针对自动驾驶系统载客测试、运营准入、运营服务、安全监管、效益评价等方面的技术标准和技术手段。

六、发展建议

（一）推动自动驾驶纳入新业态管理，营造良好发展环境

从鼓励和推动自动驾驶技术发展和应用的角度，建议将城市客运自动驾驶纳入交通运输新业态管理范畴，突破城市公交、出租汽车企业等传统业态的限制，创新城市客运自动驾驶的运营管理模式，并针对自动驾驶技术特点构建更科学、更系统、更全面的管理体系框架，进一步兼容和丰富自动驾驶在城市客运中的应用场景，减少城市客运自动驾驶发展与传统业态之间的矛

盾和冲突，为城市客运自动驾驶的发展营造良好环境。

（二）聚焦典型自动驾驶运营场景，加强关键核心技术攻关

一是针对当前自动驾驶道路测试和示范应用场景有限的问题，不再无限扩大城市客运自动驾驶服务范围与边界，反向聚焦交通状况简单、条件相对可控的城市客运应用场景，制定相应的应用场景测试与验证标准，促进面向运营的商业化运营场景成熟化。二是从驾驶模式上逐步推进自动驾驶从"主驾有人""副驾有人"向"远端有人"转变，将人车比从 $1:1$ 提升至 $1:N$，减少人力成本支出，为自动驾驶商业化运营创造条件。三是加强复杂环境感知、智能控制决策、人机交互及人机共驾、网络安全等关键核心技术攻关，国家加强政策引导，企业加大研发投入，形成自主可控的关键技术，破解"卡脖子"难题。

（三）加强商业化发展路径研究，引导运输企业有序开展应用

一是加强自动驾驶发展趋势研判，开展城市客运自动驾驶顶层设计，制定发展规划，明确城市客运自动驾驶商业化路径，引导行业健康有序发展。二是开展城市客运自动驾驶运营需求导则研究，回答好运输企业"需要什么样的""是什么样的""建成什么样的"自动驾驶系统等问题，指导运输企业开展自动驾驶建设与应用，使运输企业既不盲从也不落伍，避免运营主权丢失，达到效益最大化。

（四）加快政策法规体系建设，优先研究运营准入与监管制度

在工业和信息化部、公安部积极推动自动驾驶车辆"产品准入""上路通行"等关键政策法规制定的基础上，针对自动驾驶运营准入、运营管理、安全监管等环节，加快政策法规体系建设，优先开展城市客运自动驾驶运营准入条件、运营许可管理、运营安全监管、运营服务考核等运营准入和安全监管制度研究。同时，鼓励地方先行开展城市客运自动驾驶法规制度探索，为国家层面政策法规制定提供实践经验，中央与地方上下联动，部委之间协同

联动，共同推进城市客运自动驾驶政策法规体系建设。

（五）开展运营安全监管体系研究，支撑自动驾驶规模化应用

一是组织开展自动驾驶运营安全监管体系研究，针对交通运输管理部门"管什么、如何管"尚不清晰等问题，从体制机制、监管内容、技术手段、保障措施等方面构建运营安全监管体系，搭建行业层面的自动驾驶运输服务监督平台。二是开展城市客运自动驾驶运营安全应急管理预案研究，明确相关管理部门、运输企业、科技企业等参与主体的职责、应急处置流程及具体要求，支撑自动驾驶规模化应用。

（六）开展配套保障体系研究，提升自动驾驶运营服务能力

一是开展城市客运自动驾驶运营配套保障体系研究，聚合交通行业科研院所、运输企业、自动驾驶科技企业等力量，从管理制度、职责分工、人力资源、运营服务、安全监管等方面构建城市客运自动驾驶运营服务保障体系，提升自动驾驶的运营服务能力。二是开展城市客运自动驾驶社会配套保障体系研究，从基础设施、通行能力、网络和数据安全、个人隐私等角度建立社会配套保障体系，并着力推动建立涵盖工信、公安、交通、网信、住建等多部门的协同联动机制，保障自动驾驶安全运营。

（七）加快标准规范体系建设，规范自动驾驶运营服务与监管

组织开展面向自动驾驶运营的准入条件、安全测试、组织调度、岗位职责、人员要求、运营服务、安全监管、技术保障等方面的标准规范研究，加快相关标准规范体系建设，指导运输企业开展自动驾驶商业化运营测试，规范城市客运自动驾驶运营服务与监管，支撑城市客运自动驾驶商业化应用。

（八）强化示范应用跟踪评估，总结形成行业解决方案

依托国家部委、地方城市等各类自动驾驶示范应用项目，一是开展城市客运自动驾驶相关社会实验，了解社会公众、从业人员等对自动驾驶的接受度和心理预期，验证自动驾驶的技术、法规、体制机制等方面的适应性，为

自动驾驶的发展提供决策参考。二是研究构建自动驾驶示范应用效益评价体系与跟踪评价机制，从节能减排、出行效率、服务质量、经济效益等方面对自动驾驶示范效果进行定期跟踪评估，针对示范效果较好的案例，提炼总结形成自动驾驶行业解决方案，并定期组织开展经验交流，共同促进行业发展。

第二篇

政策法规

02

深圳市智能网联汽车政策法规创新思路与探索实践

杨东龙❶ 曾乾瑜❷ 刘漫霞❸

2022年8月1日全国首部智能网联汽车管理地方性法规《深圳经济特区智能网联汽车管理条例》(以下简称《条例》)正式实施,成为我国智能网联汽车发展的一座新的里程碑,标志着智能网联汽车将实现从道路测试向商业运营的跨越。

一、立法背景

随着汽车产业与新一代信息通信、人工智能等技术的融合发展,汽车电动化、智能化、网联化的进程明显加快,特别是2018年以来,智能化、网联化的趋势愈发明显,对原有的汽车产业体系、道路运输管理体制提出了治理性变革需求。在此背景下,工业和信息化部、交通运输部、公安部、国家发展和改革委员会、住房和城乡建设部等多部委,在国家层面出台了一系列政策,涵盖政策法规、标准规范、工作机制、试点示范、基础设施建设等方面。在2018

---

❶ 杨东龙,深圳市交通运输局智慧交通处,副处长。
❷ 曾乾瑜,深圳市交通运输局智慧交通处,二级主任科员。
❸ 刘漫霞,深圳市交通运输局智慧交通处,三级主任科员。

年国家三部委印发了《智能网联汽车道路测试管理规范（试行）》后，旋即全国 30 多个城市出台相应的开放道路测试工作的规范性文件，积极抢抓汽车智能化这一历史发展机遇，纷纷发布政策支持和开放测试示范，智能网联汽车公开道路测试进入爆发期，有力推动了我国智能网联汽车的迅猛发展。

智能网联汽车技术发展突飞猛进，从科研测试到商业化落地的需求愈发迫切，商业化落地是智能网联汽车走向产业化的关键一步，更是抢占新一轮汽车产业变革制高点的重要契机。美国、欧盟、日本等国家及地区，已完成部分法律法规的制修订，积极促进智能网联汽车商业化落地，美国、欧盟已开始实行豁免准入，日本在 2020 年 11 月更是向本田颁发了世界上第一张 L3 级自动驾驶汽车的销售许可证，全球有超过 17 个国家和地区制定出台了专门规范智能网联汽车的法律法规或者修改现有法律法规。我国既有法律法规主要面向传统汽车，智能网联汽车发展面临车辆不能入市、不能上牌、不能运营收费、保险制度不完善、发生交通事故时责任认定不清晰、相关网络安全和数据保护缺乏监管等诸多问题，亟须通过创新立法突破，为智能网联汽车创新发展提供坚实的法律保障。

2020 年，中共中央办公厅、国务院办公厅印发的《深圳建设中国特色社会主义先行示范区综合改革试点实施方案（2020—2025 年）》及首批授权事项清单提出，支持深圳用好用足特区立法权，扩宽经济特区立法空间，赋予深圳在人工智能、无人驾驶等新兴领域的先行先试权，支持深圳充分利用经济特区立法权进行探索。为此，深圳积极运用特区立法权，紧抓国家赋予的先行先试契机，针对智能网联汽车商业化落地面临的关键法规问题，在与现有法律体系协调的前提下，构建了系统完备、科学规范、运行高效的智能网联汽车管理法规政策体系。

二、立法思路

智能网联汽车是信息通信、互联网、人工智能、汽车等行业跨界融合变革的新兴产物,其未来的发展方向和模式尚未成熟,有必要厘清和明确法规的目的、边界、原则和突破点,根据其技术发展及落地应用过程中出现的问题进行重点规范。

一是明确立法目的及边界。在2020年立法之初,经研究判断,智能网联汽车遵循先封闭、后开放,先载物、后载人,先商用、后个人的渐进式、场景化发展路径。末端配送、自动清扫车、矿区及港区无人集装箱货运车等应用场景的技术已相对成熟,无人小型客车、出租汽车可能在未来3~5年迎来爆发,但受到既有法律规制的约束,商业化探索脚步停滞不前。因此,基于国家层面的战略部署以及对行业态势的总体研判,本次立法应充分在"推动特定场景的智能网联汽车商业化应用"上下功夫、做文章。

二是明确立法基本原则。为寻求鼓励创新与风险管控两者的平衡,需坚持并贯彻创新性、前瞻性、开放性的三大原则。(1)创新性立法,通过创新性的制度设计突破既有的法律法规约束;(2)前瞻性立法,立足2022年后的行业发展需求,对技术发展过程中可能产生的法律问题予以考虑;(3)开放性立法,坚持立法宜粗不宜细,侧重于框架性制定,确保法律规则的必要弹性。

三是明确立法的关键突破点。经梳理,我国当前法律体系中有3部法律、7个行政法规、5个部门规章、4个规范性文件,共43项条款可能对智能网联汽车发展构成制约,主要表现为5个方面的问题:(1)无法注册登记的问题;(2)自动驾驶系统驾驶主体未合法化,上路使用受限的问题;(3)无法获得许可,无法开展道路运输经营活动的问题;(4)传统交通事故侵权责任制度及保险机制不适用的问题;(5)网络安全及数据保护存在法律监管空白的问题。

四是明确立法的推进模式。立法拟采取"1+1+N"即"特区法规+政府规章+规范性文件"的模式推进。特区法规,即《条例》,主要明确智能网联汽车管理的基本原则、各部门基本职责,以及智能网联汽车的相关管理要求;政府规章细化特区法规各项内容,包括各部门监管职责及相关管理机制等；"N"则是由各相关部门配合法规、规章制定具体措施形成的规范性文件，可根据工作实际适时调整完善，以确保法规的灵活性。

三、主要内容和制度创新

《条例》是国内首部关于智能网联汽车的法规，其针对智能网联汽车在商业化落地过程中的政策难题，创新性的开展特区立法，从道路测试及示范应用、准入登记、使用管理、网络安全和数据保护、车路协同基础设施、道路运输、交通事故及违法处理等方面，提出了综合性的框架制度设计和法规要求，以解决智能网联汽车无法准入、无法登记、无法合法上路、无法开展道路运输等关键问题。《条例》分为9章，包括总则、道路测试和示范应用、准入和登记、使用管理、车路协同基础设施、网络安全和数据保护、交通违法和事故处理、法律责任以及附则，共计64条。

（一）关于道路测试和示范应用

深圳智能网联汽车测试开放区域、开放道路场景数量、复杂度及牌照发放数量位居全国前列。结合国家最新政策和深圳的实际情况，《条例》在尽力保障安全的前提下，尽量为道路测试和示范应用活动提供便利，同时鼓励有条件的企业进行技术创新。一是规定市交通运输部门应当会同市工业和信息化部门、市公安机关交通管理部门建立联合工作机制，根据本条例和国家有关规定，制定深圳市道路测试和示范应用的具体办法。二是授权市人民政府可以选择车路协同基础设施较为完善的行政区全域开放道路测试、示范应用。三是鼓励有条件的智能网联汽车相关企业建设道路和交通场景仿真模拟平台，对智能网联汽车的自动驾驶系统进行仿真测试和技术验证。

（二）关于准入和登记

《条例》规定，深圳市工业和信息化部门应当根据技术成熟程度和产业发展需要，组织制定智能网联汽车产品地方标准，根据生产者的申请，将符合地方标准的智能网联汽车产品列入深圳市智能网联汽车产品目录。未列入国家汽车产品目录或者深圳智能网联汽车产品目录的智能网联汽车产品，禁止在深圳市销售、登记。深圳市工业和信息化部门可以对准入的智能网联汽车产品设置使用范围、应用场景等限制。

（三）关于使用管理

经过大量调研和反复论证，为了最大程度地保障其他交通参与者的安全和知情权，《条例》借鉴美国、德国、日本等国家的相关做法，一是规定了安全提示规则，要求智能网联汽车产品生产者应当为车辆配置自动驾驶模式外部指示灯。二是明确了驾驶人的接管义务，规定有条件自动驾驶和高度自动驾驶智能网联汽车的驾驶人应当处于车辆驾驶座位上，智能网联汽车发出接管请求或者处于不适合自动驾驶的状态时，应当立即接管车辆。三是强化了售后服务责任，规定智能网联汽车产品生产者、销售者应当建立健全产品售后服务机制，提供及时、全面的技术支持或者救援服务，保障用户人身、财产安全。四是规定使用智能网联汽车从事道路运输经营活动的，经营者应当取得道路运输经营许可证，车辆应当取得道路运输证。

（四）关于车路协同基础设施

《条例》规定深圳市、区人民政府可以结合智能网联汽车通行需要，统筹规划、配套建设智能网联汽车通用的通信设施、感知设施、计算设施等车路协同基础设施。企业因开展道路测试、示范应用的需要，可以向交通运输、公安机关交通管理、城管执法等部门，申请在其管理的公用基础设施上，搭建车路协同基础设施，相关主管部门应予以支持。同时，深圳市交通运输部门、市公安机关交通管理部门可以在智能网联汽车通行路段设置特有的交通信号，智能网联汽车上道路行驶应当按相关交通信号的指示通行。

（五）关于网络安全和数据保护

《条例》设置了"网络安全和数据保护"一章，对涉及的网络安全和数据保护问题进行规范，一是规定深圳市网信部门统筹协调全市智能网联汽车的网络安全风险监督管理工作。二是规定深圳市网信部门应当统筹协调、督促指导相关政府部门制定智能网联汽车网络安全事件应急预案。三是规定智能网联汽车相关企业应当依法取得网络关键设备和网络安全专用产品的安全检测认证，依法制定网络安全事件应急预案。四是规定智能网联汽车相关企业应当依照国家相关规定，制定数据安全管理制度和隐私保护方案。五是规定智能网联汽车相关企业禁止非法收集、处理、利用个人信息、与本车辆行驶和交通安全无关的信息和涉及国家安全的信息。

（六）关于交通违法和事故处理

《条例》按照责任主体及其行为模式，将交通违法和交通事故的处理分别规定，对于上位法无法直接适用的情形，根据权利义务相适应的原则，运用经济特区立法权进行一定程度的创新。一是有驾驶人的智能网联汽车发生交通违法或者有责任的事故，由驾驶人承担违法和赔偿责任。二是完全自动驾驶的智能网联汽车在无驾驶人期间发生交通违法或者有责任的事故，原则上由车辆所有人、管理人承担违法和赔偿责任，但对违法行为人的处罚不适用驾驶人记分的有关规定。三是交通事故中，因智能网联汽车存在缺陷造成损害的，车辆驾驶人或者所有人、管理人依照上述规定赔偿后，可以依法向生产者、销售者请求赔偿。

（七）关于法律责任

科学合理设定法律责任是法规得以有效实施的基本保障，也是法规不可或缺的内容。《条例》根据行政处罚法等法律法规的规定，按照责任与处罚相当原则，专门设立了"法律责任"一章，对违法行为规定了相应的法律责任和处罚。

四、经验总结与展望

智能网联汽车行业正处于快速发展时期，自动驾驶技术具有争议性、超前性及未知性。立法缺位下智能网联汽车的无序发展有危害公共安全之虞，但贸然立法对技术的发展而言又可能是"作茧自缚"，因此，应正确处理立法的管理力度和权限，避免公权力过早、过多介入对产业发展造成阻碍的同时，坚守维护公众利益的底线。《条例》是在国家和地方立法没有先例的情况下开全国先河的制度建设，《条例》更偏向于框架性制定，处于基础性地位，为各部门规范性文件制定提供依据，针对具体问题发挥宏观指导作用，全面支撑深圳智能网联汽车实现从科研测试向合法产品化、商业化的里程碑式跨越，推动智能网联汽车产业高质量可持续发展。

为了保障《条例》的顺利落地，未来深圳各部门应全面落实《深圳市推进智能网联汽车高质量发展实施方案》工作要求，围绕"1套创新的管理制度＋1项高质量发展的服务能力＋N项规模化的特色场景应用＋1个可持续的资金保障体系"的工作路径，抓好4个方面21项举措的落实，加快推进配套规章、规范性文件的制定出台，加快建立深圳市智能网联汽车管理工作专班，推动智能网联汽车规模化商业应用，为全国智能网联汽车的高质量发展提供更多深圳经验和深圳借鉴。

03

北京市智能网联汽车政策先行区"2+5+N"管理政策体系

杨烨[1] 倪鹏[2]

一、背景

在新一轮科技革命与产业变革的推动下，汽车产业加速转型，智能网联汽车已经成为全球战略竞争的制高点。发展智能网联汽车是汽车产业转型升级的战略选择，我国率先提出车路云融合智能网联汽车中国方案技术路线。通过车路云融合有助于解决单车智能短板，加速高级别自动驾驶的实现。发展车路云融合智能网联汽车将协同带动以汽车为载体的芯片、软件、信息通信、数据服务等产业的发展，实现数字经济转型。以车路云融合智能网联汽车为载体，将提供更安全、节能、环保、舒适的出行方式和综合解决方案，解决汽车社会问题，支撑智能社会构建。

在此背景下，北京市主动谋划、谨慎研判，于 2020 年 9 月正式设立北京市高级别自动驾驶示范区（以下简称"示范区"），成立由市主要领导挂帅的领导小组高频调度，跨部门、跨专业的工作专班集中统筹资源，并设立市场化运营平台——北京车网科技发展有限公司，全力保障示范区建设工作有序

---

[1] 杨烨，北京车网科技发展有限公司，副总经理。
[2] 倪鹏，北京车网科技发展有限公司，高级工程师。

推进。

示范区建设"车、路、云、网、图"五大体系，采取"小步快跑、迭代完善"的方式，不断修正完善层层推进建设模式和内容。在 1.0 阶段实现试验环境搭建、2.0 阶段完成小规模部署、3.0 阶段实现规模部署和场景拓展、4.0 阶段进行推广和场景优化，见表 3-1。通过网联云控系统，结合车端设备、路侧感知、低时延网络、高精度地图及云端数据，统筹各类资源进行融合试验，打通网联云控式高级别自动驾驶的关键环节，实现协同感知、决策和控制，形成城市级工程试验平台，实现一系列应用场景商业化落地和一批中间产品推广应用，以"车路云融合"理念加速高级别自动驾驶规模化运行，形成高级别自动驾驶的北京方案。

示范区建设规划表 表 3-1

建设阶段	建设任务和目标
1.0 阶段 （试验环境搭建）	（1）基本建成云控基础平台体系架构，完成"10（城市）+10（高速）+1（AVP）"建设任务，对关键技术进行验证。 （2）按照城市道路和高速道路两个场景分别建设，在亦庄核心区选择 12.1 公里的城市道路，在京台高速选择双向 10 公里高速公路。采用"多样化、高配置"的设备选型方案进行智能路侧基础设施部署
2.0 阶段 （小规模部署）	（1）完善云控基础平台体系架构，扩大道路建设规模，选取典型云控应用进行小规模推广。 （2）依据识别出最优设备配置方案、优化设备布点位置；制定面向不同路段的智能路侧基础设施部署方案；示范区核心区 60 平方公里范围内进行规模化建设；开展应用场景试点和商业模式探索
3.0 阶段 （规模部署+场景拓展）	（1）提供区域级规模服务，支撑规模化车辆接入，构建云控应用生态体系。 （2）规模化部署共性基础设施，如通信网络、车路协同红绿灯，在已建成的 60 平方公里示范区基础上，推进周边 100 平方公里的建设，并逐步扩展完成全市 500 平方公里；对于商业化的典型场景产品，按照场景需求进行规模化部署
4.0 阶段 （推广和场景优化）	（1）提供城市级规模服务，完善云控应用生态体系，支撑多行业创新应用，城市级规模化效应初显。 （2）通过在亦庄示范确定标准的基础设施，向全市范围进行推广。经过优化的商业场景在全市范围内进行复制

在建设过程中，为鼓励智能网联汽车新产品、新技术和新模式的应用推广，营造政策友好型产业发展营商环境，为推进北京市高级别自动驾驶示范区建设，探索针对智能网联新技术、新产品、新模式应用推广的创新性监管

措施，加大政策先行先试力度，探索相关政策法规创新突破，2021年4月，市政府决定利用两区建设的政策契机，依托示范区设立北京市智能网联汽车政策先行区（以下简称"先行区"）。构建先行区"2＋5＋N"智能网联汽车管理政策体系，在全国率先实现开放自动驾驶出行服务商业化、开放自动驾驶汽车高速公路测试、开放无人化道路测试及示范应用、给予无人配送车路权允许其上路运营，为全国智能网联汽车政策法规创新提供重要的实证经验。

二、"2＋5＋N"管理政策体系

（一）搭建"2＋5＋N"政策体系

为全面支撑高级别自动驾驶示范区建设，营造良好的政策法规环境，政策先行区搭建"2＋5＋N"政策体系，如图3-1所示。"2"是以《北京市智能网联汽车政策先行区总体实施方案》和《北京市智能网联汽车政策先行区智能网联汽车管理办法》为顶层设计，指导先行区建设。"5"是针对在示范区快速落地的五大类应用场景（乘用车、客运车、货运车、特种作业车、多功能无人车等），形成相应的政策管理体系。"N"是驾驶人管理、事故处理、商业保障、数据安全、测试互认便利化等方面研究制定的多项共性基础支撑管理政策，保障多功能场景测试示范高质量发展。

在先行区顶层设计下，聚焦智能网联汽车多功能场景应用特点，形成智能网联汽车多功能场景分类。借鉴国家智能网联汽车创新中心牵头研究的《智能网联汽车创新应用路线图》的研究思路，在系统分析车辆行驶道路类型基础上，从行驶环境、行驶速度、车辆类型三个维度对智能网联汽车应用场景进行分类，凝练出能够在示范区快速落地应用的乘用车、客运车、货运车、特种作业车、多功能无人车5种类型共10余项功能场景，形成相应的政策管理体系，系统支撑各类智能网联汽车在示范区开展测试示范活动。

政策先行区打造智能网联汽车政策创新高地，为各地政府相关法规政策创新提供研究样板。

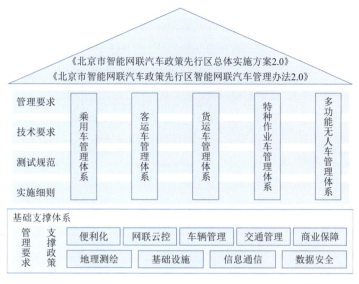

图 3-1　示范区、先行区 "2＋5＋N" 政策体系

（二）出台一系列创新政策

围绕 "2＋5＋N" 管理政策体系，政策先行区开展多项政策创新，营造 "政策友好型" 产业发展环境。截至 2022 年 11 月，共出台了 9 项具有代表性的管理政策，包括在全国率先开放自动驾驶出行服务商业化、给予无人配送车路权允许其上路运营、开放自动驾驶汽车高速公路测试、开放无人化道路测试等，为智能网联汽车新技术和新产品的落地应用提供政策支撑，见表 3-2。

示范区、先行区出台的主要政策及其创新举措　　表 3-2

时间	政策	主要内容	创新举措
2021 年 4 月	《北京市智能网联汽车政策先行区总体实施方案》	明确先行区的实施范围、任务措施、保障机制和职责分工等	出台顶层设计文件，明确北京市推进设立先行区，探索针对智能网联新技术、新产品、新模式应用推广的监管创新方向
2021 年 4 月	《北京市智能网联汽车政策先行区管理办法（试行）》	明确示范区的管理机构和职责，以及相关各方开展道路测试、示范应用和商业运营，推进新技术和新产品应用的规范要求	建立 "安全高效、创新包容、衔接顺畅、国际一流" 的智能网联汽车政策管理体系

续上表

时间	政策	主要内容	创新举措
2021年4月	《北京市智能网联汽车政策先行区道路测试与示范应用管理实施细则(试行)》	明确申请主体、测试车辆、驾驶人开展道路测试与示范应用,以及处理交通违法和事故的相关要求	规范先行区内的智能网联汽车道路测试、示范应用等相关活动
2021年5月	《北京智能网联汽车政策先行区无人配送车管理实施细则（试行）》	从车辆标准、上路管理、运营管理、安全监管、风险管理等,规范和鼓励开展无人配送车商业运营	首次赋予无人配送车路权,发放车辆编码,按非机动车进行管理
2021年7月	《北京市智能网联汽车政策先行区高速公路及城市快速路自动驾驶道路测试与示范应用管理实施细则(试行)》	规范管理与推进示范区内高速公路测试与示范应用相关活动；分阶段审核,逐步推进高速公路和快速路测试和示范应用	首次发布高速道路管理实施细则,颁发首批高速道路测试通知书,允许企业在指定高速公路开放路段开展试点测试。创新测试和示范应用安全保障措施及保险保障机制
2021年9月	《北京市智能网联汽车政策先行区无人化道路测试管理实施细则（试行）》	划分"副驾有人""后排有人""车外远程"三个测试阶段,对申请主体、测试车辆、驾驶人等作出规定	首次开展无人化道路测试,将网络安全测试与封闭场地测试相结合；强化测试过程管控,完善事故处理机制
2021年11月	《北京市智能网联汽车政策先行区自动驾驶出行服务商业化试点管理实施细则（试行）》	统筹智能网联汽车商业化试点发展方向,对申请主体、试点车辆、安全员、平台和App等关键要素的合规性提出要求,强化服务监督和违规管理	发布国内首个允许自动驾驶出行服务商业化试点许可政策,允许企业向乘客提供自动驾驶出行收费服务。构建具有延续性、可迭代的商业化试点服务管理体系
2022年3月	《北京市智能网联汽车政策先行区智能网联客运巴士道路测试、示范应用管理实施细则（试行）》	以安全可控为基本原则,提出配备车内管理员、分阶段开展道路测试、加强运行管理、提高保险保障等多项规范化要求,以最大化保障乘客乘车安全,促进道路测试与示范应用活动安全有序推进	该实施细则将助力智能网联客运巴士场景的落地,为未来规模化、商业化运营奠定基础。同时也将有效丰富示范区智能网联场景建设内容,推动示范区智能网联汽车产业全面发展
2022年11月	《北京市智能网联汽车政策先行区无人接驳车道路测试与示范应用管理细则（试行）》	要求必须配备车内驾驶人,并严格规范其作为驾驶人和管理员两方面职责；通过有效执行备案机制、积分管理、清零机制等全方位的事中管理机制,深入保障测试车辆行驶安全	发布了全国首个针对不配备驾驶位和方向盘的短途载客类智能网联新产品的规范性文件,在国内率先以编码形式给予无人接驳车相应路权,针对国内智能网联汽车领域的新产品完成了又一关键性管理突破

三、实施成效与经验总结

经过两年的实践和探索，北京市在组织创新方面，明确机制，实现管理整合。

依托"两区"建设，高质量推动国内首个高级别自动驾驶示范区发展，成立市级领导小组和示范区工作办公室，统筹各部门、各界资源和力量集中建设，设立覆盖智能网联汽车核心要素的多家市场化运营平台公司，进行系列创新技术应用，开展广泛的产业合作。

在示范区建设方面。车路云一体化的技术路线得到了充分验证。示范区 329 个智能网联标准路口，双向 750 公里城市道路和 10 公里高速公路实现了车路云一体化功能覆盖，网联云控系统实现了车路数据融合，对外服务能力不断增强，支持车网融合的超高速无线通信技术 EUHT 专网完成铺设，分米级高精度动态地图平台搭建完毕，"多杆合一、多感合一"模式下建设成本下降近 40%，车路协同使车辆每万公里碰撞风险降低 23%，红绿灯推送触达每周超过 27000 次，路侧盲区障碍物信息参与车辆关键决策率达到 37%，交通信控优化实现车均延误率和车辆排队长度均下降 30%，城市级工程实验平台初具规模，车-路-云-网-图-安全高级别自动驾驶标准体系搭建完成。

在管理创新方面。初步建成国内领先的政策体系，打造北京样板。依托示范区设立国内首个智能网联汽车政策先行区，基于"监管沙盒"模式，构建了适度超前的政策体系，部署车辆超过 470 辆、累积测试里程超过 970 万公里、推出八大应用场景均位居全国前列，全国城市智能网联汽车竞争力排名第一❶。

在产业发展方面。集聚了包括百度、小马智行、主线科技、新石器、云控智行、国汽智图、亮道智能在内的"车路云网图"产业链关键要素企业 40

---

❶ 资料来源：国家智能网联汽车创新中心、中国汽车工程学会、中国智能网联汽车产业创新联盟联合编制的《城市智能网联汽车产业发展综合评价指数与最佳实践（2022 年）》。

余家，智能网联汽车相关领域参与示范区建设企业达百余家，同时与清华大学、北京大学、北京智源人工智能研究院、北京微芯区块链与边缘计算研究院等知名高校和科研机构在示范区深入开展新技术的科研应用工作，先后发布了车路协同自动驾驶数据集和开源开放的智能网联路侧单元操作系统"智路 OS"。

四、下一步规划

未来政策先行区将持续推动政策监管创新。一是持续推动政策集成创新，实现更大范围场景拓展。以"两区"建设为依托，进一步探索"监管沙盒"模式，在"2＋5＋N"政策体系框架下，聚焦无人化技术测试与应用、新产品落地、商业模式探索等政策集成创新，加速新产品、新技术、新模式落地。二是加快标准体系建设工作，围绕车-路-云-网-图-安全 6 个方面，稳步推进标准编制，积极推进标准升级转化。三是构建覆盖车路云一体化多种业务的主动安全防护体系，完善数据安全分类分级等管理制度，探索智能网联汽车基础地图偏转加密技术和网联环境下地理信息数据的安全传输技术，联合行业深度挖掘释放数据价值。

04

广州市智能网联汽车混行试点政策体系探究分析

苏 奎[1] 蒋 园[2] 吴征明[3]

一、广州市智能网联汽车混行试点政策发布背景

（一）国家和地方智能网联汽车相关政策引领

根据《中华人民共和国国民经济和社会发展第十四个五年规划和2035年远景目标纲要》《国家综合立体交通网规划纲要》《新一代人工智能发展规划》《智能汽车创新发展战略》《关于推动交通运输领域新型基础设施建设的指导意见》等文件，以及工业和信息化部关于"坚持'单车智能＋网联赋能'的战略定位，协同推进智能化、网联化技术并行发展，加速规模化商用进程，将试点经验成果固化成技术标准，推动地方先行先试立法探索"的要求，为广州市智能网联汽车（自动驾驶）应用，发展自动驾驶和车路协同的出行服务，探索建立无人驾驶监管框架，完善相关法律法规和伦理审查规则，推动智能网联汽车与智慧城市协同发展提供了政策方针指引。

---

[1] 苏奎，广州市交通运输局公共交通处，处长。
[2] 蒋园，广州市交通运输局公共交通处，二级调研员。
[3] 吴征明，广州智能网联汽车运营中心，主任。

（二）广州智能网联汽车产业发展基础良好

广州市作为我国改革开放的前沿阵地，智能网联汽车产业发展也处于全国前列。广州市具备良好的智能网联汽车产业基础，汇集传统汽车零部件、创新部件/系统集成、创新电动系统、第三方检验测试机构、整车研究院/制造业创新中心、自动驾驶系统集成、新能源汽车整车制造、传统汽车整车制造、"新基建"建设、出行平台等行业头部企业集聚，具有代表性的企业近百家。广州已构建起以整车制造为核心，零部件企业集聚，智能创新企业汇聚的汽车创新产业体系。

基于国家政策方针和产业基础，2021年，广州市在全国率先提出智能网联汽车"混行试点"的工作理念，发布《关于逐步分区域先行先试不同混行环境下智能网联汽车（自动驾驶）应用示范运营政策的意见》（以下简称《指导意见》）、《在不同混行环境下开展智能网联汽车（自动驾驶）应用示范运营的工作方案》（以下简称《工作方案》）两个基础文件，提出建立"1+1+N"的混行政策体系，在有条件开展智能网联汽车示范运营的区域，设立混行试点区。

两个"1"即上述的《指导意见》及《工作方案》，"N"即若干个配套文件，包含运营管理、测试优化、监督执法、数据和网络安全、财政支持等具体实施方案和相应文件。

二、广州市智能网联汽车混行试点主要政策

2021年7月以来，围绕"市级层面发布两个'1'，相关部门和混行试点区根据自动驾驶混行管理实际，出台若干个'N'配套文件"的政策规划思路，先后制定了9项配套政策，其中准入政策4项、运营政策3项、评估政策2项。

（一）"1+1"总体政策

作为广州市智能网联汽车混行政策重要的基本指引性文件，"1+1"

总体政策对智能网联汽车产业发展具有重要的推动作用，其主要内容见表 4-1。

"1+1"总体政策内容和创新举措　　表 4-1

序号	政策	主要内容	创新举措
1	《关于逐步分区域先行先试不同混行环境下智能网联汽车（自动驾驶）应用示范运营政策的意见》	从基本原则、目标和任务、保障机制等方面提出了明确要求	率先提出混行试点区，秉持公共安全最大化、运营风险最小化和统筹推进原则，逐步分区域推进试点工作 鼓励先行先试，建立容错纠错的宽容监管制度，营造鼓励创新、宽容失误、审慎问责的环境氛围
2	《不同混行环境下开展智能网联汽车（自动驾驶）应用示范运营的工作方案》	从组织架构、范围及场景、准入条件、事故和违法处理要求、退出机制及职责分工等6方面明确了自动驾驶示范运营工作的具体操作指引	因地制宜，充分结合广州市智能网联汽车产业发展的实际需求，对示范运营行为提出明确要求

1. 率先提出分阶段混行试点，探索破解城市交通管理难题路径

与其他城市划定专门区域开展智能网联汽车示范运营工作方法不同的是，《关于逐步分区域先行先试不同混行环境下智能网联汽车（自动驾驶）应用示范运营政策的意见》率先提出"智能网联汽车与其他车辆混行试点"的发展思路，在混行试点区分阶段、分步骤地投入智能网联汽车的数量，从而构建不同混行比例、车路协同不同参与度以及多种新型出行服务的多维度、综合性、大规模城市级交通试验区，将有利于智能网联技术的持续研发，有利于推进大众对智能网联汽车的认可度，有利于推进智能网联汽车政策发展创新。

2. 高位推进，分工明确，组织保障有力

智能网联汽车混行试点是一项工程性任务，作为一种新的事物，其发展已经颠覆了对于汽车的传统认知。因而，在统筹推进方面，各部门同心协力下好"混行试点一盘棋"。广州市设立基于宽带移动互联网智能网联汽车与智慧交通应用示范区（车联网先导区）建设工作领导小组统筹总体工作，并下设专项工作组，由广州市工业和信息化局、市委宣传部、交通运输局、公安局、司法局、规划和自然资源局等 12 个部门通力联合，组建了强有力的领导

和保障机制。

市级层面发布两个"1",相关部门和混行试点区根据自动驾驶混行管理实际,出台若干个"N"配套文件。鼓励先行先试,建立容错纠错的宽容监管制度,营造鼓励创新、宽容失误、审慎问责的环境氛围。

3. 准入条件清晰,示范运营工作有章可循

《在不同混行环境下开展智能网联汽车(自动驾驶)应用示范运营的工作方案》对示范运营的场景,以及主体、车辆、安全员的准入条件进行了系统化规范。如在测试主体测试里程积累、企业应急预案、车辆保险、车辆通信功能、安全员驾驶和培训经验等方面进行了明确规定,对申请智能网联汽车示范运营工作的主体、协调组织示范运营工作的第三方机构等参与单位提供工作指引参考。

4. 监管流程规范,进退机制完善

智能网联汽车监督管理工作的规范与否,直接关系示范运营过程中的安全红线。为规范示范运营事故和违法处理情况,方案提出要在示范运营区域建立"迅速报告机制""事故定责机制""先行赔付机制"。如车辆发生事故后15分钟内要报告第三方机构,要制定《广州市智能网联汽车(自动驾驶)事故鉴定规范》,建立示范运营保障基金等。

工作方案对不适宜继续开展示范运营活动的运营主体、运营车辆和安全员做了明确规定,尤其因车辆保障基金未按要求补足、违规违法运营和发生重大交通事故等情况规定了相关退出机制。

整体示范运营活动进退渠道清晰,不仅为企业参与示范运营提供大力支持,同时也坚守保障生命安全健康第一位的基本红线。

(二)"N"项配套政策

紧随"1+1"总体政策,为进一步理顺示范运营工作机制,规范示范运营行为,混行试点各参与部门先后制定了9类"N"项配套政策,从智能网联汽车公共交通领域中的示范运营指引、乘用车(商用车)车型认定、保障基

金管理、安全员管理、数据管理、车载监控设备技术规范、定期检验、事故评估等维度等逐步夯实拓展"N"的内涵和外延，丰富了广州市智能网联汽车示范运营政策体系。

1. 以"1+1"政策为基准，细化示范运营具体实施规则

出台了乘用车和商用车示范运营车辆型号认定方法等政策文件，分别对公共交通领域的示范运营活动，示范运营乘用车、商用车车型认定评审工作，示范运营数据采集管理等提出了具体准入要求，进一步细化了智能网联汽车开展示范运营活动的领域、车型准入要求，对总体政策进行了细化。

2. 规范数据监管使用，保障网络数据安全

智能网联汽车数据的管理涉及车辆信息的安全，为进一步优化智能网联汽车数据管理方式，广州市出台了应用示范运营汽车数据相关管理办法，对智能网联汽车示范运营途中汽车行驶数据的采集、存储、使用等进行了总体规范。以此为基础，2022年11月，制定了OBMD技术要求与相关测试方法文件，对上述文件的具体规范进行了逐一完善和回应。

3. 优化先行赔付机制，最大程度保障生命安全

围绕细化先行赔付机制要求，最大程度保障示范运营工作稳定推进，广州市制定了智能网联汽车应用示范运营保障基金管理办法等文件，分类建立"基础保障金"和"调节保障金"，细化先行赔付机制。具体来讲，基础保障金的缴纳按照单个运营主体200万元的标准缴纳，调节保障金的缴纳金额根据不同的混行阶段调整缴纳比例和标准。

先行赔付机制的建立，一方面降低企业在示范运营期间车辆发生交通事故后赔付工作的压力；另一方面，最大程度地保障发生事故后向受害人及时支付相应的赔付金，最大力度地为智能网联汽车示范整体运营工作提供保障。

4. 以提升职业素养为前提，深化安全员培训管理工作

相较于普通的驾驶人，智能网联汽车安全员不仅要了解汽车驾驶的基本要点，还要熟悉和掌握软件系统的操作，能够处理一些突发事件。智能网联

汽车安全员培训管理办法对安全员的基本职业知识、操作技能、安全员培训机构的考察和筛选，安全员评估和管理等都提出了一些可供参考并富有建设性的要求。后续，广州市将基于安全员培训管理工作的细化和落实，建立全市安全员的统一考核管理办法，从安全员的角度为智能网联汽车示范运营工作筑起一道安全屏障。

5. 建立可追溯、可追责的车辆安全和事故评估鉴定机制

围绕智能网联汽车整体运行安全和事故发生后的处理，广州市编制了两项指引性文件，包含示范运营车辆的检验检测和事故评定等，进一步细化车辆定期检验内容和相关流程，车辆每次检验后都要报送第三方机构和广州市公安交警支队存档；程序化智能网联汽车事故处理方式方法，聘请专业技术专家组织开展事故评估工作。以上两个文件的实施，将为智能网联汽车示范运营工作建立起一套可追溯、可追责的车辆安全和事故评估鉴定机制。

三、广州市智能网联汽车混行试点实施成效

（一）为广州市申请成为智能网联汽车准入和上路通行试点城市奠定政策基础

2023年11月17日，工业和信息化部、公安部、住房和城乡建设部、交通运输部发布了《关于开展智能网联汽车准入和上路通行试点工作的通知》，文件提出："遴选具备量产条件的搭载自动驾驶功能的智能网联汽车产品（以下简称智能网联汽车产品），开展准入试点；对取得准入的智能网联汽车产品，在限定区域内开展上路通行试点，车辆用于运输经营的需满足交通运输主管部门运营资质和运营管理要求。"广州市"1+1+N"混行试点政策的落地实施，有力推动了智能网联汽车示范运营的整体工作，对于广州市申请智能网联汽车准入和上路通行试点城市奠定了良好的基础。

（二）在全国率先正式迈出商业化运营第一步

截至2022年12月，广州市已批准5款智能网联汽车车型可以开展示范

运营工作。2022年6月28日，小马慧行2款乘用车和1款商用车正式通过广州市智能网联汽车示范运营车型认定工作，纳入车型认定目录；12月28日，小马慧行和沃芽科技的各1款乘用车通过广州市智能网联汽车示范运营车型认定工作，纳入车型认定目录。

得益于"1+1+N"混行试点政策体系的保驾护航，一系列工作顺利推进，广州市开展示范运营活动的智能网联车辆达23辆（已经获得相关运营资质），行驶里程超过30万公里，全国率先开启了智能网联汽车（自动驾驶）商业化混合运营的纪元。

四、下一步规划

（一）持续优化混行政策，丰富拓展"N"项政策的内涵和外延

智能网联汽车是建设"安全、便捷、高效、绿色、经济"现代化综合交通体系的重要组成部分，是逐步替代传统有人驾驶汽车的漫长演进过程，产业的发展必然历经诸多的困难与挑战。随着产业的持续创新发展，政策体系也要随之不断优化和完善。今后，广州市将持续丰富和拓展"N"类政策体系，参考国家智能网联汽车准入和上路通行试点工作方案，积极探索"道路测试+准入+验证+标准"滚动式的创新方式整体性工作思路推进混行试点工作。

（二）持续推进智能化交通的探索工作

今后，要将智能化交通探索工作持续深入，不断优化和拓展智能网联汽车"单车智能+车路协同"生态发展圈。一是持续丰富单车智能的测试和运营场景，如主驾、前排乃至整车无人化测试、低速自动驾驶应用场景、干线物流、专线载客运营等场景的落地；二是要积极探索车路协同下的智能网联汽车的运营模式，创新车路协同发展理念，在"单车智能"和"车路协同"两种发展模式间进行对比，探索智能化交通未来发展趋势。

（三）探索智能网联汽车责权划分立法路径

智能网联汽车在实际运营环节，无可避免地会发生一些交通事故，而在事故评判中，对责任的划分，成为处理这类交通事故的难题。今后，广州市将尝试探索智能网联汽车责权划分立法路径。逐步对低速车的路权、有安全员的自动驾驶、全自动驾驶、车路协同下路侧设备参与决策时交通事故责权划分等情况充分研究，探讨智能网联汽车立法基础，并尝试将以上实际情景进行立法。

（四）进一步激发混行试点区创新活力

今后，广州市将逐步完善市级相关政策法规和配套支持环境，并给予混行试点区一定的决策权、监督管理权，促进各混行试点区和区内企业的深度联动，推进各混行试点区制定符合本区特色及需求的政策支持方案，进一步激发混行试点区的自主创新能力。

广州市将支持各混行试点区在全市一盘棋的整体部署下，开展"稳健发展、适度创新、单点突破"的区级试点发展思路，并通过"市区联动、区区连通"的稳步发展节奏，形成良好的政策引导，拉动区域内智能网联汽车相关产业形成一定的集聚，推动广州市建立实力雄厚的智能网联产业集群。

05

武汉市无人商业化服务政策探索与应用实践

史可朝❶　董志威❷

随着人工智能、物联网、高性能计算等新一代技术的发展，汽车产业乃至整个交通出行领域正在发生一场革命。作为国际公认的汽车未来发展方向，自动驾驶技术因其涉及产业链长、价值创造空间巨大，故其意义不仅在于汽车行业的技术升级，也是各国的重要战略高地与汽车产业和科技产业跨界、竞合的必争之地。自动驾驶已经在出行、物流、环卫、安防等领域实现初步落地应用。2018年，工业和信息化部、公安部、交通运输部三部门联合印发了《智能网联汽车道路测试管理规范（试行）》，推动了我国自动驾驶汽车测试工作开展。目前，自动驾驶迈过道路测试、示范应用阶段，将逐步进入商业化服务阶段，不仅成为政府和交通运输行业关注的焦点，也逐步被公众所接受。

一、运营环境建设

国家智能网联汽车（武汉）测试示范区于2019年9月揭牌，是国内第六个、中部地区首个国家级智能网联汽车测试示范区，也是国内最早颁发自动

---

❶ 史可朝，武汉车网智联测试运营管理有限公司，工程师。
❷ 董志威，武汉车网智联测试运营管理有限公司，运营总监。

驾驶商用牌照的示范区。示范区目前已建成三大体系：开放的车路协同体系（包括标准化的智能基础设施和统一的城市操作系统平台）、基于联合创新实验室群的科研体系，以及支撑商业运营的应用体系。

（一）智能基础设施

截至 2022 年 12 月，在《智能网联道路建设规范（总则）》的指导下，武汉已经完成了超过 400 公里开放测试道路的建设工作，开放测试道路分布在武汉经开区、汉阳区、东湖高新区、江汉区。武汉市已经建成了 106 公里基于开放标准的智能道路，以及相关的智能基础设施，部署了 1800 多个摄像头、激光雷达、毫米波雷达等路侧智能设备。武汉经开区至天河国际机场的道路、武汉经开区除特殊区域外的全域道路开放工作正在进行，将实现高速公路场景的突破，丰富测试和应用场景。

（二）城市操作系统平台

武汉城市操作系统平台以统一的架构和技术规范，通过基础服务平台、数据平台、PaaS 云平台三层架构，形成城市可持续运营的智能底座，管理全域智能基础设施，以及数据接入、汇聚和融合，支持自动驾驶汽车、智慧交通、城市综合管理等相关应用。

其中，自动驾驶监管平台是城市操作系统的应用之一，符合工业和信息化部、公安部、交通运输部对"数据监控平台"的相关政策要求，满足武汉市有效监管的数据管理体系，为自动驾驶测试与运营提供了有效的监管手段，促进无人驾驶商业化服务在政府监管下安全有序发展。

（三）完整的测试服务体系

武汉智能网联汽车测试场主要用于智能网联汽车的研发、检测、认证等服务，占地面积 1312 亩（约 87.5 万平方米），包含十大场景测试区、四大实验室群以及国际 F2 赛车场，是全球唯一 T5 级测试场与 F2 级赛道相结合的封闭测试场。

武汉智能网联汽车测试场可提供多种智能网联汽车、自动驾驶汽车的测试场景，包括城市道路、高速公路、自动泊车等。极端环境测试区，可以模拟"风、雨、雷、电"等极端气象条件，让车辆在极端天气条件下接受测试。

武汉智能网联汽车测试场还设置了整车仿真、驾驶模拟、整车信息安全等实验室。整车仿真实验室的整车仿真系统系国内首创，能模拟自动驾驶环境，对车辆从软件到硬件、从部件到整车进行评价。驾驶模拟实验室，高度还原车辆实际行驶中人、车、路、环境四个维度，为智慧座舱、人机交互、选型与主观评价提供专业的测评环境。整车信息安全实验室作为智能网联汽车的"信息管家"，有效杜绝黑客入侵，防止车辆信息、乘员泄露，为智能网联汽车筑起信息安全"防火墙"。

武汉已经形成了"开放＋封闭＋仿真"三位一体的智能网联汽车测试体系，促进智能网联汽车和自动驾驶创新体系建设，助推无人驾驶商业化服务。

（四）场景应用体系

武汉先后有龙灵山自动驾驶主题景区、江汉大学校园（末端物流），合计1万辆车规模的车路协同应用和智能公交车、ADAS 公交车、RoboTaxi 等多个自动驾驶应用，见表5-1。其中，龙灵山自动驾驶主题景区为国内首个自动驾驶主题景区；车路协同智能后视镜实现了1万辆车上路应用，是国内规模最大的车路协同应用场景。武汉以丰富的应用场景，多维度探索自动驾驶商业化服务场景。

应用场景车辆数量　　　　　　表 5-1

应用场景		车路协同车辆数量（辆）	自动驾驶车辆数量（辆）
智能公交车		236	—
ADAS 公交车		5	—
龙灵山自动驾驶体验区	自动驾驶穿梭巴士	—	4
	AVP 自主代客泊车	—	4
	自动驾驶接驳车	—	1
	自动驾驶环卫车	—	2

续上表

应用场景		车路协同车辆数量（辆）	自动驾驶车辆数量（辆）
龙灵山自动驾驶体验区	无人售货车	—	2
	自动驾驶出租汽车	—	168
	自动驾驶观光车	—	1
无人物流	校园末端物流	—	11
	开放道路末端物流	—	2
	港口自动驾驶	—	1
社会车辆车路协同		10000	—

二、政策保障

随着近年来自动驾驶产业的快速发展，国务院办公厅、工业和信息化部、公安部、交通运输部等多部门高度重视安全，积极制定完善相关政策法规，陆续出台多项指导文件，保障自动驾驶汽车交通安全，为后续政策的编制、优化打下了坚定的基础。

（一）智能网联汽车管理

2019年9月，为加快推动武汉市智能网联汽车技术研发、示范应用和产业化发展，指导智能网联汽车开展道路测试和示范应用工作，武汉市经济和信息化局、市公安局、市交通运输局联合制定了《武汉市智能网联汽车道路测试和示范应用管理办法（试行）》。《武汉市智能网联汽车道路测试和示范应用管理办法（试行）》在《智能网联汽车道路测试与示范应用管理规范（试行）》的基础上，率先提出了自动驾驶牌照互认、封闭测试场自动驾驶功能测试报告互认、自动驾驶示范应用等相关内容，并对取得示范应用资质的车辆核发智能网联汽车道路运输试运营许可证。

2022年6月，为进一步落实《智能网联汽车道路测试和示范应用管理规范（试行）》，结合武汉市智能网联汽车道路测试和示范应用经验，武汉市经济和信息化局、市公安局、市交通运输局联合制定了《武汉市智能网联汽车道路测试和示范应用管理实施细则（试行）》，该细则针对新增相同配置测试车辆简化了申请流程，车辆无须重复进行自动驾驶功能测试和专家评审，切实降低企业的时间、人力、物力成本，为自动驾驶商业化服务提供了有力保障。同时，《武汉市智能网联汽车道路测试和示范应用管理实施细则（试行）》开创性提出了远程驾驶、商业化试点服务内容，允许取得商业化试点服务的无人驾驶车辆向服务对象收取一定费用。

商业化试点属于示范应用的特殊范畴，为提升自动驾驶商业化服务质量，保障商业化试点服务效果，武汉市设置了商业化试点服务门槛，对申请企业的牌照数量、测试里程、示范应用里程、示范应用载客数量提出了相关要求。在武汉进行示范应用的车辆，示范应用里程或时长满足示范应用要求，且测试企业符合商业化试点服务门槛要求，可申请武汉市商业化试点服务资质。申请企业商业化试点服务方案经专家评审后，武汉市智能网联汽车道路测试和示范应用管理联合工作组依据专家评审意见，确认申请企业的示范应用安全性自我声明，并向申请企业发放商业化试点服务通知书。

远程驾驶测试属于道路测试的特殊范畴，测试车辆自动驾驶安全行驶里程满足远程驾驶测试要求，且通过武汉市远程驾驶功能测试后，可申请武汉市远程驾驶测试资质。远程驾驶车辆要求配备远程安全员和跟车安全员，且远程安全员和车辆 1∶1 配置。远程安全员通过远程控制设备实时监控测试车辆状况及周边环境。跟车安全员可以在车内或车外，在测试车辆出现危急或异常情况下可紧急接管测试车辆，保障测试过程安全。测试车辆在远程驾驶测试期间，自动驾驶安全行驶里程满足要求后可申请远程驾驶示范应用。远程驾驶示范应用车辆，获得武汉市商业化试点服务资质后，可进行无人驾驶商业化服务。

（二）智能网联汽车开放测试道路管理

2022 年 4 月，武汉市正式推出城市级智能网联道路标准《智能网联道路建设规范（总则）》，不仅为武汉智慧道路建设提供了"指南针"，也将为武汉大规模智能基础设施建设提供依据，为智能网联道路的省级标准、行业标准乃至国家标准的形成提供先行经验和参考。该标准不仅规定了道路智能设施，道路交通设施及数据、管理、应用、安全等支撑平台智能化建设的总体要求，而且基于对道路安全风险等级评估，提出了智能网联汽车不同风险等级道路测试准入要求，将道路建设要求与智能网联汽车测试准入相结合。

2022年9月，武汉公布了第四批智能网联汽车测试道路，实现了武汉经开区和汉阳区自动驾驶测试道路连接互通，武汉成为国内首个无人驾驶商业化试点服务跨区运营的城市。

三、自动驾驶应用成果

基于领先政策理念和完善运营环境，武汉无人驾驶测试和运营取得了阶段性的成果。

（一）自动驾驶牌照发放

截至2022年12月，武汉向东风、百度、小米、轻舟等18家企业发放了256张自动驾驶牌照，具体类型和数量见表5-2。

武汉自动驾驶牌照发放类型和数量　　　　　　表5-2

序号	牌照类型	数量（张）
1	道路测试	96
2	示范应用	53
3	商业化试点	37
4	远程驾驶测试	35
5	远程驾驶示范应用	35

（二）无人驾驶商业化行驶里程和时长

截至2022年12月，武汉市自动驾驶总里程突破253万公里，其中无人驾驶商业化服务总里程超过 17 万公里，自动驾驶行驶时长累计超过 15 万小时，其中无人驾驶商业化运营时长约 1 万小时。由于武汉无人驾驶商业化政策实施时间为 2022 年 6 月，目前无人驾驶商业化实际服务总里程和时长占自动驾驶总里程和时长的比例较小。随着未来无人驾驶商业化服务车辆数量的增加，无人驾驶商业化服务的总里程和时长将呈现显著增加的趋势。

（三）无人驾驶商业化服务

截至 2022 年 12 月，武汉市向 35 辆车发放了无人驾驶商业化试点资质，无人驾驶商业化订单超过 0.8 万单，站点设置从初期的 9 个增加至 293 个。武汉具有浓厚的汽车文化氛围，无人驾驶商业化服务吸引了市民热情参与，由于现阶段无人驾驶商业化试点服务车辆数量有限，虽有部分市民的乘车需求未能满足，但目前成单率已经超过 60%。

四、总结与展望

武汉市目前的无人驾驶政策环境已经达到国内领先水平，无人驾驶商业化服务发展迅猛，取得了显著的成绩。武汉将在以下三个方面，进行无人驾驶商业化服务探索：

（1）武汉市开放测试道路主要集中在经开区，中心城区的道路较少。武汉市已经完成了全市道路开放的计划，将率先开通机场高速线路，并实现中心城区汉阳区的全域开放。

（2）无人驾驶商业化服务政策需要持续优化。在无人驾驶商业化服务探索经验的基础上，持续优化无人驾驶商业化服务政策，进一步优化相关政策，助力无人驾驶商业化服务规模化落地，优化审批流程，缩短审批时间，降低企业申请时的人力、物力投入。

（3）优化无人驾驶商业化服务环境。加强顶层设计规划，为自动驾驶提供全方位的研发、测试、运营服务，持续优化无人驾驶商业化服务环境，丰富无人驾驶商业化服务场景，为无人驾驶商业化服务创造优良的运营环境。

06 重庆市永川自动驾驶政策体系探索与实践

张迪思❶　张晓波❷

永川位于长江上游北岸、重庆西部，东距重庆中心城区55公里，西离成都276公里，是重庆主城都市区战略支点、成渝地区双城经济圈枢纽节点、国家高新区、国家新型工业化产业示范基地，以及国家城乡融合发展试验区，也是国家《成渝地区双城经济圈建设规划纲要》明确的现代制造业基地、西部职教基地和川南渝西融合发展试验区。作为重庆新型工业化、新型城镇化主战场和全市重要的汽车生产基地，永川积极抢抓智能网联新能源汽车这一新的产业方向和行业风口，已与长城汽车、百度等头部企业达成深度合作，奋力建设西部智能网联新能源汽车城，促进重庆汽车产业高质量发展，助力重庆建设世界级智能网联新能源汽车产业集群。

作为重庆智能网联政策先行区和重庆"双智"试点示范区，永川正以自动驾驶测试和示范运营为引领，有序推动"全域开放、全城运营、全场景覆盖"，加快发展自动驾驶创新产业。

---

❶ 张迪思，招商局检测车辆技术研究院有限公司，正高级工程师。
❷ 张晓波，重庆市永川区新城建设发展促进中心，副主任。

一、永川区自动驾驶管理组织架构

永川区依据《重庆市智能网联汽车道路测试与应用管理试行办法》和《重庆市智能网联汽车政策先行区总体实施方案》等市级文件的指导精神，建立了一套由区域一把手领导，区域主管部门、行业专家及国家级第三方汽车检测机构组成的四层运行监管体系，负责自动驾驶产业规划、政策制定、牌照发放、道路选取认定及安全监管工作。永川智能网联汽车政策先行区管理组织架构如图 6-1 所示。

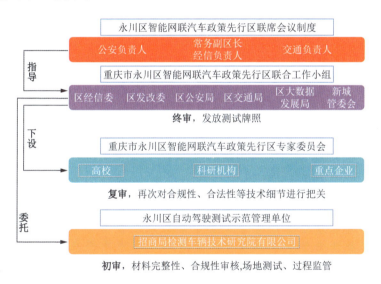

图 6-1　永川智能网联汽车政策先行区管理组织架构

永川建立了永川区智能网联汽车政策先行区联席会议制度，联席会议由区政府常务副区长召集，负责经信、公安、交通的区领导参与，以区经济信息委、区发展改革委、区公安局、区交通局、区大数据发展局、区新城建管委为成员单位。联席会议负责智能网联汽车产业发展规划，本区智能网联汽车道路测试与应用政策起草和发布，智能网联汽车道路测试与应用的申请受理、评审和组织实施等工作，工作小组办公室设在区经济信息委。

永川区智能网联汽车政策先行区专家委员会（以下简称"专家委员会"）由行业专家、企业技术骨干及高校学者组成，为永川开展智能网联汽车道路测试与应用工作提供咨询、指导服务。

永川区自动驾驶测试示范管理单位由国家级第三方检测机构——招商局检测车辆技术研究院有限公司承担，主要负责事前准入、事中监管和事后评估工作，包括对事前申请材料的完整性、合规性进行初审，按照测试标准对场地开展准入测试，以及对测试过程进行安全监管和测试后结果分析等工作。

二、全无人商业化支撑政策

《重庆市智能网联汽车道路测试与应用管理试行办法》（渝府令〔2022〕350号，以下简称《重庆管理试行办法》）文件规定，政策先行区"应通过政策创新、管理创新，自行划定道路测试与应用路段和区域，自行开展智能网联汽车道路测试与应用；探索智能网联汽车商业化运营、完全无人驾驶的道路测试与应用"。在《重庆管理试行办法》文件指导下，为进一步创新和完善永川区自动驾驶政策体系，为重庆智能网联产业发展贡献永川经验，永川区经济信息委组织相关专家和汽车研究第三方机构，拟定《重庆市永川区智能网联汽车政策先行区道路测试与应用管理试行办法》（以下简称《永川管理试行办法》），并于2022年9月发布。

（一）主要内容

《永川管理试行办法》分别从组织结构、申请条件、申请流程、管理要求等方面，对自动驾驶道路测试与示范运营工作进行了规定，共有九章内容。第一章总则，主要描述该管理办法的制定依据及各部门和组织的分工；第二章测试与应用申请条件，主要描述道路测试、示范应用、示范运营、无人化测试与应用四种情形下，测试主体、测试车辆、测试驾驶员应满足的量化条件,如企业性质、保险保障、车辆功能、驾驶员劳动关系等;第三章道路测试与应用申请材料,主要描述与第二章所述申请四种情形相对应的材料清单,如企业营业执照、保险保单、车辆功能说明、场地测试报告、驾驶员劳务或劳动合同、培训证明等;第四章道路测试与应用申请流程,主要描述申请受理组织、受理时间、受理过程、牌照发放方式、简易流程执行办法等内容;第五章道路测试与应用管理要求,主要描述车辆获得牌照上路后,在各个阶段应遵守的准则,包括时段要求、区域要求、安全要求、数据记录要求、车辆维保要求等;第六章网络安全,主要描述网络及数据保障措施,尤其对敏感信息的处理;第七章交通安全,主要描述车辆发生交通事故或交通违法行为后的处置方式,特别强调了全无人化模式下的认责机制;第八章违规操作责任,主要描述测试示范主体及测试管理单位违规后的处置措施;第九章附则,主要描述道路测试、示范应用、示范运营、无人化测试、测试主体、测试车辆、测试驾驶员等术语的定义。

(二)政策特点

1. 制度健全管理有序

一是建立了由常务副区长为召集人的联席会议制度,以及区经信委、区公安局、区大数据局等六个部门组成的联席工作小组,负责先行区政策制定、测试区范围划定、车辆测试牌照发放、示范运营许可审批、无人化许可审批等事务。二是构建了由区属国有平台公司牵头、招商局检测车辆技术研究院有限公司(以下简称"招商车研")、百度参与的测试服务体系,主要负责为车辆准入提供测试服务,配合政府做好智能设施维护、云控平台运营、产业人才培育等工作。

2. 政策创新保障有力

永川加大政策先行先试力度,在西部率先制定出台《重庆市永川区智能网联汽车道路测试与应用管理试行办法》《永川区低速无人化功能车测试运营管理试行办法》,支持区域独立发放测试与应用许可,为低速无人车释放路权。永川联合重庆市经济信息委、市交巡警总队、招商车研、中国汽车工程研究院有限公司（以下简称"中国汽研"）等起草了《智慧高速选路规程和高速公路测试管理办法》，正加快推进重庆开放高速测试场景。与此同时，永川紧密联系相关科研机构，积极参与制定自动驾驶测试准入、场景运营等相关标准。

3. 智慧交通支撑有力

永川以新型智慧城市建设为契机，整合接入交巡警、交通运管、市政等多个系统数据，建成智慧交通平台、自动驾驶云控平台、数字孪生高精度地图平台，构建形成"五个一"永川智慧交通大脑。推出V2X智慧路口、信号灯智能配时、城市绿波带、车位导航、违法识别等融合应用，实现城区交通拥堵指数下降11.3%，市民出行时间节约15%以上，建成重庆智慧交通样板区，多次获央视报道，为永川自动驾驶测试及运营提供了强力数据支撑。

4. 场景丰富能力健全

永川区已开放全域1576平方公里、双向1385公里测试道路，占重庆市开放路网总量的91.8%，开放规模居全国同级别城市之首。依托国家级智能网联汽车检测机构招商车研，构建起集"孪生仿真＋封闭道路＋开放道路"为一体的自动驾驶测试体系，涵盖市政路、快速路、乡村道路、山路等30个典型测试场景，服务了百度、长安汽车等在测L4级车辆52辆，测试里程超过180万公里，占重庆市总量的97%，测试体量居西部第一，正努力建设全国性智能网联汽车测试基地。

5. 示范引领产业集聚

永川区开通了全国首条L4级自动驾驶公交线，在国内率先实现全车无人自动驾驶商业示范运营，吸引了京东、白犀牛等无人车配送项目首次在西部实现商业化运营。易咖、酷哇、仙途、元戎启行、deepway等一批自动驾驶科技企业正加速集聚。在此基础上，永川制定了《西部智能网联新能源汽车城建设工作方案》，正扬帆加速永川智能网联汽车产业发展，助力重庆建设世界级智能网联新能源汽车产业集群。

（三）开放业态及进阶条件

永川开放了道路测试、示范应用、示范运营等三类业态，并在三大类业态下开放了各自的无人化工况。按无人化程度又分为无人化一阶段（副驾有安全员）、无人化二阶段（后排有安全员）和无人化三阶段（全车无安全员），可充分满足自动驾驶企业的多样化需求。永川区域开放的自动驾驶业态及进阶条件如图6-2所示。

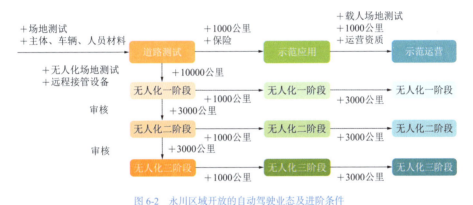

图6-2　永川区域开放的自动驾驶业态及进阶条件

注：同一阶段或同一业态的高级别里程可代替低级别里程。

在进阶条件上，主要考察相应阶段的场地准入测试报告和里程累计报告等材料，例如在无人化阶段，需要提交无人化场地测试准入报告和安全里程累计报告，以及云控平台相关材料。

（四）全无人商业化准入管理

常规自动驾驶车辆准入主要分为道路测试准入、示范运营准入和无人化准入。其中，道路测试准入是测试车辆开展道路测试前的场地测试，主要考察车辆基本行驶能力、基本标志标线辨别能力和基本避障能力等；示范运营准入是测试车辆开展商业化运营前的场地测试，主要考察车辆的接驳能力，以及与乘客的交互能力和对乘客的安全保障能力；无人化准入主要考察车辆经无人化改造后的基本能力、远程接管能力和无人化阶段下的自动驾驶行驶策略。

无人化准入测试主要依照中国汽车工程学会团体标准《智能网联汽车 城市道路场景无人化测试 场地试验方法及要求》，主要在无人化基础能力、远程接管能力、自动驾驶行驶策略等方面考察车辆在无人化状态下的功能和性能。无人化测试项目见表6-1。

无人化测试项目　　　　　　　　　　　　表6-1

序号	试验项目	试验用例	具体场景
1	基础能力	远程场景	实时在线监控、协助停车、远程启动、远程制动、远程直道行驶、远程弯道行驶、远程变道
2	典型场景	机动车识别及响应	前方车辆切入后缓慢行驶、障碍车违规加塞场景、右转遇左侧路口直行车流、左转遇对向直行车流、直行遇对向车道左转车流、变道汇入直行车流、超车中止、左转时内道侵入、他车逆行、近距离起步、脱困场景（前方施工等场景）、黄灯保守策略、前方发生追尾事故
3		行人识别及响应	右转遇人流横穿、人车混行、遮挡行人横穿（"鬼探头"）、盲区避让
4		非机动车识别及响应	直行路口遇非机动车违规横穿、非机动车混行场景、摩托车切入
5	最小风险状态	系统故障	主传感器失效、线控失效、电源失效

三、实施成效

永川充分发挥复杂山地的城市道路交通特征，打造全国最具特色、最为丰富的测试、验证、体验场景。现已开通全域1576平方公里、双向1385公里测试道路，推出30个典型山城测试场景。

依托西部自动驾驶开放测试与示范运营基地，永川目前共有52辆自动驾驶常态化运营车辆，其中15辆具备全无人化示范运营资质。在7:00—23:00为永川新城区域内300多个站点（图6-3）提供RoboTaxi服务，已成为永川市民日常生活中不可或缺的交通工具。

图 6-3　示范运营站点

截至 2022 年 12 月，永川区域道路测试里程累计超过 180 万公里。永川区域丰富的路网、典型的测试场景，为自动驾驶企业的技术研发和持续迭代提供了有力的支撑。在有效的保障措施管控下，至今还未发生过负主要责任的道路安全事故。

四、经验总结

（一）自动驾驶无人化及商业化运营经验

1. 区域性豁免商业化运营资质

在《中华人民共和国道路运输条例》等道路运输领域法律法规仍不允许无人驾驶汽车进入到真正的道路运输领域，不能办理正式的运营证的前提下，永川区在道路运输资质上对申请主体进行了部分豁免，允许申请主体在限定范围内开展全无人的商业化示范运营，大力推动先行先试，为自动驾驶的未来大规模商业化奠定良好的基础。

2. 提高民众自动驾驶出行体验

在运营服务方面，永川区引进了自动驾驶出行服务平台——萝卜快跑。用户可通过萝卜快跑软件、小程序及百度地图应用等进行叫车服务。软件内用户协议中明确规定了服务提供方及用户的相关责任义务，软件还提供了行程查看、客服中心、软件内支付及开具发票等功能。目前示范运营依照出行市场化定价原则，采用里程计价模式，与传统互联网出行市场形成差异化竞争，切分出行服务细分领域，打造科技、智能、安全新一代出行产品概念，定位中高端出行体验。在示范运营服务过程中，要求车内无异物、无异味，显示交互系统会进行操作指引及必要的安全提示，保证乘客乘车安全。

自2021年12月在重庆永川区开放运营以来，已在当地积累了一批忠实用户，未来通过持续扩展永川区运行路线，不断增加开放站点数量，更好地满足居民智慧出行需求。永川自动驾驶运营范围如图6-4所示。

图6-4　永川自动驾驶运营范围

同时，永川区开展了多样化的宣传活动，加快推动自动驾驶出行服务在市民中的推广应用，引导全区市民正确认识、接受和支持自动驾驶的各类测试、应用和商业化示范运营，助力永川自动驾驶和智慧交通建设成果转化。

3. 举办主题活动推广自动驾驶技术

作为首批自动驾驶全无人商业运营区域，永川区开展了"乘萝卜快跑以最炫酷的姿势登月"主题活动，车身为航天元素涂装，打造全无人的航天造型主题车,并配合抖音挑战赛,让市民充分感受科技的魅力,引导市民体验并接纳全无人自动驾驶,让全无人自动驾驶走进永川市民的生活。

面对高素质的大学生群体,萝卜快跑在永川区的高校和职业院校中开展了多场"百度自动驾驶社会实践"活动,通过百度自动驾驶与学校校合作,开发有育人效果的社会实践课题,丰富学生的社会体验,共同落实立德树人的教育任务(图6-5)。

图6-5 自动驾驶社会实践

(二)自动驾驶运行安全保障经验

1.云控平台实行安全监管

永川自动驾驶测试监控管理平台从感知车联网安全态势、发现网络安全问题出发,秉承安全监控、动态防护、集中管理的设计理念,具备数据监控的动态防护体系,强大的智能交通控制接口防护能力和良好的用户体验和易用性,为智能交通领域构建高效的网络安全态势感知和应急响应体系,为政府提供统一的智能交通监测、预警、回溯、应急响应、指挥调度全系列闭环安全管控、安全运营的功能。系统通过采集交通网络中流量和日志信息发现攻击行为,利用大数据和人工智能技术从海量数据中发现异常攻击行为,实现风险预测和事件快速定位取证和应急指挥调度,构建"安全接入、持续监控、全局感知、动态防御"的运营机制。

为保障测试车辆网络安全,永川自动驾驶车辆测试监控管理平台建立自动驾驶车端的安全监控体系,保障测试车辆安全运行。其中主要包括网络安全管理、网络安全防护、网络安全监控、网络安全响应机制。网络安全管理,依据网络安全法、数据安全法、智能汽车数据安全若干管理规定等相关安全要求制定。网络安全防护，依据自动驾驶车辆的安全风险，进行安全通信、安全网关、磁盘加密等安全功能，确保通信数据的保密性、完整性、身份真实性和防篡改性；通过安全网关进行访问控制，通过磁盘加密保证整个分区中的所有信息都被加密。

2. 5G 云代驾完成多重冗余

随着"5G 云代驾"技术日趋成熟，云端驾驶员将具有更广泛的视野并及时发现安全隐患，并帮助自动驾驶车辆进行脱困。在面对陌生场景或突发状况时，自动驾驶系统将通过激光雷达、毫米波雷达和摄像头等感知车辆周边的环境数据，并通过卷积神经网络模型 CNN 实时获取交通参与者精准的位置、类别和速度朝向等信息，从而为决策规划控制模块提供判断依据以规避风险。如果无法规避，系统则由安全员或云端接管解决、处理。在人工无法及时控制车辆的情况下，汽车会根据紧急程度，进行减速、安全靠边停车等操作，然后再通过双闪、鸣笛、自动联系呼叫中心等措施来保障车上人员和周围车辆的安全。

（三）自动驾驶运营监管经验

永川自动驾驶测试与示范运营平台实现了智能的"车"与智慧的"路"全链业务打通，通过全面接入交通基础设施底座数据，融合应用互联网数据、舆情数据、高精度地图数据、智慧出行数据等精细化交通管理数据等措施，实现了交通大数据全周期管理与服务。通过云控前端页面，展示了永川新城车路协同系统对于自动驾驶的辅助效果，体现了车路协同对于高级别自动驾驶的应用价值。平台融入视频技术、增强现实、语言知识、图像技术、数据采集与标注等 AI 技术，具有实时信息融合与共享、实时计算编排、智能应用编排、大数据分析、信息安全等基础服务能力，结合大数据平台，提供端到端、开源开放、安全可靠的数据服务，实现数据资产建设和数据价值发挥，驱动数字化产业发展，可为汽车厂商、行业机构、终端用户提供自动驾驶、交通运输安全、交通管理等方面的协同应用和数据服务，如图 6-6 所示。

图 6-6　永川智慧交通与自动驾驶云控平台

五、发展展望

（一）持续打造一流体验场景

1. 推动全域开放全城运营

充分发挥永川丘陵地势、复杂山地的道路交通特征，加快现有道路网联化改造，实现 C-V2X 网络全覆盖，推动全域开放智能网联汽车测试，形成城市级的智能化道路环境，打造全国特色鲜明，测试、验证、体验丰富的 C-V2X 场景。

2. 打造专业测试基地

继续与招商车研保持紧密合作，引进测试能力和测试资质，形成"虚拟仿真-封闭场地-开放道路-高速公路"全链条测试服务。设立永川车城网公司，管理和运营永川西部自动驾驶测试和示范运营基地，为测试和运营企业提供准入、测试、运营、数据等全流程服务，探索形成有关技术规程、标准，全面支撑智能网联新能源汽车准入管理试点、自动驾驶应用先导试点等国家试点工作。

3. 推动商业运营落地

依托路侧感知、边缘计算和车路通信技术，分区域分环境分步骤，推进智能网联汽车在环卫、配送、公交、接驳、物流、安防、巡逻等应用场景的规模化试运行。探索城市级智慧交通综合应用，支持企业开展智能网联汽车出行、物流等商业运营服务。

4. 打造汽车文化赛事体验

整合汽车消费、汽车体验、汽车文化、汽车服务等主要功能，融合旅游地产、商务办公、餐饮住宿、购物休闲等服务，在大数据产业园建设自动驾驶公园，在凤凰湖产业园爱琴广场建设长城智能网联新能源汽车展示体验中心，助力重庆体验之都建设。支持举办智能网联新能源汽车论坛、智能网联算法大赛等，提升产业发展软实力和国际影响力。

5. 促进新模式创新应用体验

深化5G、人工智能、大数据等在智能网联新能源汽车的应用，加快与能源、交通、金融等行业融合，发展汽车健康管理等新业态，构建模式创新的体验场景。

（二）巩固提升整车新能源和智能网联化水平

1. 推动长城汽车加快智能网联新能源化转型

加强与长城汽车的对接协调，深化合作，推动长城汽车在永川布局智能网联新能源汽车产品，重点发展纯电动、增程式和插电式混合动力汽车。推动长城汽车实施软件定义汽车研发策略，坚持软硬件协同攻关，提升自动驾驶技术研发应用水平，加快实现组合驾驶辅助、有条件自动驾驶向高度自动驾驶、完全自动驾驶升级。

2. 推动百度在永川布局智能网联新能源整车制造

深化与百度合作，遵循国家汽车产业投资政策，支持百度整合软硬件资源，通过兼并重组、股权收购等形式与汽车制造商开展合作，加快在永川布局智能网联新能源整车制造，共同推动百度 Apollo 搭载量产。

3. 加快发展低速无人功能车

积极推动末端配送、环卫清扫、安防巡逻等城市级低速无人功能车场景应用落地，支持自动驾驶科技公司与互联网头部企业、场景需求方在永川形成融合产业生态，构建低速无人功能车城市运营推广模式。以应用场景推广和金皇后低速新能源汽车制造优势，带动白犀牛、毫末智行、易咖、京东等低速无人功能车批量化生产，打造中国西部低速无人功能车生产、运营基地。

（三）加快培育汽车软件产业

1. 积极培育关键软件

加快百度智能网联汽车研发中心建设运营，大力发展高精度地图采集、标注、制作，争取布局视觉算法、操作系统、自动驾驶算法等研发，培育具有自主知识产权的应用解决方案。加快长城智能网联汽车永川研究院挂牌，支持长城汽车不断融入集团内部研发创新资源，发展汽车软件，提升汽车制造水平。大力引进基于空中下载技术（OTA）解决方案提供商和计算机辅助设计（CAD）、计算机辅助工程（CAE）等工业软件企业。

2. 攻坚自动驾驶

引导长城汽车、百度等加大自动驾驶算法研究，加强感知、决策、规划和控制软件研发，构建全栈自研的自动驾驶应用解决方案，实现行业领先发展。构建自动驾驶产业生态，引进行业领先企业建设车载计算平台，加快打造自动驾驶试验场，开放自动驾驶测试道路，强化自动驾驶政策体系研究探索，营造良好的自动驾驶生态环境，吸引自动驾驶算法研究、数据训练、数据处理、数据标注等企业集聚发展，加快推动自动驾驶产业化。

1）推进软硬一体化发展

支持整车企业加快新型电子电气架构研发，推动汽车软件与硬件高度整合和集成发展。推进高水平软硬件适配中心建设，提升产品研发、集成验证等公共服务能力，开展软件、硬件、应用和服务一体化适配，完善汽车软件与人工智能技术产品体系。鼓励整车企业加大汽车软件与人工智能研发布局，构建从车规级芯片、智能传感器、智能座舱、自动驾驶到云服务的软硬件一体化发展体系。

2）完善数据基础支撑体系

瞄准智能网联新能源汽车产业发展需求，聚焦数据采集、标注、脱敏、分析、流通、应用等关键环节，积极引进数据服务企业，为产业发展提供高质量、低成本的数据服务。鼓励汽车整车企业、汽车软件与人工智能企业开展数据管理国家标准贯标工作，打造一批试点示范项目，加快构建数据驱动下的智能网联汽车生态。

在2019—2023年的5年间，永川充分发挥场景优势，率先制定创新政策办法，开展各种论坛、比赛，完善检测服务体系，率先实现智能网联汽车商业化终极业态，提升了西部智能网联新能源汽车城的战略地位。未来，永川将继续向全国传递永川声音、讲述永川经验，永川有场景、有能力、有体系，也有充分的信心吸引相关产业链落地，推动标准制定和商业化实践，共创智能网联新能源产业生态，为中国智能网联汽车的发展提供永川经验。

长沙市智能网联汽车测试示范政策研究

高培基❶ 胡 锐❷

一、发展背景

长沙市智能网联汽车产业于 2016 年起步，当时城市 GDP 还未过万亿元，但长沙市委、市政府高瞻远瞩，将极具前瞻性的智能网联汽车产业作为将现有产业升级、串联其他产业，助力长沙先进制造产业迈向更高台阶的增长点。2016 年湖南湘江新区智能系统测试区正式开工建设，标志着长沙智能网联汽车产业正式"落子布局"；2018 年湖南湘江新区智能系统测试区获工业和信息化部授牌，更名为国家智能网联汽车（长沙）测试区，长沙乃至湖南的智能网联汽车产业迈入了全新的阶段。目前，长沙市在自动驾驶新基建规模水平、应用场景水平均居全国前列，保持领跑态势，践行了国家智能汽车创新战略。在 2020 年赛迪研究院推出的智能汽车产业投资潜力榜中，作为中部地区城市，长沙位居全国第三。长沙市智能网联场景及产业发展，主要由湖南湘江智能科技创新中心有限公司作为政府产业平台公司推动实施。目前，长沙先后获得智能网联产业领域的四块国家级牌照，包括国家智能网联汽车（长

---

❶ 高培基，湖南湘江智能科技创新中心有限公司，副总经理。
❷ 胡锐，湖南湘江智能科技创新中心有限公司，高级经济师。

沙）测试区、湖南（长沙）国家级车联网先导区、国家智能网联汽车质量监督检验中心（湖南）、智慧城市基础设施与智能网联汽车协同发展试点城市。

在政策先行方面，长沙把握机遇，前瞻性制定了一系列顶层规划和法规政策，先后出台了《长沙市新型智慧城市示范城市顶层设计（2021—2025年）纲要》《长沙市新型智慧城市示范城市建设三年（2021—2023年）行动计划纲要》《长沙市智能汽车产业生态火炬计划》《长沙市智能汽车与智慧交通融合产业头羊计划》《长沙市智能网联汽车道路测试管理实施细则》《湖南湘江新区核心区智慧交通专项规划》等规划政策。

国家智能网联汽车（长沙）测试区如图7-1所示。

图7-1　国家智能网联汽车（长沙）测试区

二、长沙自动驾驶测试及运营基础条件

长沙市通过建设自动驾驶测试及运营的新基建项目培育产业发展，推动城市智慧交通升级，重点开展了智能网联路侧基础设施、新型网络、车联网应用平台等项目建设，聚集项目资源，培育孵化智能网联产业，为行业企业提供产品试验田，扶持上下游产业链企业发展。

（一）建设智能化基础设施

一是建设国内领先的自动驾驶封闭测试场。自动驾驶封闭测试场于2016

年开始建设，2018 年投入使用，国家智能网联汽车（长沙）测试区早在 2018 年综合实力就名列全国第一。其中的越野道路测试区、高速公路测试区为国内独有，开园 5 年多以来，已为百度、福特、一汽、三一重工等 70 余家企业提供测试 6000 余场。二是开展智慧道路改造。依托新基建项目建设，加快道路基础设施的智能化改造，对长沙主城区 210 个道路交叉口的城市道路和三环道路和长益复线 100 公里高速公路进行智能化改造，安装布署近 400 套 LTE-V2X 路侧单元，支撑了长沙市 2072 辆智慧公交车规模化应用，在车辆主动安全、准点率、驾驶员监管、交通信号优先等方面积累了示范经验。三是建设 5G 智能物流车路协同示范线。打造了重型载货汽车园区 5G 智能物流车路协同示范线，满足物流对重型载货汽车智能驾驶研发测试及应用示范的需求。四是建设"多杆合一"智慧灯杆。对三一大道—岳麓大道实施道路空间品质提升项目，实现湖南省首条"多杆合一"示范道路试运行，通过多杆合一，将交通信号灯、交通标识牌、道路指示牌、电子监控等传统设施集成在道路照明灯杆上，实现城市建设和管理集约化、精细化、智慧化、低碳化。长沙市智慧公交车运营情况如图 7-2 所示。

图 7-2 长沙市智慧公交车运营

（二）完善新型网络基础设施

一是加快 5G 网络布局。与中国移动、中国电信、中国联通等密切合作，加快无线通信 5G 网络布局，完成了 2 万个 5G 基站建设，累计建成 5.5 万余个基站。二是开展车联网身份认证系统布署。基于"新四跨"及智慧城市产业生态圈（SCIE）的安全技术及信息安全产品，重点布署 LTE-V2X 通信安全机制，推动建立安全可靠的 LTE-V2X 规模化应用环境。

（三）搭建"车城网"平台

一是建设城市超脑系统。"长沙城市超级大脑"基座已初步建成运行，截至 2022 年 12 月，已联通长沙市各级政务部门信息系统 356 个，上线发布 3458 个数据资源目录和 3519 个信息资源目录，汇聚各领域数据 131.7 亿条，成为智慧城市的能力核心，"一脑赋能，数惠全城"的格局正在加快形成。二是建设城市 CIM 系统。出台《关于下发推广建筑信息模型（BIM）应用工作实施意见的通知》和《长沙市新型城市基础设施建设试点实施方案》，开展 CIM 平台建设。三是建设智能网联云控管理平台项目（二期）。强化云控平台能力建设，实现云平台与多种产业平台、政府监管平台互通，实现智能网联及智慧交通的监管和运营。长沙市智能网联云控管理平台如图 7-3 所示。

图 7-3　长沙市智能网联云控管理平台

三、道路测试与示范应用管理政策制定历程

为落实国家、省、市关于智能网联汽车的发展产业政策，进一步规范长

沙市智能网联汽车道路测试管理相关工作，长沙市早在 2018 年 4 月就正式发布实施了《长沙市智能网联汽车道路测试管理实施细则（试行）》（以下简称《细则》），是国内第一个响应《智能网联汽车道路测试管理规范（试行）》出台细则的城市。《细则》共七章，分为总则、管理机构及职责分工、测试申请条件、测试申请及审核、测试管理、事故处理和附则，细则中指出测试区将逐级申请、逐级开放、分类监管，大幅增强交通安全风险可控性。

随着自动驾驶测试的实际需要和技术进步，长沙市于 2019 年 6 月发布了《长沙市智能网联汽车道路测试管理实施细则（试行）V2.0》，增加了载人测试和高速公路测试两项测试场景内容，是全国率先开展此类测试的城市之一；与《细则》配套出台了长沙市智能网联汽车自动驾驶功能测试规程公交车版、乘用车版和物流重型载货汽车版共 3 个规程。为保障测试道路设置，同步出台了《长沙市智能网联汽车测试开放道路技术要求（试行）》《长沙市智能网联车道（城市测试路段）设置指南（试行）》。

2020 年 7 月发布了《长沙市智能网联汽车道路测试管理实施细则（试行）V3.0》，从智能网联汽车产业意义、目标导向、管理机构、联席小组职责分工、测试审核流程、测试管理方式、牌照发放、事故处理等方面进行规定和说明，充分结合当前智能网联驾驶发展现状和测试需求，对长沙市智能网联汽车测试管理、测试资质互认机制、典型场景测试区域、载人/载物测试、高速测试、低速电动汽车测试、无测试驾驶人自动驾驶测试、健全管理机制等方面进行了升级优化。新增测试牌照互认，新增各省市牌照互认机制等相关工作推进的需求，并认可在互认机制范畴内已拿牌测试车辆技术方面相关材料，该种车辆提出申请即可办理长沙市内的测试通知书和牌照事宜。丰富多项测试场景，在测试车辆上增加 L2 与 L3 级、ADAS 测试和车路协同的测试车辆申请，增加具有典型场景的测试区域（如景区、园区、停车场、港口、机场等），完善载人/载物测试的阶段性牌照测试申请要求，增加智能网联汽车无测试驾驶人或安全员的测试场景，进一步推动限定区域内脱离驾驶员的自动驾驶车辆测试进程。

城市客运自动驾驶发展与应用示范报告（2022—2023）

2022 年 5 月 31 日，长沙市发布了《长沙市智能网联汽车道路测试与示范应用管理细则（试行）V4.0》（以下简称《测试示范细则 4.0》），允许智能驾驶汽车从示范应用到示范运营。

四、《测试示范细则 4.0》架构体系与主要内容

2022 年 5 月 31 日，为加快推动长沙市智能网联汽车技术研发及应用，支持智能网联汽车企业开展规模化测试运行，指导和规范智能网联汽车道路测试工作，由长沙市工业和信息化局、市公安局、市交通运输局、市城市管理和综合执法局、湖南湘江新区管理委员会产业促进局联合印发了《长沙市智能网联汽车道路测试与示范应用管理细则（试行）V4.0》。

《测试示范细则 4.0》共分为九章，包括总则、管理机构及职责分工、道路测试与示范申请条件、道路测试申请及审核、示范应用申请及审核、示范运营申请及审核、道路测试与示范管理、交通违法和事故处理、附则等，附件包括自动驾驶功能通用检测项目、智能网联汽车道路测试安全性自我声明、智能网联汽车示范应用/运营安全性自我声明、智能网联汽车道路测试主体承诺书、智能网联汽车示范应用/运营主体承诺书等。

《测试示范细则 4.0》从智能网联汽车产业意义、目标导向、管理机构、联席小组职责分工、道路测试与示范申请条件、道路测试申请及审核、示范应用申请及审核、示范运营申请及审核、道路测试与示范管理、交通违法和事故处理、附则等方面进行规定和说明，充分结合当前智能网联驾驶发展现状和测试示范需求，进一步完善了道路测试及应用示范工作的管理程序，推行了"安全性自我声明"的管理模式，明确了从道路测试、示范应用到示范运营的推进路径，增加了道路测试与示范应用牌照互认内容。

（一）示范运营

在示范应用的基础上增加了示范运营，明确了从道路测试、示范应用到示范运营的推进路径。示范主体可在示范应用满 3 个月后，提交相应的证明

材料，经联席工作小组会议审议通过后可开展示范运营活动，示范运营可向服务对象收取一定的费用但需要具备相应的运营资质。

（二）安全性自我申明

推行了"安全性自我声明"的管理模式，且相应的主体单位须签订承诺书。取消了测试、示范应用和示范运营通知书的相关内容，明确了由测试和示范单位声明测试及示范的安全性，通过"自我声明"明确测试及示范的时间、地理范围等内容，并经联席工作会议审议通过后，凭《机动车登记规定》所要求的证明（包括智能网联汽车道路测试安全性自我申明等材料）、凭证（含保险凭证）向公安机关交警部门申请临时牌照。针对已核发临时牌照的测试车辆的续牌需求，由道路测试主体单位凭有效期内的测试通知书，签订承诺书并提交新的"自我声明"，经第三方管理机构审查，联席小组成员单位盖章后，向公安机关交警部门申请临时牌照。

（三）牌照互认

增加了道路测试与示范应用牌照互认相关内容，优化了各省市国家级智能网联测试区互认流程机制等，规定了道路测试与示范应用互认的具体流程，以此降低测试结果互认难度，减轻企业重复测试的负担。

（四）健全管理机制

完善了道路测试及应用示范工作的管理程序和基本条件，补充了智能网联汽车道路测试及应用示范申请要求，明确了高速测试申请/审核对相关材料以及测试里程的要求，以及取消了对初始申请或增加相同配置车辆前在封闭测试场地内累计测试里程的要求，以减轻企业测试负担。

五、《测试示范细则 4.0》特色

（一）启动牌照互认，推进全国测试区共享测试结果

《测试示范细则 4.0》增加了道路测试与示范应用牌照互认相关内容，优

化了各省市国家级智能网联测试区互认流程机制，明确了道路测试与示范应用互认的具体流程。在其他省市具备道路测试资格的测试主体，经过长沙的认定流程即可获得在长沙的测试资格，快捷、简便。一方面将大大降低各测试区之间测试结果互认的难度，另一方面将大幅减轻企业测试负担，避免重复性申请，提高企业测试效率，为行业发展营造良好的"智能驾驶营商环境"。

（二）开展示范运营，为智能网联产业补上"造血"功能

《测试示范细则 4.0》结合工业和信息化部、公安部、交通运输部 2021 年 7 月 30 日发布的《智能网联汽车道路测试与示范应用管理规范（试行）》，统筹考虑了道路测试和示范应用，并在示范应用的基础上增加了示范运营，明确了从道路测试、示范应用到示范运营的推进路径。示范主体可在示范应用满 3 个月后，提交相应的证明材料，经联席工作小组会议审议通过后，可开展示范运营活动，示范运营可向服务对象收取一定的费用，但需要具备相应的运营资质。《测试示范细则 4.0》大大缩短了测试企业跨越这一步的时间，明确了实现路径，不仅有助于加速 RoboTaxi 等商业化落地，更是整个智能驾驶行业商业化运营的有益探索。

（三）实施安全性自我申明，完善道路测试管理流程

《测试示范细则 4.0》进一步放松了测试准入机制，简化了测试准入程序，拓宽了测试范围。结合三部委印发的管理规范，《测试示范细则 4.0》取消了对初始申请或增加相同配置车辆前在封闭测试场地内累计测试里程的要求，减轻企业测试负担。同时，针对道路测试、示范应用及示范运营推行了"安全性自我声明"的管理模式，且相应的主体单位须签订承诺书。在道路测试范围和管理流程方面，《测试示范细则 4.0》完善了道路测试及应用示范工作的管理程序和基本条件，补充了智能网联汽车道路测试及应用示范申请要求，明确了高速测试申请/审核对相关材料以及测试里程的要求。

08 苏州智能网联汽车立法思考

茅志强[1]

一、苏州智能网联立法基础

（一）产业基础

近年来，苏州市大力发展十大新经济产业，将智能车联网产业作为汽车产业的重点发展方向，正全面推进产业创新集群建设。目前，苏州市智能车联网产业直接产值约370亿元，相关企业数量突破400家，形成了以相城区、工业园区、常熟市、吴中区错位发展的格局。其中，相城区主要以自动驾驶软件算法、环境感知、仿真测试、车路协同等细分领域为优势产业；工业园区在零部件、汽车电子等方向集聚了大量一级供应商；常熟依托整车厂和零部件产业进行转型升级；吴中区则大力推进智能驾驶场景的应用落地。政策环境方面，相城区、工业园区获评省级车联网先导区、高质量发展先行区。苏州市智能车联网立法也在积极推进过程中。简言之，苏州市智能车联网产业已初步形成长三角乃至全国的产业高地。目前，以苏州高铁新城为例，已集聚智能网联汽车相关企业超百家，汇集产业人才超4000人，一批领跑企

---

[1] 茅志强，先导（苏州）数字产业投资有限公司，生态运营副总裁。

业在这里快速成长，产业发展也从技术研发走向量产一个个细分领域的"异军突起"，正不断提升苏州智能网联汽车产业发展的新动能。

智能车联网产业是汽车、电子、通信、交通等行业深度融合的新型产业形态，是汽车产业转型升级的主要突破口，也是城市综合实力竞争的重要赛道。近年来，苏州积极抢抓智能车联网产业发展机遇，成功获批全省首个省级车联网先导区、国家 5G 车联网验证与应用项目，积极承办第 29 届智能交通世界大会，产业发展取得明显进展。

（二）发展目标

苏州在立法工作上的决心，来自其对于产业发展的宏大目标。2022 年 11 月，在苏州市智能车联网产业创新集群推进会暨第四届全球智能驾驶大会上，《苏州市智能车联网产业创新集群行动计划（2023—2025 年）》（以下简称"行动计划"）正式发布。

行动计划锚定苏州智能车联网产业发展的目标，计划达到智能车联网产业规模超 1000 亿元，集聚产业相关企业超 1000 家，引育业务规模超 100 亿元企业 1～2 家、超 50 亿元企业 3～5 家、超 10 亿元企业 10 家、超 5 亿元企业 50 家，形成具备国际竞争力和行业影响力的优质企业战略梯队。同时，计划累计建成 20 家省级以上科技载体平台，100 家市级以上新型研发机构，在产业关键技术领域形成一批国家标准和行业标准。车路协同路侧设施道路改造里程超 1000 公里，投入示范应用车辆超 3000 辆，布署车联网路侧单元、边缘感知和计算设备达 5000 个，逐步实现高级别自动驾驶系统的大规模商业化应用。打造 1～2 个国家级车联网（智能网联汽车）检验检测中心，构建覆盖智能车联网产业链各个环节以及各类应用场景的测试验证体系。

行动计划还排定了提升产业自主创新水平、加快全产业链布局发展、加大重点企业培育力度、完善基础设施改造升级、全力推进示范应用牵引、持续优化产业发展生态共 6 个方面 24 项重点任务。比如，推进道路设施数字化改造，加速部署由路侧感知、路侧通信、边缘计算等单元构成的智能道路基础设施，优先在有条件的地区开展应用示范，分阶段推进形成区域级、城市级覆盖。探索制定道路设施数字化改造方案，推进交通信号灯及控制系统、交通标志标识、交通监控系统、道路感知系统、道路气象检测器等设备的升级改造。

此外，行动计划进一步明确了产业空间布局。苏州将举全市之力推动智能车联网产业创新集群建设，构建以相城区为产业发展核心区，工业园区、常熟市、吴江区、吴中区为重点区，昆山市、张家港市、高新区、太仓市、姑苏区等为联动区的"1+4+5"空间分布格局。

（三）政策法规相关工作

产业的快速发展使得立法工作的迫切性日益明显。众所周知，自动驾驶算法企业普遍需要大量的道路测试来迭代，当下全球最知名的自动驾驶公司和团队，包括美国的谷歌 Waymo、苹果、Aurora，中国的百度 Apollo、滴滴出行、小马智行、AutoX、文远知行等公司都在美国进行技术研发和路测。我国各大城市纷纷出台政策或立法，对道路测试进行规范和保障。苏州作为集聚自动驾驶企业密度和数量都处于全国第一梯队的城市，立法工作刻不容缓。

2022 年 6 月 30 日，苏州市由工业和信息化局牵头，联合公安局、交通运输局制定并印发了《苏州市智能网联汽车道路测试与示范应用管理实施细则（试行）》，加快推动苏州市智能网联汽车技术研发及应用，支持智能网联汽车企业开展规模化测试运行和商业化探索，指导和规范智能网联汽车道路测试与示范应用工作，控制智能网联汽车道路测试与示范应用风险，保障道路交通安全，提高行业科技创新水平。实施细则颁布后，取得了良好的效果，企业迅速按照细则要求的流程和各项准备材料，提交了道路测试牌照申请，推进工作小组在通过专家论证、评审等环节后，累计发放了超 50 张市级道路测试牌照。

2022 年 11 月，苏州市相城区在苏州市智能车联网产业集群大会上发布全域开放政策。

（1）相城区全域开放作为智能网联汽车道路测试、示范应用和示范运营区域。

开放相城区全域 489 平方公里、道路里程 1906 公里作为智能网联汽车道路测试、示范应用和示范运营区域。通过配备安全员、数据接入云控平台、通过仿真模拟测试、安全员培训和商业保险保障等措施，从产品技术和安全角度，保障测试和示范有序开展。

（2）将苏州高铁新城区域开放无人化测试和示范应用。

开放苏州高铁新城 28.9 平方公里、道路里程 162 公里，有条件开放"主驾不配备安全员、副驾配备安全员"的道路测试区、示范应用和示范运营，并根据自动驾驶技术水平逐级开展"主驾不配备安全员、副驾配备安全员""前排不配备安全员、车内配备安全员""全车不配备安全员、远程配备安全员"的测试和示范应用活动。

（3）开放 S17 在内的高速公路进行道路测试和示范应用。

根据《苏州市智能网联汽车道路测试示范应用管理实施细则（试行）》，在满足高速公路测试的要求情况下开放高速公路测试。

（4）鼓励具备条件的企业开展示范运营探索。

鼓励相关企业开展示范运营探索，实现商业化闭环。在测试和示范应用阶段完成后，进行示范运营。

在一系列重大政策发布的同时，立法工作也紧锣密鼓的提上日程。

二、立法工作开展情况

苏州市工业和信息化局于 2022 年 9 月 6 日向苏州市人大法工委和苏州市司法局报送了《苏州市智能车联网发展促进条例》建议项目表。随后，苏州市工业和信息化局组织清华大学苏州汽车研究院、先导（苏州）数字产业投资有限公司等单位起草了《苏州市智能车联网发展促进条例（建议稿）》，并于 2022 年 10 月 10 日完成提交。10 月，苏州市人大正式将此条例列入苏州市人大 2023 年立法计划。

（一）起草情况

1. 立法准备

2022 年 9 月由苏州市工业和信息化局、清华大学苏州汽车研究院和先导（苏州）数字产业投资有限公司组成的工作小组深入分析《中华人民共和国道路交通安全法》《中华人民共和国公路法》《中华人民共和国测绘法》《中华人民共和国网络安全法》等国家法律法规对智能车联网产业发展可能存在的制约，充分借鉴北京、上海、深圳、无锡等地立法经验，立足苏州实际，坚持问题导向，形成《苏州市智能车联网发展促进条例》编写思路。

2.《苏州市智能车联网发展促进条例》编制

在保持与上位法衔接统一的基础上，经分析论证和充分吸收，工作小组编制形成《苏州市智能车联网发展促进条例》初步草案，分为总则、产业发展、基础设施建设、推广应用、安全保障和附则共 6 个方面，共计 44 条。

（二）工作进展

1. 专题调研

工作小组选取北京、上海、深圳、无锡等智能车联网产业立法先行地区，开展走访调研，重点了解其他地区智能车联网产业的立法编制经验、立法思路及实施情况，专题调研了苏州工业园区、苏州相城区的重点企业，包括九识科技、Momenta、天翼交通、万集科技、中智行、轻舟智航、智行众维等，广泛听取了企业代表和产业界人士的意见和建议。

2. 评估论证

邀请多名智能车联网领域相关领域专家，对《苏州市智能车联网发展促进条例》的内容开展评估论证。在各政府部门广泛征求意见，包括市发展和改革委员会、科技局、财政局、自然资源和规划局、住房和城乡建设局、城市管理局、大数据管理局、网信办、人社局、市场监督局、民政局等部门。

3. 推进情况

为促进智能车联网产业高质量发展，提升智能交通水平，培育壮大经济发展新动能，苏州市人大常委会决定制定出台《苏州市智能车联网发展促进条例》。《苏州市智能车联网发展促进条例》已于2023年8月29日由苏州市十七届人大常委会第九次会议通过，并于2023年9月27日经江苏省十四届人大常委会第五次会议批准。

4. 发布宣贯

《苏州市智能车联网发展促进条例》于2023年12月1日起正式施行，将为苏州高质量打造智能车联网产业创新集群、提升智能交通水平、保障道路交通安全提供更加坚实的保障和支撑，更好促进产业可持续健康发展。

三、立法思路与主要内容

总体思路：分为三个层面，一是立足地方产业基础，制定总体产业发展促进的相关条例；二是规范管理道路测试和示范应用、运营；三是关于道路基础设施建设和数据互通的相关要求。

总体目标是为了高水平打造智能车联网产业创新集群，推动规模商业应用，提升智能交通水平，保障道路交通安全，促进智能车联网产业发展。

主要内容包括：

第一章 总则，主要定义了适用范围和相关名词，明确了各职能部门的职责。

第二章 产业发展，主要是促进产业发展，支持智能车联网产业全链条布局发展，稳步推进零部件产业化进程，推动整车转型升级，形成设计、研发、制造、检测、销售和售后服务一体的高质量全生命周期的产业链生态。

第三章 基础设施建设，主要是包括基础设施建设要求，共建共享，赋能四智融合。

第四章 推广应用，主要支撑道路测试牌照互认，提出了长三角地区牌照换发等创新性举措。

第五章 安全保障，主要是规范数据安全、网络安全、道路交通安全、产品安全等要求。

第六章 附则，明确了实施日期。

四、问题与展望

目前，苏州自动驾驶发展存在的问题如下：

1. 部分车型管理权限定义不清

低速车辆作为自动驾驶技术重要应用之一，目前国家尚未将低速车辆纳入机动车管理体系及公告产品目录。在条例编制过程中，工作小组对于是否将低速车辆纳入管理以及管理权限划分、管理措施制定难以定义。

2. 商业化运营法律支持范围不清

商业化运营是决定自动驾驶技术能否最终落地的关键一环。企业能从中获得收益，才能打造自动驾驶技术的商业模型，让其具有市场化发展的生命力。在国家尚未出台相关支持文件的基础上，对于商业化运营的放宽程度、法律支持力度等方面存在一定困难。

3. 长三角地区牌照互认顶层推进机制有待构建

长三角地区及国内主要城市道路测试与示范应用牌照结果互认仍是难题，制约了本地企业在长三角地区开展智能网联汽车道路测试与示范应用，苏州与上海、合肥等地在数据互通、牌照互认等方面目前没有有效的推进机制，相关检测测试项目费用较高，亟待探索长三角车联网一体化发展道路。

随着地方试点工作的逐步开展，北京、上海、深圳、无锡等地相继出台地方性立法，针对智能联网产业发展面临的挑战及机遇，苏州市将在以下几个方面持续发力：

（1）为促进智能网联汽车产业健康可持续发展，L3级别的自动驾驶车辆将纳入地方、工信部产品目录，并逐步实现规模化商业量产。L4及以上级别的自动驾驶车辆随着产业发展不断完善，从特定场景应用逐步走向城市客运和货运，最终实现干线公路场景商业化。在开展智能网联汽车测试和应用的过程中，建立匹配区域发展情况的智能网联汽车相关政策法规，积极布局车联网产业发展生态，加快开展智能网联汽车准入管理试点成为标准建设迈向新阶段的重要体现。

（2）随着智能网联汽车的逐步普及，加大车路协同基础设施建设投入，实现"单车智能+车路协同"双轨并行、融合发展，符合我国自动驾驶发展路径，也是建设智能网联道路基础设施的必要保障。鼓励和支持加强推进智能车联网基础设施，协同有关部门做好智能网联道路数据安全及网络安全保障，优化升级智能网联云控管理平台，共同助力智能车联网产业发展壮大。

（3）车联网一体化在未来3~5年将成为行业发展的必然趋势，探索长三角地区智能网联汽车互联互通，开展异地道路测试结果互认是当务之急。加快推进跨区域互联互通测试应用，合理降低测试项目费用，制定各平台数据开放接口规范，实现数据共享汇聚，加快推动长三角车联网一体化发展，开展跨区域的智能网联道路测试和标准共建。

09 国外自动驾驶政策法规进展与经验借鉴

龙科军❶　高志波❷

当前，自动驾驶商用化在世界上大致可分为四个主战场，即中国、美国、日本和欧洲。日本和欧洲已相继允许自动驾驶汽车在私人消费领域商用，美国也在通过修订标准着力移除商用障碍。各国出台的法律法规，既给其他国家、地区甚至城市提供了先行范本，也给自动驾驶的商业化落地带来了积极影响。根据各国自动驾驶政策，本文对国外的政策法规体系进行整理总结。

概括而言，国外关于自动驾驶政策法规体系主要包括五个领域，如表9-1所示。

国外政策法规体系　　　　　　　　　　　　　表9-1

领域	内容
地理信息开放与共享	地理测绘、高精度地图
车辆量产与准入	安全评估、准入条件
车辆测试与上路许可	测试要求、上路条件
事故责任划分以及配套法规	车辆所有者、制造商
配套法规	EDR、网络安全、DMS、DSSAD、NCAP

❶ 龙科军，长沙理工大学交通运输工程学院，教授。
❷ 高志波，长沙理工大学交通运输工程学院，博士。

一、地理信息开放与共享

（一）美国

美国对内重视地理信息的共享和开放，同时也十分重视具有情报价值的地理信息的保密工作。2005年，美国颁布了《美国国家空间信息基础设施提供地理信息安全指南》，指导美国联邦地理数据委员会按照地理信息安全评估程序和评估标准对地理信息，特别是敏感的地理信息进行甄别和保护。

美国《国家安全战略》指出："地理数据是国家基础设施的一部分，自由地获取公共领域的地理数据可以保障经济的持续发展确信开放的政策与开放的设施，以及空间数据的方便获取与应用，对于保持美国在全球空间数据技术和市场方面的主导地位十分重要。"目前，美国在测绘地理信息领域颁行了多项政策，包括《美国联邦地理空间数据共享政策》《美国 NASA 遥感数据政策》《美国天基定位、导航与授时政策》《美国国家地理空间数据政策》《美国有关安全访问地理信息的指导方针》等。

（二）欧盟

欧盟十分重视建立国家的或者跨国的空间信息基础设施，实现地理空间信息资源的共享。2007年启动了"欧盟空间信息基础设施"建设工作，2019年全面实施。"欧盟空间信息基础设施"的系统建设目标是在全欧盟范围内，实现机构与公众环境空间信息的全面共享，更好地促进公众便利地使用全欧盟范围内的环境空间信息资源。但是对于地理信息安全方面也进行了严格规定，其中第十三条指出：若对国际关系、公共安全或国防有不利影响，若影响到下列任一方面，成员国可限制公众获取空间数据集和服务。这些方面包括公共机构受法律保护的机密信息或行为；国际关系、公共安全或国防；工商业信息的机密性；与珍稀物种地区等相关信息的保护等。

（三）日本

2010年日本制定了《日本有关个人信息在地理空间信息使用中的处理准则草案》。2012年内阁会议通过了《日本推进地理信息有效利用基本计划》。2016年日本相关整车企业和供应厂商发起成立了 DMP（Dynamic Map Platform）公司，作为高精度地图数据平台的建设主体，主要负责地图基础数据的采集和相关技术研发。2019年3月，日本国内所有高速公路（共29205公里）的地图开发完成。未来，将逐步完善新建高速公路的数据，并将其作为更新数据提供。

2018年，《实现自动驾驶的行动报告和政策》4.0版按照不同行驶环境、车速等要素，对自动驾驶场景进行分类，将行驶环境按照封闭程度分为封闭空间、限定空间、汽车专用空间、交通环境完善空间、混合空间五类，见表9-2。

日本自动驾驶场景分类图 表9-2

自动驾驶场景	自动驾驶类型
A. 封闭空间 （工厂、机场、港口等用地区域内）	通过墙壁、匝口等物理设施与外部隔离，限制在该设施占地范围内通行的空间
B. 限定空间 （废弃线路、BRT 等）	虽然未与外部隔离，但可以建设作为自动驾驶车辆行驶的空间，限制其他车辆或行人通行的空间
C. 汽车专用空间 （高速公路、汽车专用车道）	专门用于汽车行驶而建设的、限制行人通行的空间
D. 交通环境完善空间 （干线道路等）	在交叉路口等配备信号灯，同时，行人与车辆互相分离，并通过中心线等与对向车辆分离的空间
E. 混合空间 （生活道路等）	其他不具备上述任何一项条件的车辆、行人混合存在的空间

二、车辆量产与准入

（一）美国

美国在2016年发布的《联邦自动驾驶汽车政策指南 AV 1.0》中提到，如果自动驾驶汽车的外观设计和内部配置不符合《联邦汽车安全标准》要求的话,汽车制造商可以向美国国家公路交通安全管理局(NHTSA)寻求产品豁免。同时《联邦自动驾驶汽车政策指南 AV 1.0》就自动驾驶汽车的安全设计、研发、测试和运行等方面对汽车制造商提出了 15 项安全评估标准。

2017 年,《自动驾驶系统 2.0:安全愿景》删除了 1.0 版本中要求汽车制造商提交的 15 项安全评估标准的相关内容,优化技术布局,聚焦包括系统安全;操作设计范围;物体和事件的检测与响应;应急措施(最小风险方案);验证方法;HMI(人机交互界面);网络安全;耐撞性能;碰撞后 ADS 行为;数据记录;消费者教育和培训;联邦、州、地方法规的 12 项非强制安全评估标准,进一步放宽对自动驾驶汽车上路测试限制,避免监管阻碍技术创新。

2022 年 3 月,NHTSA 发布的《无人驾驶汽车乘客保护规定》修改了《联邦机动车安全标准》中的多项规定,明确了全自动驾驶汽车不再需要配备传统的转向盘、制动或加速踏板等手动控制装置来满足碰撞中的乘员安全保护标准,并且对自动驾驶汽车需要做什么来达到对应的乘员保护作出了标准定义。

(二)欧盟

2020 年,欧盟发布《欧盟自动驾驶车辆许可豁免流程指南》,为自动驾驶车辆的量产准入进行了规定。《欧盟自动驾驶车辆许可豁免流程指南》指出,车辆若使用诸如自动驾驶等超出现有技术法规规定的新技术,那么在车辆认证时需要执行特别的豁免程序。此指南豁免重点为 L3/L4 级的自动驾驶汽车,且为做过测试并即将在 2020 年量产的车型,并要求车辆需要进行新式认证,满足自动驾驶系统功能、人机交互、驾驶任务交接、最小风险操作、数据存储系统、信息安全、安全评估测试和用户告知等诸多要求。这些要求的最终目的,都是要确保申请豁免的 L3/L4 级自动驾驶车辆具有与传统车辆等效的安全性能。但其中大部分的要求仍以定性为主,不足以支撑车企完成车辆产品准入或申请豁免。

其中，L3 级（有条件自动驾驶）是指自动驾驶车辆具有高度自主驾驶能力，车辆能够根据行车条件、交通规则自主驾驶，但在特定情况下仍需驾驶员介入控制。一旦车辆认为自己无法进行某种行驶操作，它将自动要求驾驶员接管。L4 级（高度自动驾驶）是指自动驾驶车辆达到完全自主驾驶的能力，车辆能够完全自主进行驾驶，不需要驾驶员介入，但仍然受到车辆可驾驶范围和行驶条件等限制。

2017 年，德国通过了《道路交通法》第八修正案，允许高度或全自动驾驶系统代替人类驾驶，成为全球第一个将自动驾驶纳入生效道路交通法规的国家。2021 年 7 月，德国正式实施《自动驾驶法》，成为全球首个允许 L4 级别自动驾驶汽车上路的国家。

英国，从 2022 年年初开始，具有自动车道保持系统（ALKS）技术的汽车将成为第一批符合《英国自动与电动汽车法案》（AEV 法案）相关要求的自动驾驶汽车。同时，英国计划在 2025 年之前建立自动驾驶法规及配套细则。

（三）日本

日本在 2020 年 5 月开始实施的《道路车辆运输法》修正案，允许企业在车辆上安装自动驾驶系统。本田于 2020 年 11 月获得日本交通省发放的型式批准证书，允许本田于 2021 年 3 月在本田 Legend 车型上实现搭载 L3 级自动驾驶技术，在有限情景下开启使用。2021 年 3 月全球首款 L3 级自动驾驶量产车——本田 Legend EX 正式发售，限售 100 辆，均为租赁专用。

日本《道路运输车辆法》关注汽车产品管理，在原本运输车辆安全装置的范畴内，新增了自动驾驶车辆的增量部件（例如摄像头、雷达，车辆状态记录仪等）。这些增量零件应具备何种功能，可在何种环境条件下使用等，这些内容则交由国土交通部后续细化优化。除了对自动驾驶车辆增量部件出厂新售时的零件状态提出要求外，对自动驾驶套装的检查、保养和维修，也被正式纳入产品售后服务中，和传统车辆的制动机构、发动机、变速箱等零件一起，被视为检查和整修的必要项。

三、测试与上路许可

（一）美国

美国有关自动驾驶的政策法规大多是在各个州内进行制定。最早对自动驾驶汽车进行立法的是内华达州，2011 年 3 月，该州对外公布了《AB 511 法案》，并陆续向谷歌、奥迪和部分大陆公司发放了自动驾驶汽车测试牌照。2012 年 2 月，加利福尼亚州成为全球首个可以自主为自动驾驶汽车制定法则的州。2012 年 7 月，佛罗里达州正式生效了自动驾驶汽车法案，该法案允许在公共道路上测试自动驾驶技术，允许具有驾照的测试人员操作自动驾驶汽车，明确车辆制造商的责任，并确定自动驾驶汽车可以进行测试的具体条件。

在联邦层面，2013 年 5 月，NHTSA 发布的指导性文件《关于自动驾驶汽车法规的意见》，提出对各州自动驾驶汽车立法的建议，明确自动驾驶汽车上道路行驶时必须有相应驾驶人监管、自动驾驶汽车上道路行驶只能用于试验目的等。2017 年 7 月，美国众议院通过了《自动驾驶法案》，将首次对自动驾驶汽车的生产、测试和发布进行管理，具有标杆性的价值和意义。2020 年 12 月，美国"汽车创新联盟"发布了一项为期 4 年的行动计划，提出了指导联邦政策、推进美国自动驾驶汽车的测试和部署的建议。

（二）德国

德国车辆测试与量产车辆上路均遵从于最新修改的《道路交通法》和《维也纳道路交通公约》。2016 年 3 月联合国对《维也纳道路交通公约》第 8 条进行了修正，修订了对人类驾驶员的驾驶职责要求，只要自动驾驶技术"可以被驾驶员权限覆盖或接管"，将驾驶车辆的职责交给自动驾驶技术即为被允许的。德国对本国《道路交通法》也进行了修订，允许自动驾驶车辆上路，适用于测试及量产车辆。

2017 年 5 月，德国颁布全球首个自动驾驶相关法律《道路交通法第八修订案》，允许自动驾驶系统在特定条件下代替人类驾驶汽车，只要车辆获得官方认证或欧盟 EC 型式认证，就可获得车牌。该修订案并未限定自动驾驶车辆的行驶范围，其可在德国全境道路上行驶。

2021 年 2 月，德国通过《"道路交通法"和"强制保险法"修正案——自动驾驶法》，2021 年 7 月德国《自动驾驶法》生效。根据该法，自 2022 年开始，德国将允许自动驾驶汽车（L4 级）在公共道路上的指定区域内行驶。德国由此成为全球首个允许无人驾驶车辆参与日常交通并应用在全国范围的国家。

（三）日本

2016 年，日本警察厅颁布《自动驾驶汽车道路测试指南》，允许自动驾驶汽车进行上路试验，但同时要求测试时驾驶人必须处于驾驶位，始终观察和监视周围道路交通情况以及车辆状态，在发生系统故障的紧急情况时能够进行人工驾驶，确保驾驶安全。测试车辆和驾驶人均应符合并遵守现行《道路交通法》等法律法规，测试车辆还应当符合《道路运输车辆保安基准》相关安全要求，安装并使用行车记录仪。在上公共道路测试前，必须进行封闭实验场地测试。

2017 年，日本自动驾驶研究工作组对外发布了《日本自动驾驶政策方针1.0 版》，对自动驾驶服务、道路普及线路图、技术测试和验证等多方面进行了规定，随后每年该政策方针都会进行更新。

2018 年，日本发布了《自动驾驶系统安全技术指南》，主要对 L3 和 L4 级别的自动驾驶汽车需满足的安全要求进行了规定，指出 L3 级别的车辆需要能够自动识别驾驶员是否处于控制车辆状态，并且能够在必要时发出警报；L4 级别车辆需要能够判断车辆是否难以进行自动驾驶，并告知车辆驾驶员。

2019 年 5 月，日本通过新的《道路交通法》，允许 L3 级自动驾驶车辆上路，《道路交通法》对 L3 级别的自动驾驶车辆的各项技术参数也提出了要求。例如，自动驾驶系统运行的最高速度为 60 公里/时；自动驾驶车辆传感器的向前检测范围必须为 46 米以上；横向检测范围至少能够检测相邻车道的整个宽度。

L4 级别的自动驾驶被定义为"特定自动运行"。运营商在地区提供出行服务时，必须向都道府县公安委员会提交运行计划，并预先获得批准。为了确认安全运行和在发生事故时做出应对等，必须配置在车辆内或远程监控的"特定自动运行监督人"。日本警察厅表示《道路交通法》修正案于 2023 年 4 月 1 日起施行，该法案列入在特定条件下实现完全自动化驾驶 L4 运行许可制度。

四、事故责任划分

自动驾驶系统的驾驶主体地位被正式承认，那么按权责一致原则，"系统"作为车辆的实际操控者，理应对可能出现的交通事故承担责任。针对不同自动驾驶等级的车辆，自然人和系统之间的责任划分呈现渐进式变化，自动驾驶系统对车辆的控制权越大，其承担的责任就越大。考虑到实际的应用需求，各国对涉及自动驾驶车辆的交通事故责任划分，主要聚焦于 L3 和 L4 级别的车辆。

（一）美国

目前，美国关于自动驾驶汽车操作责任判定的立法大部分都是由各州独立通过的，大多数州既有追究司机责任的侵权责任法，也有制造责任法，阐明了制造商对其任何产品缺陷应承担的责任。但适用于美国全境范围的联邦法规仍在制定中。

在密歇根州和内华达州等，制造商声明不对未经授权经第三方改装的车辆负责，其承担的责任是有限的。根据得克萨斯州法律，车辆所有人应对事故和交通违法行为负责，而在田纳西州，在自动驾驶系统受控制的任何情况下，制造商应承担责任。

佛罗里达州不禁止汽车在公共道路上测试自动驾驶技术，允许具有驾照的测试人员操作自动驾驶汽车，明确车辆制造商的责任，并确定自动驾驶汽车可以进行测试的具体条件。华盛顿特区在 2013 年 1 月实施了自动驾驶汽车法案（B19-0931），要求驾驶人应准备好随时接管自动驾驶汽车，限制对现有车辆的改造，并明确自动驾驶汽车制造商的责任。

按照加利福尼亚州的自动驾驶汽车测试和部署立法，制造商需要购买 500 万美元的保险，以便有能力响应针对自动驾驶汽车造成的人身伤亡损害或财产损害的判决。

怀俄明州参议院提出，允许自动驾驶汽车在公开道路运行，只要它们符合州和联邦法律的所有适用安全标准、设备要求和性能要求，并且能够在没有司机在场的情况下遵守所有交通法规。这项法案建议，配备高度自动驾驶系统的商业车辆要有 500 万美元的保险，并在车头、车尾和每侧都要有"适当的标志"，让公众和执法部门知道它们正在进行自动操作。

（二）德国

德国《道路交通法》《自动驾驶汽车交通伦理准则》都从立法角度，承认驾驶人、车主和汽车制造商同为事故风险承担者，正式将汽车制造商纳入责任范围。2021 年 12 月，德国联邦汽车运输管理局允许 L3 级自动驾驶汽车上路，车辆可以在德国全境 1.3 万公里高速公路上行驶，速度不高于 60 公里/时，可以解放双手但不能睡觉，不许连续向后看或离开驾驶员座位，在必要的情况下需要人接管车辆驾驶权。如果在符合上述场景、速度和行为这 3 项条件下，车辆出了事故，责任属于汽车制造商。

《自动驾驶法》规定，配有自动驾驶系统的汽车内需安装类似"黑匣子"的装置，记录任何时间点的自动驾驶系统运行状态和人类驾驶状态，以便区分事故发生时的驾驶任务承担者。如果事故发生在人工驾驶阶段，则由驾驶人承担责任；如果发生在自动驾驶阶段，或由于系统失灵酿成事故，则由汽车制造商承担责任。

对于高度自动化的 L4 车辆，德国《自动驾驶法》要求自动驾驶公司在进行商业化运营时，必须购买相应的责任险，以此承担相应的事故责任。

奔驰在 EV EQS 获得 L3 级自动驾驶汽车上路许可后宣称，当车辆在自动驾驶系统控制之下发生车祸，驾驶人不需要为事故承担责任，奔驰制造商将承担车辆运行的法律责任。

（三）英国

英国对机动车实行第三者责任强制保险制度，2021 年 4 月，英国交通部发布《安全使用自动车道保持系统（ALKS）：回应和后续步骤》。规定当自动驾驶汽车在正常自动驾驶时，驾驶人不需要负责，可以把注意力转移到别处，并允许驾驶人双手离开转向盘，只需在紧急时刻进行介入，首次将驾驶人从责任主体上移除。

2022 年 1 月，英格兰、威尔士和苏格兰法律委员会联合发表了《自动驾驶汽车：联合报告》，建议引入新的自动驾驶汽车法案。提议自动驾驶汽车在发生事故时，车内驾乘人无须承担任何责任，事故责任方将是自动驾驶技术研发企业或车企。4 月，英国交通部发布最新的《公路法》修改建议，明确驾驶人在使用自动驾驶车辆时，可以通过车辆的车载屏幕去查看娱乐功能（观看电视和电影等），前提是驾驶人保持在一条车道上且时速低于 60 公里/时，驾驶人必须做好准备，在需要时收回对车辆的控制权，但使用手机仍将是非法的。当汽车处于自动驾驶模式时，保险公司将对事故负责，驾驶人无责。

（四）日本

2018 年 3 月，日本政府提出《自动驾驶相关制度整备大纲》，明确了 L3 级别的自动驾驶汽车发生事故时的责任界定：自主行驶时的事故赔偿责任原则上由车辆所有者承担，可以利用交强险进行赔付，企业的责任仅限于汽车系统存在明确缺陷之际。在外部黑客入侵汽车系统导致事故之际，损害由政府赔偿。

2019 年 5 月，日本政府通过了《道路运输车辆法》修订案和《道路交通法》修订案，并于 2020 年 4 月生效，L3 级自动驾驶汽车获准合法上路行驶。《道路交通法》中明确提及，因系统错误操作等明显故障导致事故发生的话，制造商可能将承担过失；如果因为打瞌睡等，驾驶员没有按照系统要求切换驾驶模式而导致事故发生，那么驾驶员将承担相应责任。

五、配套法规

（一）EDR法规

汽车事件数据记录系统（EDR），用于记录车辆碰撞前、碰撞时、碰撞后三个阶段中对应时间序列的车辆动力学数 EDR 据以及汽车单元内不同控制模块的数据。通过 EDR 可以判定汽车事故是由人为因素还是自动驾驶系统导致，如特斯拉在国内发生的几起事故就是通过 EDR 来判定的，因此 EDR 是自动驾驶汽车上路的前提。

目前，包括韩国、美国、欧洲在内的国家及地区已对 EDR 的强制安装作出了规定。中国也确定在 2022 年 1 月 1 日起，强制新生产的乘用车配备 EDR。

（二）网络安全法规

自动驾驶汽车面临着网络传输层和外部网络生态的安全威胁，网络安全和数据安全在自动驾驶汽车安全体系中占据至关重要的地位。出台相关政策法规来保障自动驾驶网络安全与数据安全十分必要。

2020 年 6 月，联合国世界车辆法规协调论坛（UN/WP.29）发布首部有关车辆网络安全治理的国际法规——R155 法规，规定了车辆制造商需要满足的信息安全强制要求。2021 年 8 月，国际标准化组织（ISO）联合国际自动机工程师学会（SAE）发布 ISO/SAE 21434 标准，全面规定了道路车辆及其部件和接口的网络安全要求，详细描述了如何根据网络安全问题实现网络安全管理目标。ISO/SAE 21434 是目前业界网络安全监管和认证机构的重要参考文件。

此外，美国、德国、韩国、欧盟等国家和地区也出台了相关的政策法规，对自动驾驶数据、网络安全进行监管和要求。

（三）DMS 法规

驾驶员监测系统（DMS），是基于驾驶员面部图像、生理指标或车辆信息处理以判定驾驶员状态的实时系统，主要实现对驾驶员的身份识别、疲劳监测、分心监测以及危险驾驶行为（如酒驾、手持接听电话和喝水等）的监测功能。

目前，全球已经明确的 DMS 相关监管法规来自欧洲新车评价规程（Euro NCAP）2025 路线图，该规定自 2020 年开始将驾驶员监控作为主动安全系统 5 星评级指标。

中国也出台了一些政策要求商用车强制装配 DMS，并且要求辅助驾驶/自动驾驶汽车需要具备驾驶员监测功能。美国两党基础设施法案中的条款将要求交通部开始制定规则以阻止分心和醉酒驾驶，另外还将更新美国新车评估计划（NCAP）。

（四）DSSAD 法规

自动驾驶车辆的数据存储系统（DSSAD）是一种可以确定 ALKS 和人类驾驶员之间的交互作用的系统。根据 UN/WP.29 R157 条例，DSSAD 是 ALKS 系统激活的标准之一。

DSSAD 将记录以下事件：激活系统；停用系统（例如方向盘上的超控）；系统的过渡需求（例如计划的，计划外的等）；减少或抑制驾驶人命令；应急演习；涉及检测到的碰撞；系统的最小风险机动参与；其他故障。

从 EDR 和 DSSAD 的区别来看，EDR 侧重于发生事故（主要是车辆速度剧烈变化引起 EDR 装置启动记录），当车辆发生剧烈碰撞时，EDR 会记录当前的车辆速度、档位、油门和刹车的开合度等信息；而 DSSAD 记录的是驾驶员在自动驾驶模式的连续数据。

联合国世界车辆法规协调论坛（UN/WP.29）将 DSSAD/EDR 统一纳入"自动驾驶数据记录系统"政策协调。国内相关组织正在探讨 DSSAD 的法规落实。总的来说，未来自动驾驶车辆的 DSSAD/EDR 可能融合。

（五）NCAP 法规

世界发达国家或地区如欧洲、美国、日本等除了安全法规的强制管理之外还制定了新车评价程序（NCAP）。NCAP 通过权威评价，将汽车的综合安全性能以通俗易懂的星级方式表示，为汽车消费者提供市场上热销车型的安全性能评价信息。其中，占很大比重的是针对被动安全技术领域（碰撞安全性等）的评价，目前发达国家和地区已逐步扩展至主动安全技术领域。如欧洲 Euro-NCAP 组织中专门有一个主动安全工作组，日本已把主动安全中的汽车制动性能也作为安全评价的考核内容。

2021 年 10 月，中国汽车研究中心更新了《C-NCAP 管理规则（2021 年版）》，并于 2022 年 1 月开始实施。其中主动安全部分发生了较大变化，增加了车辆自动紧急制动系统（AEB）的试验场景；增加了车道保持辅助系统（LKA）试验及评价方法；增加了对于车道偏离报警系统（LDW）、盲区监测系统（BSD）、速度辅助系统（SAS）的审核项目及技术要求；增加了整车灯光性能试验及评价方法。修改了评分体系，主动安全权重由 15% 增至 25%。

六、经验借鉴

（一）车辆准入方面

我国在推动自动驾驶汽车产业化方面进展相对缓慢，尤其是产品准入环节仍未打通，亟须制度创新。美国、欧盟各国及地区在对自动驾驶安全性能保证的条例上，仍以定性为主，不足以支撑车企完成车辆产品准入或申请豁免。因此，我国在制定法规条例上，需要以更加明确的要求规范企业的生产。首先，需要加快推进标准体系建设，加强标准关键技术研究和试验验证工作，及时开展标准宣贯与实施，确保各类标准项目有序推进。然后，需要创新产品准入监管模式。建议充分借鉴和吸收国外及其他行业的创新监管经验，结合我国国情与产业发展实际，探索自动驾驶汽车产品准入创新，开辟产业化通道。此外，考虑到产品准入后还会涉及上路通行问题，建议要加强与公安部的沟通，防止出现"允许搭载、但不允许使用"的情况。

（二）测试与上路许可方面

中国的《道路交通安全法》仍在修订完善中，根据修订建议稿来看，当前《道路交通安全法》没有区分自动驾驶级别，而是将车辆按有/无人工操作模式来划分，并且只赋予了 L3 及以下自动驾驶汽车合法上路的权利。

在测试方面，美国加利福尼亚州和内华达州的经验值得借鉴：先行建立属于无人驾驶汽车的测试制度，以行政命令的形式规范测试无人驾驶汽车所应遵循的原则、场景、监管内容、相关人员的权利义务内容。通过测试制度收集无人驾驶汽车在实践中存在的问题和经验，然后再逐步制定法律来明确其合法地位。

在上路许可方面，中国的道路交通环境相对国外的道路更加复杂，因此交通主管部门目前较为慎重，在制定法律过程中一方面可以借鉴美国、德国等国家的经验，另一方面需要结合自身道路交通环境现状，提出具有中国特色的解决方案。另外，可建立无人驾驶汽车专属颜色号牌。通过其号牌的独有颜色，可以使公众以最快的速度在普通机动车与无人驾驶汽车之间进行辨别。该制度于政府部门来说，也更有利于对无人驾驶车辆进行管理。

（三）事故责任划分方面

首先，应当明确侵权行为的责任主体和归责原则。国外将汽车生产商、销售商、汽车保有人、使用人和保险公司等作为责任主体，均主张采用传统侵权责任体系，即交通事故责任体系和产品责任体系来解决自动驾驶汽车侵权责任划分问题。其次，立法应当以促进自动驾驶汽车产业发展和保护公众利益的理念相结合。再次，应当储存自动驾驶汽车的操作数据，方便查明事故。我国应当对自动驾驶汽车驾驶过程中操作数据的存储进行相应规定，包括自动驾驶系统发生故障的时间、用户关闭自动驾驶系统的时间、自动驾驶系统发出接管警示的时间以及用户接管时间及操作等。此外，由此衍生的用户个人信息的保护也应得到重视。最后，完善配套措施充分保障受害者利益[4]。

（四）网络信息安全方面

自动驾驶汽车技术的核心内容是通过大数据分析道路情况及远程控制实现机器对汽车的驾驶，这一特点决定了自动驾驶汽车的发展与网络信息安全和个人隐私密切相关。建议将信息安全作为智能汽车准入标准。在智能汽车准入时，不仅需要满足传统汽车安全、环保、防盗等国家标准，还需要建立车辆信息安全相关标准，从源头上建立智能汽车信息安全防护能力。在现有《信息安全技术网联汽车采集数据的安全要求》标准和《汽车数据安全管理若干规定（征求意见稿）》等政策的基础上，对于智能汽车产生的数据进一步分级分类，加快建立智能汽车信息安全相关法律法规。

本文参考文献

[1] 申杨柳, 朱一方. 德国自动驾驶汽车监管制度调整进展及对我国的启示[J]. 汽车与配件, 2022, 1327(09): 37-39.
[2] 刘洋. 美国无人驾驶汽车的法律规制及启示[J]. 法学, 2022, 10(4): 521-526.
[3] 梅琳, 张光洲, 仇多洋. 中德自动驾驶法律法规对比分析[J]. 汽车周刊, 2022(9): 0257-0258.
[4] 吴泽生. 自动驾驶汽车交通事故侵权责任研究[D]. 南宁: 广西师范大学, 2022.
[5] 王霁霞, 符大卿. 自动驾驶汽车道路测试的法律规制[J]. 行政管理改革, 2019, 120(08): 37-43.
[6] 赵子骏, 段希冉. 智能汽车安全风险分析与应对路径[J]. 中国电子科学研究院学报, 2022, 17(08): 822-827.

第三篇

技术产业

10 城市客运自动驾驶科研总体进展综述

王江锋❶ 罗冬宇❷

随着我国城市化进程的加快，我国的城市交通系统日趋完善，城市交通呈现智能化、舒适化发展趋势。自动驾驶公交车 RoboBus 和自动驾驶出租汽车 RoboTaxi 作为面向未来的城市客运领域中无人共享出行的新型交通工具，其可以实现智能化与共享化的充分融合，将有效提升城市客运车辆利用效率，解决城市交通拥堵、尾气排放等问题。

据 IHS Markit 最新预测数据显示，到 2030 年，中国共享出行市场规模将达到 2.25 万亿元人民币，复合增长率在 20%～28%之间。其中，RoboTaxi 有望占据 60%以上的市场规模，市场规模预计超过 1.3 万亿元，而 RoboBus 有望达到百亿甚至千亿市场规模。

为适应和指导自动驾驶的健康安全发展，2023 年 11 月交通运输部发布了《自动驾驶汽车运输安全服务指南（试行）》，明确在保障运输安全的前提下，鼓励和规范自动驾驶汽车在运输服务领域的应用。城市客运自动驾驶作为新型城市出行方式，其发展涉及共性关键技术研发、政策法规制定等多方面。下面将从学术研究、重大科研项目、重要行业报告等方面，对城市客运自动驾驶的发展情况进行综述。

---

❶ 王江锋，北京交通大学，教授。
❷ 罗冬宇，北京交通大学，博士。

一、文献综述

（一）国外研究现状

通过在 Web of Science 数据库中检索关键词"Automated taxi""Automated bus"，获得 2015—2022 年间关于自动驾驶出租汽车和自动驾驶公交车的研究情况，利用文献可视化分析 CiteSpace 进行分析，结果如图 10-1 所示。相关研究主要集中于美国、中国、德国、英国等国家，以及清华大学、代尔夫特理工大学、英国皇家理工学院等高等院校，其中新加坡与其他国家开展合作研究联系最多。

客运自动驾驶相关研究领域主要集中于自动驾驶技术、共享自动驾驶、自动驾驶公交、政策与能源管理等方面，相关研究知识图谱如图 10-2 所示。

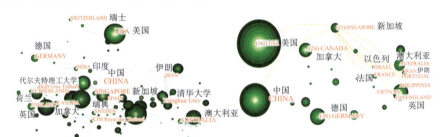

图 10-1　客运自动驾驶研究情况

图 10-2　客运自动驾驶相关研究知识图谱

（二）国内研究现状

客运自动驾驶相关研究领域主要集中于自动驾驶出租汽车、自动驾驶公交车投放规模、出行需求、接受意愿等方面，利用中国知网搜索关键词"自动驾驶""出租汽车""公交车"，相关主要研究知识图谱如图10-3所示。

国内客运自动驾驶主要研究机构如图10-4所示。

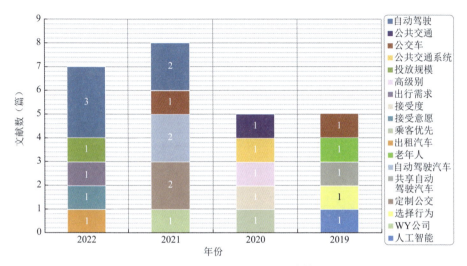

图10-3 国内客运自动驾驶相关研究情况

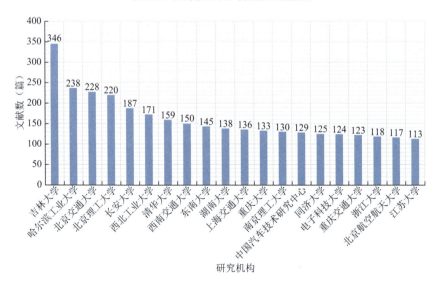

图10-4 国内客运自动驾驶主要研究机构

二、重大项目

RoboTaxi 有望在远期变革人类的出行方式,现已临近商业化前夕,痛点问题的渐进式解决将推动其商业化的落地。RoboTaxi 和 RoboBus 发展演变如图10-5 所示。

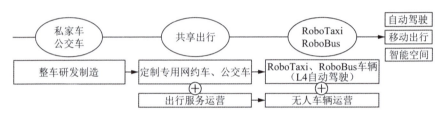

图 10-5　RoboTaxi 和 RoboBus 发展演变构成

(一)国外重大项目情况

2020 年,美国交通部发布了《确保美国在自动驾驶汽车技术中的领导地位:自动驾驶汽车》(简称"AV 4.0 计划"),以谋求建立美国在自动驾驶领域的技术领先地位。2021 年,基于"AV 4.0 计划"的核心原则,美国交通部发布了《美国交通部自动驾驶汽车综合计划》,该计划制定了美国交通部的多式联运战略,使监管环境更加现代化,推动自动驾驶车辆安全融入现代化的运输系统。

作为自动驾驶的重要应用场景,美国 RoboBus 和 RoboTaxi 正步入 L3/L4 级自动驾驶时代。2022 年,通用 Cruise 获得加利福尼亚州机动车辆管理局的许可,其无人驾驶出租汽车正式获准在美国主要城市运营商业无人驾驶网约车服务,开启了自动驾驶商业化运营的第一步。同时,Waymo 的 RoboTaxi 也具备大规模商业化能力,已开始在道路状况更复杂、行人和车辆更为密集的城市中心区域运营,并在凤凰城、旧金山开展无安全员服务,以及提供在特定区域内的任意位置叫车服务。

Waymo 的 RoboTaxi 发展阶段如图 10-6 所示。

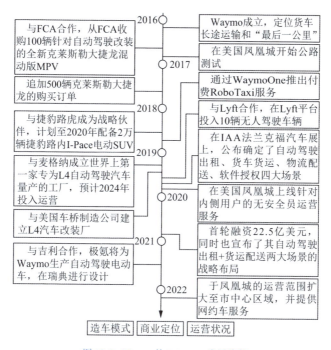

图 10-6 Waymo 的 RoboTaxi 发展阶段

在"地平线"计划（Horizon Europe）支持下，欧盟在自动驾驶领域积累了丰富的合作与研究经验，注重自动化道路运输应用的重要性，并实行了一套自下而上的自动驾驶领域资助计划。2015—2019 年，欧洲重点扶持领域集中于基础设施建设和高级驾驶辅助系统（Advanced Driving Assistance System，ADAS）技术发展方面，从 2021 年开始逐渐将资助重点转向高度自动驾驶，2023 年后研究资金将用于开发高度自动化的道路运输技术。欧盟自动驾驶相关支持项目如图 10-7 所示。

2021 年，ERTRAC 发布了欧盟《自动驾驶技术路线图》更新版征求意见稿，提出了高速公路与运输走廊、限定区域、城市混合交通和乡村道路等 4 类关键应用场景，并提出了自动驾驶城市移动出行车技术开发路线（图 10-8），开展客运自动驾驶服务。

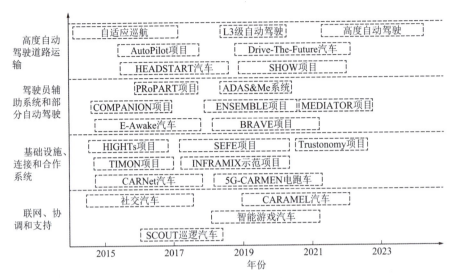

图10-7 欧盟自动驾驶支持相关项目

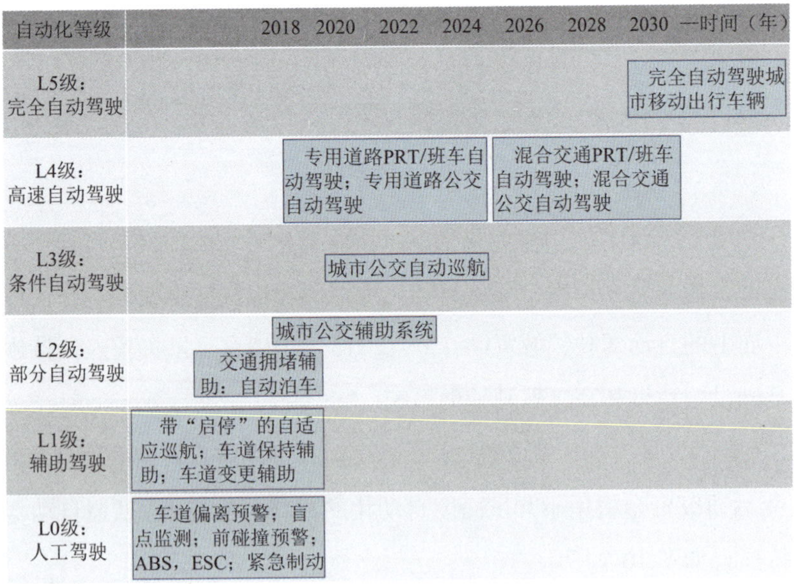

图10-8 自动驾驶城市移动出行车技术开发路线

英国 Zenzic 发布了《英国互联和自动化出行路线图》，指出 2025 年英国将加快推进自动驾驶技术试验和开发工作，推动更多的自动驾驶商用客运服务。英国自动驾驶技术发展路线图如图 10-9 所示。

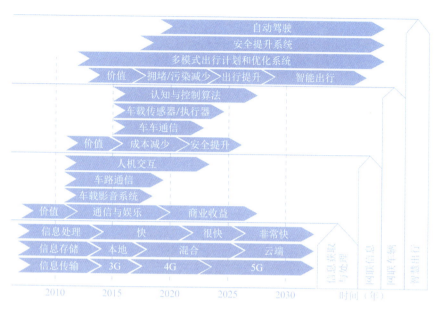

图 10-9 英国自动驾驶路线图

2021年,日本公布了《面向实现和普及自动驾驶的措施报告与方针》5.0版报告,提出了 2021—2025 年致力于解决 4 个自动驾驶课题,如表 10-1 所示。根据日本自动驾驶商业化研究会发布的《实现自动驾驶的相关报告和方案》4.0 版,2022 年日本在有限区域内实现只需远程监控的自动驾驶服务。

2021—2025 年日本致力于解决的 4 个自动驾驶课题　　　表 10-1

课题编号	主题	目标
1	仅通过远程监控实现自动驾驶(L4级)服务	2022 年实现在限定区域、车辆条件下的仅依赖远程监控的自动驾驶(L4级)服务
2	进一步扩大对象区域,同时提高自动驾驶车辆的商业性	2025 年在 40 个地点实现多种区域、多样化车辆的无人自动驾驶(L4级)服务,同时构建能够实施多样化服务的业务模型和基础设施、制度
3	面向包括高速公路编队行驶在内的高性能货车的商业化	2025 年实现高速公路自动驾驶(L4级)货车编队行驶,同时整备所需的运营管理系统、必要的基础设施、信息等业务环境
4	推广混合交通条件下自动驾驶(L4级)服务,以及配套的基础设施、V2V 与 V2P 通信设备	2025 年通过协调型系统,在各地区推广混合交通条件下的自动驾驶(L4级)服务

（二）国内重大项目情况

"十四五"期间，我国城市客运自动驾驶进入新的发展阶段，提升新能源公交汽车使用率，提升城市出行分担率的目标更加迫切。同时，自动驾驶、智能联网等极大地推动了城市客运交通的发展。随着《"十四五"交通领域科技创新规划》（交科技发〔2022〕31号）和《"十四五"现代综合交通运输体系发展规划》（国发〔2021〕27号）等政策落地，国内正在全面推进城市客运自动驾驶发展建设。"十四五"时期国内自动驾驶发展规划见表10-2。

"十四五"时期国内自动驾驶发展规划　　表10-2

阶段	目标	具体规划
第一阶段	加强自动驾驶技术研发	（1）加快关键共性技术攻关，完善测试评价方法和测试技术体系，研究混行交通监测和管控方法，持续推进行业科研能力建设。 （2）引导创新主体围绕融合感知、车路交互、高精度时空服务、智能路侧系统、智能计算平台、网络安全、测试方法和工具、混行交通管理等进行攻关
第二阶段	提升道路基础设施智能化水平	加强基础设施智能化发展规划研究，有序推进基础设施智能化建设。推动基础设施数字转型、智能升级，促进道路基础设施、载运工具、运输管理和服务、交通管控系统等互联互通
第三阶段	推动自动驾驶技术试点	支持开展自动驾驶载货运输服务，稳步推动自动驾驶客运出行服务，鼓励自动驾驶新业态发展。鼓励按照从封闭场景到开放环境、从物流运输到客运出行的路径
第四阶段	健全自动驾驶支持体系	强化安全风险防控，加快营造良好政策环境，持续推进标准规范体系建设。主动应对由自动驾驶技术应用衍生的安全问题，优化政策和标准供给；支持产业发展

2022年8月12日科技部、交通运输部等六部门联合印发了《关于加快场景创新以人工智能高水平应用促进经济高质量发展的指导意见》（国科发规〔2022〕199号），8月15日科技部公布了《关于支持建设新一代人工智能示范应用场景的通知》（国科发规〔2022〕228号），启动支持建设新一代人工智能示范应用场景工作。围绕构建全链条、全过程的人工智能行业应用生态，支持一批基础较好的人工智能应用场景，加强研发上下游配合与新技术集成，打造形成一批可复制、可推广的标杆型示范应用场景，首批支持包括自动驾驶公交在内的10个示范应用场景。

目前，为支持自动驾驶相关领域技术和产业的发展，国家层面实施了科技创新 2030、重点研发计划、自然基金委优先发展领域等支持计划，推动自动驾驶相关共性关键技术研发。为深入贯彻落实《交通强国建设纲要》《国家综合立体交通网规划纲要》，加快建设交通强国，科学规范做好交通强国建设试点工作，充分发挥试点工作在加快建设交通强国中的突破、带动、示范作用，交通运输部 2022 年 9 月公布第一批智能交通先导应用试点项目（自动驾驶和智能航运方向），面向公路货物运输、城市出行与物流配送、园区内运输等场景先行先试开展试点示范，探索新一代信息技术与交通运输深度融合的解决方案。

三、研究报告

多个专业研究机构对于如何推进客运自动驾驶大规模投入营运有较为深入的研究，并发布了多份重要研究报告。

（一）毕马威研究报告

2022 年 6 月 9 日，毕马威发布了《毕马威汽车科技-自动驾驶专题报告》，探讨了中国自动驾驶发展现状与趋势。报告表明，ADAS 技术仍是自动驾驶商业化的重要基石，是一项门槛技术，能够培养驾驶员、乘客和监管者之间的信任。目前 ADAS 系统的渗透率正在快速提升，未来增长潜力仍然巨大。报告表示车企若想触及更广阔的市场，需要采用智能技术吸引中、低端汽车市场的用户，并做好客户培养，使他们愿意接受高级别的自动驾驶。在自动驾驶出租汽车领域，报告预测将在 2030 年左右实现大规模商业化。截止到 2020 年底，中国已有 3.65 亿网约车用户，占互联网用户总数的约 40%。当出租汽车和网约车被自动驾驶出租汽车取代时，将出现新的市场形态和重大变革。此外，报告预计自动驾驶出租汽车将占据部分私家车个体市场，尤其是在城市中心区域。

根据该研究报告预测，乘用车、货运车辆、客运车辆自动驾驶发展情况如图 10-10 所示。

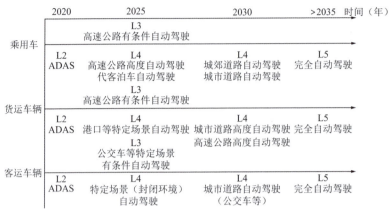

图 10-10　乘用车、货运车辆、客运车辆自动驾驶发展情况

（二）亿欧智库研究报告

2022年10月，亿欧智库发布了《2022中国车路协同产业发展蓝皮书》研究报告，报告从产业和城市的双视角，深入解读了车路协同发展的技术路径、城市模式等。报告提出了四个核心观点：一是依托新基建、5G等中国产业优势，车路协同可与单车智能形成技术互补，正在逐渐成为角力全球汽车出行产业的"中国方案"。二是车路协同产业涉及面广，主要包括车、路、云、网、图等五大部分，其中C-V2X、激光雷达、高算力芯片等技术及产品是目前以及近期车路协同产业发展的重点。三是车路协同的商业化落地，已经初步形成多种城市发展模式，城市发展车路协同不止有一种发展路径，也可以选择"多条腿"并行。随着更多的城市和新的区域加入车路协同应用落地的行列中，城市管理者及车路协同项目参与的运营主体，应该明晰本地产业基础、找准自身优势，选择适合本区域发展的方向。四是车路协同作为长期的战略性命题，无法一蹴而就，需要多方协同共同努力，从技术、产品、商业化、运营模式等方面，不断探索出合适的发展路径。

（三）如祺与罗兰贝格研究报告

2022年11月15日，如祺出行联合罗兰贝格咨询公司发布了《自动驾驶出租汽车（RoboTaxi）商业化前景展望》研究报告，报告认为，中国自动驾驶出租汽车市场已处于全球领先地位，北京、上海、广东、深圳等一线城市在 RoboTaxi 的商业化探索上走在前列，在不断快速发展的同时，涌现出了多种商业模式作为自动驾驶技术落地的核心场景。其中较为突出的有以"广汽-如祺-小马智行/文远知行""上汽-享道-Momenta"为代表的"金三角模式"。该模式下，由主机厂-自动驾驶技术公司-出行服务运营商协同发挥作用，主机厂硬件实力强，提供 RoboTaxi 规模化落地的强大支撑，自动驾驶技术公司提供技术和解决方案，出行平台则凭借成熟的出行服务经验和海量的运营场景、数据，收集更多场景数据，加速技术验证与迭代，为 RoboTaxi 运营商业化落地提速。

四、总结

城市客运自动驾驶的概念经多年探讨与摸索，目前随着自动驾驶技术的场景突破成为热点，已进入商业化尝试的加速阶段，从路测到特定区域试点运营，从不允许载人运行到常规载客运行，从免费试乘到常态化收费示范运营，从车内有安全员到限定条件下无人化，从企业的单点尝试到形成战略联盟，从完全市场化摸索到逐步政策支持下合规化，自动驾驶商业化探索从技术、资本、生态、模式、政策等多维度全面开花。总体来看，我国城市客运自动驾驶目前正处于蓬勃发展的阶段，但对于关键问题节点，仍待业内学者、技术人员深入研究探索，帮助技术落地，带动国内自动驾驶产业与交通运输业的发展。

本文参考文献

[1] 中国日报中文网. IHS Markit: RoboTaxi 将占出行市场六成以上，百度有望成"头号玩家"[EB/OL]. (2021-08-17)http://ex.chinadaily.com.cn/exchange/partners/82/rss/channel/cn/columns/sz8srm/stories/WS611b607da3101e7ce975f09e.html.
[2]《自动驾驶汽车运输安全服务指南(试行)》[S]. 北京: 中华人民共和国交通运输部, 2023: 1-6.

[3] 赛迪研究院. 确保美国在自动驾驶汽车技术中的领导地位: 自动驾驶汽车 4.0[EB/OL]. https://baijiahao.baidu.com/s?id=1676594434899963343, 2020-09-01.

[4] 智车科技. 最新欧盟自动驾驶路线图(更新版草案)[EB/OL]. (2021-11-03) http://news.eeworld.com.cn/qcdz/ic553665.html.

[5] 智车科技. 日本公布 Version 5.0 概要方案摘要报告[EB/OL]. (2021-03-25) https://nev.ofweek.com/2021-03/ART-77015-8130-30490873.html.

[6] 佚名. 深圳出台国内首部智能网联汽车管理法规 有望加速我国自动驾驶立法进程[J]. 汽车与安全, 2022(08): 85.

[7] 崔智明. 交通运输部拟鼓励自动驾驶汽车从事出租客运[N]. 每日经济新闻, 2022-08-10(002).

[8] 高沛通, 赵毅. 两会热议自动驾驶: 建言完善法规政策 破解事故归责难题[N]. 中国经营报, 2022-03-14(C07).

[9] 韩忠楠. 交通运输部发布重磅文件 自动驾驶有规可循了[N]. 证券时报, 2022-08-09(A01).

[10] 毕马威. 自动驾驶专题报[R]. 毕马威中国总部, 2022.

[11] 亿欧智库. 2022 中国车路协同产业发展蓝皮书[R]. 亿欧北京总部, 2022.

[12] 如祺出行, 罗兰贝格. 自动驾驶出租车(RoboTaxi)商业化前景展望[R]. 罗兰贝格亚太总部, 2022.

11 城市客运自动驾驶技术发展情况概述

周晓宁❶　汪　磊❷

随着 5G 通信技术、人工智能等新技术的不断进步，自动驾驶成为重要的热点方向。目前，自动驾驶汽车加快推广应用，逐步由研发测试转入实际运营。2022 年《深圳经济特区智能网联汽车管理条例》开始实行，提出了 L3 级自动驾驶在行政区开放道路测试、示范应用，探索开展商业化运营试点，标志着我国自动驾驶行业正式向 L3 级迈进。2023 年交通运输部发布了《自动驾驶汽车运输安全服务指南（试行）》，允许在各类用于社会机动车通行的道路上使用自动驾驶汽车，从事城市公共汽（电）车客运、出租汽车客运。目前，全国已有 10 余个城市允许自动驾驶汽车在特定区域、特定时段从事城市公共汽（电）车、出租汽车等商业化试运营，应用规模不断扩大。伴随着与之相关的各项利好政策的不断出台，城市客运自动驾驶行业迎来了更加开放和友好的运营环境，推动着自动驾驶公共汽（电）车和自动驾驶出租汽车的商业化落地。

自动驾驶技术在城市客运领域中主要应用在公共汽（电）车和出租汽车两种场景。城市客运自动驾驶主要技术包括单车自动驾驶的感知、决策和控制技术、高精度定位及导航技术、基础设施及通信技术、运营服务及协同控

---

❶ 周晓宁，上海海事大学交通运输学院，硕士。
❷ 汪磊，上海海事大学交通运输学院，副教授。

制技术等，而针对公共汽（电）车和出租汽车服务模式的不同，技术的具体应用又存在着差异。本文将对这些关键技术的最新进展进行阐述。

一、自动驾驶技术分级及技术应用分类

（一）自动驾驶技术总体分级

1. 美国自动驾驶技术水平分级

根据车辆的智能化程度和自动化水平，美国汽车工程师协会（Society of Automotive Engineers，SAE）将自动驾驶技术分为L0级~L5级6个等级（其中，L0级为人工驾驶、L1级为辅助驾驶、L2级为部分自动驾驶、L3级为条件自动驾驶、L4级为高度自动驾驶、L5级为完全自动驾驶）。美国高速公路安全管理局（National Highway Traffic Safety Administration，NHTSA）将SAE中L4和L5合并成为L4级完全自动驾驶，其技术差异性对比见表11-1。

美国自动驾驶技术水平分级　　　　　　　　　表11-1

自动驾驶分级		名称	定义	驾驶操作	周边监控	接管	应用场景
NHTSA	SAE						
L0	L0	人工驾驶	由人类驾驶员全权驾驶车辆	人类驾驶员	人类驾驶员	人类驾驶员	无
L1	L1	辅助驾驶	车辆对转向盘和加减速中的多项操作提供驾驶，人类驾驶员负责其余驾驶操作	人类驾驶员和车辆	人类驾驶员	人类驾驶员	限定场景
L2	L2	部分自动驾驶	车辆对转向盘和加减速中的多项操作提供驾驶，人类驾驶员负责其余驾驶操作	车辆	人类驾驶员	人类驾驶员	限定场景
L3	L3	条件自动驾驶	由车辆完成绝大部分驾驶操作，人类驾驶员需保持注意力集中以备不时之需	车辆	车辆	人类驾驶员	限定场景
L4	L4	高度自动驾驶	由车辆完成所有驾驶操作，人类驾驶员无须保持注意力，但限定道路和环境条件	车辆	车辆	车辆	限定场景
L4	L5	完全自动驾驶	由车辆完成所有驾驶操作，人类驾驶员无须保持注意力	车辆	车辆	车辆	所有场景

2. 我国自动驾驶技术水平分级

我国将自动驾驶水平分为L0级~L5级6个等级，具体包括：L0级为应急辅助、L1级为部分自动驾驶、L2级为组合驾驶辅助、L3级为有条件自动驾驶、L4级为高度自动驾驶、L5级为完全自动驾驶，其详细对比见表11-2。

我国自动驾驶技术水平分级　　　表11-2

分级	名称	车辆横向和纵向运动控制	目标和事件探测与响应	动态驾驶任务接管	设计运行条件
L0	应急辅助	驾驶员	驾驶员及系统	驾驶员	有限制
L1	部分自动驾驶	驾驶员和系统	驾驶员及系统	驾驶员	有限制
L2	组合驾驶辅助	系统	驾驶员及系统	驾驶员	有限制
L3	有条件自动驾驶	系统	系统	动态驾驶任务接管用户（接管后成为驾驶员）	有限制
L4	高度自动驾驶	系统	系统	系统	有限制
L5	完全自动驾驶	系统	系统	系统	无限制

（二）城市客运中自动驾驶技术应用分类

自动驾驶的技术路线分为单车智能自动驾驶和车路协同自动驾驶两种，其发展路径详见图11-1所示。其中，单车智能自动驾驶主要是指仅仅围绕自动驾驶车辆本身开展的技术创新，依靠车辆自身的感知、定位、认知计算、控制等系统进行对环境的感知、决策和控制；车路协同自动驾驶则是在单车智能自动驾驶的基础上，通过车联网实现人、车、路和环境之间的全面实时信息交互，进而提高车辆的感知、决策和控制能力。

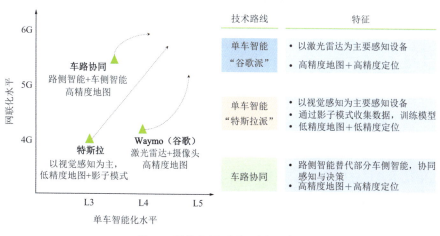

图11-1　目前自动驾驶的两种发展路径

1. 单车智能自动驾驶

根据技术和成本在车侧和路侧分配的不同，单车智能自动驾驶目前可行的解决方案，又可以分为以下两种，其一是以激光雷达和高精度地图为代表的单车智能路线，采用车载激光雷达、毫米波雷达、车载视觉摄像头等感知硬件的方案，并且引入"高精度地图＋高精度定位"作为重要感知补充。其二是以视觉感知和影子模式为代表的单车智能路线，以视觉识别为核心，通过影子模式训练与迭代其自动驾驶算法，将已售车辆变为"测试车辆"，不断收集现有活跃车辆的真实场景数据，上报捕捉到的视觉信息与"稀有案例"，并基于模型对外界进行预判，对特定模块进行修正性训练，再将修正后的模型下发到车端，完成训练闭环。

2. 车路协同自动驾驶

车路协同自动驾驶是在单车智能自动驾驶的基础上，借助通信技术将"人-车-路-云"交通要素有机联系起来，实现人-车-路之间动态实时信息交互共享。在国内常见的是"车端-路端-云端"协同发展，通过信息交互协同、协同感知与协同控制，提升自动驾驶能力。2022年，车路协同采用先进的无线通信和新一代互联网等技术，充分实现人车路的有效协同，从而形成安全、高效和环保的道路交通系统。在未来车路协同的发展中应注意综合运用多种基础支撑技术，包括通信技术、高精度融合感知技术、高精度地图与高精度定位技术、车路协同决策与控制技术、高性能云计算技术和多级纵深安全技术。

二、城市客运自动驾驶关键技术进展

城市客运自动驾驶技术来源于当前通用自动驾驶技术路线，具体技术包括单车自动驾驶的感知、决策、控制技术，高精度定位及导航，基础设施及通信技术，运营服务及协同调度技术。

（一）单车自动驾驶的感知-决策-控制

自动驾驶车辆通过摄像头、激光雷达、超声波等多种传感器感知周围环境，采用深度学习的感知技术将数据转换为带有语义信息的场景描述，并利用多传感器融合技术进行环境感知识别和建模。根据大量数据训练，自动驾驶车辆的"视觉"甚至可超越人类驾驶员的感知能力，准确识别周围的道路状态、交通信号、行人、车辆等。极端天气条件下，多传感器融合的感知算法也能精准感知 200 米外的障碍物，保证自动驾驶汽车的安全行驶。

在感知到周围环境后，自动驾驶车辆需要根据感知信息做出正确的决策。近些年来，机器学习和人工智能算法的不断发展和提升，为车辆决策算法的优化提供了更好的技术支持。尤其是随着大数据的普及，车辆可以根据历史行驶数据和场景数据进行沉淀和学习，从而更好地适应场景变化和复杂交通环境。在决策方面，最新自动驾驶芯片算力已高达 2000TOPS，满足 L4、L5 高级别自动驾驶要求。自动驾驶车辆做出决策后，就需要相应的控制手段来实现，单车智能在控制方面借助域控制器完成自动驾驶车辆的制动、转向、照明、驱动等程序。随着电子控制单元（Electronic Control Unit，ECU）的不断投入和发展，车辆的控制能力得到了很大的提高。同时，控制理论和算法的发展，为车辆的动力控制、制动控制、转向控制等提供了更为可靠和有效的支持，自动驾驶系统在感知、决策、控制层面的具体技术架构如图 11-2 所示。

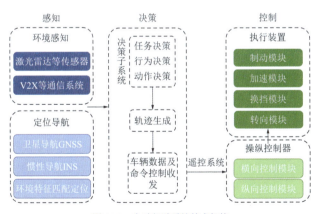

图 11-2　自动驾驶系统技术架构

（二）高精度定位及导航

高精度定位及导航技术是城市客运自动驾驶技术的关键之一，对车辆的位置进行精确定位，同时结合实时交通数据，自动驾驶车辆可以更加准确地计算行驶路径和时间，实现更高效的行车流程。高精度定位技术有多种，如全球定位系统（Global Positioning System，GPS）、惯性导航系统、激光雷达等。近些年来，通过使用多种技术混合，车辆定位的精确度和稳定性不断提高。此外，地图匹配和定位校正也逐渐变得更加高效和精确。与此同时，为了优化车辆导航和定位，高精度地图具备精确度和实时性，不断地更新地图中的道路状况信息、交通信号灯等，以提供更加准确的路线规划和车辆定位。尤其是我国自主研发的"北斗高精"一体化精准定位导航技术，融合车端感知数据与多源地图，实时生成在线地图，满足自动驾驶过程中实时更新的需求。

（三）基础设施及通信技术

智慧交通基础设施是智慧交通的底层核心，其主要作用是实现车辆和路网之间的信息交互与共享，以提高道路使用效率、减少行车事故发生。在车路协同自动驾驶的驱动下，道路基础设施必须升级以满足自动驾驶的需要。比如我国新研发的智能路侧差分基准终端，实现了 GNSS（Global Navigation Satellite System）地面增强技术和车联网路侧技术结合。

无线通信技术一直是车路协同技术的瓶颈之一，但是近些年来，5G 和 LTE-V2X（Long Term Evolution，LTE；Vehicle to Everything，V2X）等新一代无线通信技术的推广，为车路协同技术提供了更强的信号支持和更大的传输带宽，大幅提升了信息传输速度和质量。5G 通信技术是近年来新出现的通信技术，其高速、低时延、高可靠的特点使得其在自动驾驶交通中的应用备受关注，5G 技术可以大大提高车辆之间通信协同的速度与准确度，确保自动驾驶车辆之间可以快速交换车道、被超车、紧急制动等行驶信息。V2X 技术实现车间信息共享与协同控制的通信保障，将"人、车、路、云"等交通要素有机联系在一起，可以获得比单车感知更多的信息，其中 V2X 技术具体包含内容如图 11-3 所示。

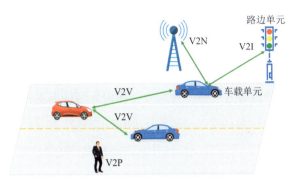

图 11-3　V2X 技术包含内容

自动驾驶汽车前装量产目前多采用 C-V2X 和 T-BOX（Cellular-Vehicle to Everything，C-V2X；Telematics-BOX，T-BOX）技术结合的解决方案，主要是利用 5G-V2X 模组，将 C-V2X 功能集成到传统 T-BOX 模块中。2022 年 5 月，工信部公布《5G 消息 配置服务器技术要求》等 875 项行业标准制修订计划（征求意见稿）中，包括 3 项新的蜂窝车联网标准。未来依托我国主导的 C-V2X 技术，完善的技术标准、产品、解决方案和测试验证体系，车路云一体化融合发展体系架构已经成为中国模式，依托 5G 和 C-V2X 车联网技术，我国智能网联汽车和智能交通发展将处于领先地位。

（四）运营服务及协同控制

运营服务和协同调度技术是实现自动驾驶技术商业化的关键技术之一。通过使用信息技术、大数据分析等手段，对城市客运运营过程进行智能化管理和优化，提升客运效率、提高服务质量、降低成本等。城市客运自动驾驶车辆可以通过高精度地图、交通信号灯、GPS、传感器数据来源实现数据采集和处理。同时，采用算法优化调度模型，实现智能化的车辆配送、调度和运营管理。

自动驾驶与车路协同云监控平台可以实现封闭场地、开放道路的测试场景分析、交通信息融合感知，并能与其他监管平台完成数据对接，为自动驾驶车辆提供基于路侧设备的车路协同服务。车路协同平台 SenseAuto V2X，可将智能车与智慧公路进行有效协同，再通过云端提供一体化决策方案。

三、公共汽（电）车和出租汽车自动驾驶关键技术发展现状

自动驾驶在城市客运领域的发展主要体现为两种形态：自动驾驶公共汽（电）车（RoboBus）、自动驾驶出租汽车（RoboTaxi），并且已经在全国多地开始测试或商业化运营。由于自动驾驶技术在两种具体场景中的应用存在差异，以下将分别介绍公共汽（电）车、出租汽车自动驾驶关键技术的发展现状。

（一）公共汽（电）车自动驾驶关键技术

1. 公共汽（电）车自动驾驶技术的独特性

自动驾驶公共汽（电）车，应用5G信号覆盖、车路协同、人工智能等先进技术，集成智慧化站台、智慧场站等建设综合管理体系，实现对车辆的智能监控、安全预警，是与社会车辆协同运行的城市机动载客车辆。

环境感知层利用传感器设备对周边交通环境进行360度无盲区覆盖，再通过5G和V2X技术，辅助超远程距离环境感知，提高行车平衡，其中公共汽（电）车环境感知设备示意图如图11-4所示。设备借助车内摄像头可进行车内情况实时监控，如监测到异常行为，会及时播报至后台，启动紧急逃生系统，乘客也可在车内紧急制动使车辆停车。

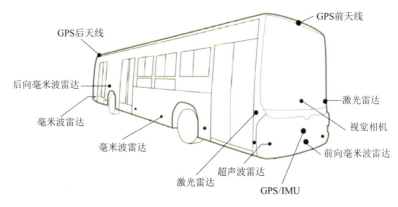

图 11-4 公共汽（电）车环境感知设备

任务决策层基于现有路网数据库、卫星定位等计算出站点间的可行路径，结合实时路况、乘客候车情况等制定合适的调度方案，车辆按线路站点依次停靠，并根据客流情况对停靠时间作相应调整。

控制执行层在接收到决策信息指令后，将其反馈到底层模块落实任务，代替驾驶员完成制动、车辆加减速及转向等操作。依托搭载的语言交互系统，为乘客进行语音播报下车站点，系统也可根据实时采集的路况信息、周边场所信息，为乘客提供便捷的生活资讯。

2. 专有路权和非专有路权下公共汽（电）车自动驾驶技术进展

自动驾驶公共汽（电）车在道路中运行有专用车道和公开道路两种场景。在专用车道系统中，监控系统为车辆提供全面监控，社会车辆干扰小，为高度协同的运营环境，使其能更好地适应复杂的城市道路。驾驶行为的决定与责任则在车辆端，车辆通过LTE-V2X网络，实现自动驾驶。

在公开道路中，公共汽（电）车自动驾驶系统较为完善，车身可采用高度一体化的底盘结构，超短前后悬极低地板，使车内空间达到最大限度。利用现有的高精度定位及导航、实时通信、智能调度等技术，车辆能完成自主起停、车流分析、安全评估、路口通行、紧急制动等操作，实现自动驾驶功能。在对公共汽（电）车进行智慧化改造外，目前自动驾驶公共汽（电）车技术发展可以实现自动驾驶与路侧协同的集成，在车辆运行过程中，路侧的智慧化设施可提前或超视距感知道路状况，提高行车安全性。

为引导研发企业提高自动驾驶公共汽（电）车产品技术能力和安全水平，加速实现其商业化，中国智能交通产业联盟于2022年发布实施了《自动驾驶公交车》系列团体标准，重点对车辆基础安全、信息安全、自动驾驶能力测试等技术方面进行了规范。随着技术的不断完善，自动驾驶公共汽（电）车由最初只面向特定人群开放（在驾驶位上配备一位安全员便于在紧急情况下接管车辆），转变为面向所有市民开放，且安全员只需在车厢内进行道路监测，同时承担车内服务的工作。当乘客有出行需求时，可以在数字平台预约车辆，通过人脸识别上车并抵达目的地。

（二）出租汽车自动驾驶关键技术

1. 自动驾驶出租汽车技术支撑

出租汽车服务模式灵活性比公共汽（电）车大，面临的道路环境更为复杂，因此对于自动驾驶的安全和效率测试更为严格。单车智能和车路协同作为技术支撑，助力自动驾驶出租汽车在运营测试阶段的发展，如图11-5所示。

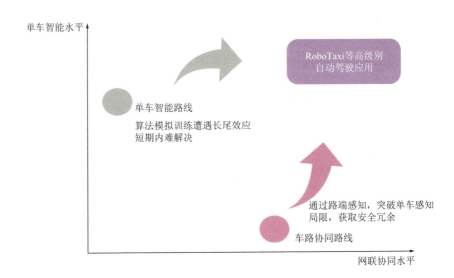

图 11-5　车路协同融合单车智能，推动自动驾驶出租汽车落地

单车智能方面，自动驾驶出租汽车通过运用多种智能传感系统精准感知外部环境，识别行人、交通标志及障碍物等，为自动驾驶出租汽车提供 360 度全方位监测能力，其中激光雷达的近距离探测极限已达 5 厘米，能够完成贴近车身盲区的障碍物监测。而随着激光雷达等关键硬件的国产化和百万级量产规模化，自动驾驶出租汽车的单车成本已降低至 25 万元人民币。

车路协同方面，根据工信部统计，截至 2022 年 12 月 31 日，我国智慧道路建设改造升级超过 3500 公里，装配路侧网联设备 4000 余台，为自动驾驶出租汽车提供更加全面的测试运营场景。"车路云一体化"提供的路口车流状态、交通变化规律等信息，帮助自动驾驶出租汽车进行最优决策，实现"绿灯自由"，提升乘客出行体验，使得更高效、更安全、更智能的自动驾驶出租汽车成为可能。

2. 自动驾驶出租汽车安全员角色转变

当前，各国自动驾驶出租汽车发展进程有所差异，如图11-6所示。其中，中美两国已完成无主驾安全员的小规模商业化运营，新加坡和韩国也陆续推出主驾配备安全员的自动驾驶出租汽车收费运营服务。

图11-6　各国自动驾驶出租汽车发展进程

当前，作为自动驾驶出租汽车发展进程第一梯队的中美两国，其自动驾驶出租汽车在道路测试中安全员的角色正在发生改变，由主驾有安全员逐步向全车无安全员过渡。例如，美国的凤凰城已将自动驾驶出租汽车的测试范围由郊区扩展至市中心，并取消配置安全员，实现完全无人驾驶；中国的重庆、武汉也允许无安全员的自动驾驶车辆在社会道路环境下进行商业化服务，这也标志着国内自动驾驶出租汽车进入无人化商业运营试点阶段。目前，各地示范区内自动驾驶出租汽车路测及试运营政策放开情况如图11-7所示。

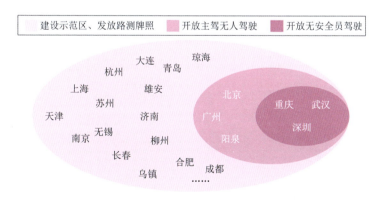

图11-7　各地示范区内自动驾驶出租汽车路测及试运营政策放开情况（部分）

3. 开放道路环境下技术成熟度

自动驾驶技术的成熟度是制约自动驾驶出租汽车的发展因素之一，在开放道路环境下，为解决自动驾驶中的长尾问题，亟需更大规模的路测数据来覆盖更多的行驶场景，以使算法能够更全面地理解道路环境。根据美国加州车辆管理局公布的数据，截至2022年12月31日，部分自动驾驶公司路测里程统计数据如图11-8所示。随着路测总里程的不断增加，自动驾驶技术能够处理的场景将会不断扩大，技术成熟度也会相应提高，从而加速自动驾驶出租汽车商业化落地进程。

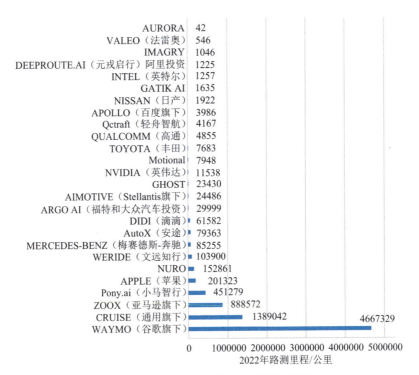

图11-8 2022年26家自动驾驶公司路测里程排名

四、总结

自动驾驶技术在城市客运中发展迅速，比如在处理数据和决策方面，单车自动驾驶技术得到加强。最新单车自动驾驶芯片算力已高达 2000TOPS，同时智能路侧差分基准终端已实现 GNSS 地面增强技术和车联网路测技术的结合，可以提供更加准确的定位和导航服务。对于公共汽（电）车，除了对车辆进行智慧化改造外，还集成了智慧化站台、场站等综合管理系统，与路侧智慧化设施相协同，可提前或超视距感知道路状况，从而更好地应对突发情况，提高车辆的可靠性。自动驾驶出租汽车随着环境感知设备的发展，安全性和成本得到优化，而安全员角色也逐渐转向服务性工作，改善了乘客的出行体验。这些技术的推进和应用将为自动驾驶技术的商业化应用提供更好的支持。

城市客运自动驾驶技术的发展仍需要不断地进行改进和创新以满足人们的需求，具体包括以下几个方面：

（1）提升单车智能化水平和场景丰富度。未来单车智能化将成为一个重要的发展趋势，比如智能导航、智能共享等技术的创新发展，同时需要在城市通勤、旅游等不同的场景下实现应用。

（2）提高自动驾驶技术在各种交通方式中的适配性。围绕不同的交通运营特点，有针对性地提升自动驾驶技术在不同场景下的适应程度，比如在开放道路下，公共汽（电）车强调面向运营的可靠性和安全性，而出租汽车更侧重于提高服务性。

（3）更关注绿色环保。现有技术路线以安全和效率为导向，未来则还应进一步以绿色节能为目标，考虑如何减少能源消耗、降低污染排放等问题，推动绿色出行的发展。

本文参考文献

[1] 国家法律法规数据库. 深圳经济特区智能网联汽车管理条例[Z]. 2022-08-01https://flk.npc.gov.cn/detail2.html?ZmY4MDgxODE4MjFiMjYyOTAxODIxZmZlMzk3MDFhNzU.
[2] 交通运输部. 交通运输部召开 8 月例行新闻发布会[EB/OL]. (2022-08-25)[2023-01-27]. http://www.scio.gov.cn/xwfbh/gbwxwfbh/xwfbh/jtysb/Document/ 1729759/1729759.html.

[3] SAE, Taxonomy and definitions for terms related to on-road motor vehicle automated driving systems[R]. SAE Techincal Standards Board, 2014.

[4] 中华人民共和国工业和信息化部, 全国汽车标准化技术委员会. GB/T 40429—2021 汽车驾驶自动化分级[S]. 北京: 中国标准出版社, 2021.

[5] 科学企业大杂烩. 年度盘点 | 2022 年度智能交通十大关键词[EB/OL]. (2022-12-30)[2023-01-22]. http://news.sohu.com/a/622610610_121124364.

[6] 张亚勤. 面向自动驾驶的车路协同关键技术与展望2.0[R]. 北京: 清华大学智能产业研究院, 百度 Apollo, 2023.

[7] 腾讯新闻. 中国自动驾驶-单车智能还是车路协同？腾讯新闻[EB/OL]. (2022-04-16)[2023-01-22]. https://new.qq.com/rain/a/20220416A03Y6B00.

[8] 美股研究社. 元戎启行宣布采用英伟达 Drive Orin 芯片[EB/OL]. (2022-03-23)[2023-02-09]. https://baijiahao.baidu.com/s?id=1728058114348718934&wfr=spider& for=pc.

[9] 黎磊. 百度地图全面升级北斗高精"真"车道级导航, 道路覆盖里程突破 1200 万公里[EB/OL]. (2022-12-14)[2023-01-24]. https://www.sohu.com/na/617171524_120388781.

[10] 北京星云互联科技有限公司. 智能路侧终端 T-Station[EB/OL]. (2022-05-12)[2023-01-24]https://www.nebula-link.com/Mobile/Product/view/id/24.

[11] 技术大院. 谈谈车联网—V2X 技术[EB/OL]. (2022-01-15)[2023-01-24]. https://mp.weixin.qq.com/s/-N4XR32ciWlspVFfJa5fjw.

[12] 张雅慧. C-V2X 前装量产: 商业运营与价值兑现的双向奔赴[EB/OL]. (2022-05-26)[2023-01-28]https://www.sohu.com/a/551429964_121119176.

[13] 中国信科. C-V2X 车联网关键技术突破与进展获中国信息通信领域十大科技进展[EB/OL]. (2022-12-11)[2023-01-28]. https://mp.weixin.qq.com/s/25bmqKes1g5Ff-wzjg-Qiw.

[14] 陕车智联. 西安市自动驾驶与车路协同云监控平台顺利通过验收[EB/OL]. (2022-12-03)[2023-01-25]https://mp.weixin.qq.com/s/7iAeEnB_P2UML88LYhOdjA.

[15] 葛甲. 商汤发布车路协同平台: 通向全自动驾驶的一条必经之路[EB/OL]. (2022-09-16)[2023-01-27]https://mp.weixin.qq.com/s/iY9aK9PlVKWQClS3uNAkoQ.

[16] 大河网. 自动驾驶公交来了! [EB/OL]. (2020-08-05)[2023-01-26]. https://news.dahe.cn/2020/08-05/701895.html.

[17] 上海临港. 【城事】AI 智慧交通应用场景 | 无人驾驶智能重卡、智能清扫车[EB/OL]. (2022-08-31)[2023-01-26]. https://mp.weixin.qq.com/s/dQtDnDPi02jhjA69JUd3uQ.

[18] 上观新闻. 上海首辆无人驾驶公交进行开放道路测试[EB/OL]. (2020-07-10)[2023-01-26]. https://export.shobserver.com/baijiahao/html/268251.html.

[19] 杨倩, 陈章宇, 唐震. 贵阳自动驾驶公交车环境感知系统设计及测试研究[J]. 交通节能与环保, 2020, 16(01): 64-68.

[20] 马英泰. 人工智能公交车自动驾驶技术[J]. 通讯世界, 2019, 26(4): 217-218.

[21] 陈晓荣, 张涵双. 无人驾驶公交专用道系统[J]. 交通与港航, 2020, 7(2): 74-79.

[22] JackShan. L2+ 智路专道 =L3?—浅谈自动驾驶专用道[EB/OL]. (2020-09-09)[2023-01-26]. https://zhuanlan.zhihu.com/p/222418470. 王鲲, 董振江, 杨凡等. 基于 C-V2X 的车路协同自动驾驶关键技术与应用[J]. 电信科学, 2023, 39(03): 45-60.

[23] 安凯客车. 安凯 L4 级无人驾驶公交车合肥试跑！你想预约乘坐吗？[EB/OL]. (2022-10-13)[2023-01-26]. https://www.ankai.com/index.php?m=home&c=View&a=index&aid=4568.

[24] 王军, 张楠, 刘东. 智能自动驾驶电动公交车系统设计[J]. 机械设计, 2012(11):100.

[25] 成都商报. 成都无人驾驶公交车将开始路测[EB/OL]. (2022-03-02)[2023-01-26]. http://e.chengdu.cn/html/2022-03/02/content_724543.html.

[26] 中关村中交国智能交通产业联盟.《自动驾驶公交车》团体标准[EB/OL].(2022-04-02)[2023-01-26]. http://www.ttbz.org.cn/StandardManage/Detail/59762/.

[27] 湖北日报. 全国首例 汉产无人驾驶车纳入雄安公交运营[EB/OL]. (2022-11-05)[2023-01-26]. https://epaper.hubeidaily.net/pc/content/202211/05/content_197766.html

[28] 甲子光年智库. 2022 中国 RoboTaxi 行业研究报告[EB/OL]. (2022-08-01)[2023-1-26]. https://baijiahao.baidu.com/s?id=1742665746298144738&wfr=spider&for=pc.

[29] 装备工业一司. 2022 世界智能网联汽车大会在京开幕[EB/OL]. (2022-09-16)[2023-02-01]. https://www.miit.gov.cn/xwdt/gxdt/ldhd/art/2022/art_21f3ce83989e47129b4acb3006c780d0.html.

[30] 罗兰贝格. 自动驾驶出租汽车(RoboTaxi)商业化前景展望[EB/OL]. (2022-11-01)[2023-02-01]. https://www.rolandberger.com/zh/Insights/Publications/自动驾驶出租汽车(RoboTaxi)商业化前景展望-起点眺望, 育穗待实.html.

[31] Waymo 自动驾驶出租汽车将扩大至凤凰城市中心, RoboTaxi 商业化渐近[EB/OL]. (2022-05-20)[2023-04-26]. https://www.sohu.com/a/549015065_118021.

[32] 加州 DMV 2022 年自动驾驶路测数据公布[EB/OL]. (2023-02-28)[2023-04-26]. https://www.dongchedi.com/article/7205125323891999232.

12 自动驾驶领域人才培养情况综述

张 健[1] 陈 峻[2] 熊 壮[3]

一、背景与意义

人才是强国之根本，只有大力培养人才，才能为实现我国发展战略目标提供有力保障。科技是第一生产力，科技自立自强是国家强盛之基，国家科技创新力的根本源泉也在人。人才是科教兴国的第一资源，是科技创新的重要主体，没有人才，科技就很难发展。人才是经济发展的主导力量，也是经济发展的根本动力，是经济发展的重要支撑，更是经济发展的保障。因此，坚持教育优先发展，加快建设教育强国、科技强国、人才强国。与此同时，高等院校作为科技创新的主要力量，要始终筑牢爱国奋斗底色、瞄准国家重大需求、面向世界科技前沿、紧跟经济社会发展主战场，服务人民，不断优化更新教育方法、教学内容、培养手段，以保障人才培养走在社会需求的前沿，满足国家发展的根本需要。

随着新一轮科技革命和产业变革深入发展，交通、能源、汽车、通信、

---

[1] 张健，东南大学交通学院，教授。
[2] 陈峻，东南大学交通学院，教授。
[3] 熊壮，东南大学交通学院，硕士。

人工智能等领域相关技术加速融合，自动驾驶正是其中极具吸引力和牵引力的交叉领域。自动驾驶领域需要什么样的人才、这类人才需要具备哪些属性、如何培养出这类人才、需要构建什么样的培养体系、整个科技社会生态如何分工建设，诸如此类的问题，归根到底首先要回答三个基本问题：现状、存在的问题和发展的需求、对策建议。因此，本文将基于这三点从国内外自动驾驶人才培养现状和需求，面临的主要问题和建设等方面开展分析。

二、国内外自动驾驶人才培养现状

（一）国外高等院校

自动驾驶是交通运输工程专业与汽车工程专业交叉的前沿学科方向，牵引着关键技术的研发和经济社会的新发展，也是近年来发展最迅速的领域之一。作为中国科协的前沿科技之一和连续多年被《麻省理工科技评论》列为十大科技突破领域，自动驾驶是一门集交通、车辆、通信、人工智能、自动化控制等多个学科交叉融合的综合性学科，基于此，复合型人才、多学科交叉人才培养最为关键。

以国外高校为例，欧美地区的大学在自动驾驶专业上对人才培养非常重视，一直处于其重点发展的前沿。这些高校十分重视多学科交叉融合的人才培养方式，学校设有相关的研究机构和专业课程，并通过与企业合作获取实践机会和培训，使学生能深入了解行业发展趋势和相关法律法规，以掌握自动驾驶相关管理知识与产业发展技术等。同时，这些高校还积极与政府部门、行业协会合作，形成了一套完善的运营管理体系，确保自动驾驶技术研发和人才培养的稳定性。这些大学通过完善课程设置和人才培养方案来促进学生在自动驾驶领域的发展。

1. 斯坦福大学（美国）

位于自动驾驶技术研发圣地——硅谷的斯坦福大学，拥有较成熟的自动驾驶人才培养方案。相关专业主要涵盖自动驾驶系统设计、控制、感知、规划、测试等方面课程，注重理论和实践结合。以下是该专业的人才培养方案的一些重点。

课程设置。课程主要分为四方面：自动驾驶感知、控制、规划和测试。包括自动驾驶系统概论、计算机视觉、机器学习、传感器融合、控制论、优化方法、路径规划、仿真和测试等课程。

实践项目。学生需要参加实践项目，进行自动驾驶车辆系统的设计、开发和测试。这些项目旨在提高学生的实践能力，使其能够在真实环境中解决实际问题。

实验室。该专业有多个实验室，如自动驾驶实验室和机器人实验室等。学生可以在实验室中进行研究，并与其他同学和教授进行合作。

课程项目。需要学生完成多个课程项目，这些项目涉及自动驾驶汽车的设计、开发和测试。这些项目旨在提高学生的技能，并帮助他们将所学知识应用到实际情况中。

学术会议。学生需要参加学术会议，向其他研究人员和业界专家展示他们的研究成果，并与其他研究人员交流想法。

2. 麻省理工学院（美国）

众多自动驾驶领域的领军人物毕业于麻省理工学院，其自动驾驶专业的人才培养方案注重理论和实践相结合，旨在为学生提供全面的技术知识和实践经验，培养学生在自动驾驶领域中胜任复杂的技术工作。麻省理工学院自动驾驶专业的人才培养方案涵盖了多个学科领域，包括计算机科学、机械工程、电气工程等，要求学生掌握计算机科学基础、控制理论和运动规划技术、传感器数据融合技术、汽车工程和交通管理、人机交互和认知心理学等方面课程。

3. 加州大学伯克利分校（美国）

加州大学伯克利分校的自动驾驶专业隶属于电气工程与计算机科学系，主要涵盖机器学习、计算机视觉、控制系统、传感器技术、软件工程等领域，致力于培养具备设计、实现和优化自动驾驶系统的人才。该专业人才培养方案主要包括三个层面：

（1）本科生教育。提供包括自动驾驶技术、机器学习、控制系统等课程的本科生课程，旨在为学生打下扎实理论基础和实践能力。同时，该专业还提供参与相关实践项目的机会。

（2）研究生教育。提供硕士和博士课程。硕士课程主要包括计算机视觉、感知、控制等方面的课程，旨在为学生提供能深入掌握自动驾驶领域各个方面的知识和技能的机会。博士课程则更加强调理论研究，鼓励学生们在自动驾驶领域的前沿问题上做出独立的贡献。

（3）实践项目。提供多个与工业界合作的实践项目，例如与特斯拉合作的"自动驾驶算法研究""移动机器人导航系统"等，学生可通过参与实践项目来提升实践能力和解决实际问题的能力。

4. 苏黎世联邦理工学院（瑞士）

苏黎世联邦理工学院是瑞士一所顶尖的工程技术类大学，在自动驾驶领域具有较高知名度和影响力。该校自动驾驶专业旨在培养具备跨学科知识和技能的人才，以应对自动驾驶技术发展中的挑战。该专业的人才培养方案主要包括以下两个方面：

（1）跨学科课程。该专业的学生需学习计算机科学、机械工程、电子工程等多个学科领域的知识，以建立对自动驾驶技术的全面了解。

（2）工业界合作。该专业与多个知名自动驾驶企业和机构合作，例如苏黎世交通研究所（Zurich Transportation Center）、通用汽车（General Motors）等，为学生提供与行业联系的机会。

（二）国内高等院校

国内高校在自动驾驶领域的人才培养机制方面与国外高校有异曲同工之处，以清华大学、东南大学、合肥工业大学等为例，这些高校积极探索人才培养创新机制，重视智慧交通、智能车辆、人工智能与大数据、自动化控制等多学科融合培养理念，加强理论学习、实践训练和产学研结合，促进学术研究成果转化为生产力，培养具备自主创新能力和实践经验的自动驾驶人才，为我国自动驾驶的科技进步、产业发展提供有力支持。

1. 清华大学

清华大学汽车专业人才培养始终坚持"厚基础"和"重实践"紧密结合，贯彻知识传授、能力培养和价值塑造"三位一体"人才培养理念，坚持"理论与实践、工程与科学、技术与管理"相结合，积极探索新型复合型人才的培养。2019 年成立车辆与运载学院后，围绕"新四化"重构课程体系，围绕新能源汽车构建新型动力课组，新开设"车用动力电池系统设计""燃料电池发动机"等专业课程，围绕智能汽车新开设"智能网联汽车""强化学习与控制""自动驾驶系统"等新课，并在培养计划中引入更多电子信息、人工智能、云计算与大数据、新一代通信技术等相关课程，更好地为行业培养具有交叉学科背景、扎实的基础理论和专业知识、突出的创新和实践能力、健全的人格和体魄，能在国际学术界具有较强竞争力、在国民经济和社会发展中能发挥核心作用的高水平学术人才、技术人才和管理人才。

2. 东南大学

东南大学在交通工程国家特色专业和交通运输规划与管理国家重点学科基础上，整合交通信息工程及控制、载运工具运用工程、测绘科学与技术等学科优势师资资源，于 2021 年新开设智慧交通专业，致力于培养自动驾驶、智能车辆、人工智能与大数据等多学科交叉领军人才；对应专业成立的智慧交通与空间信息系，秉持面向交通强国战略的智慧交通发展理念，承担着为加快建设交通强国贡献智慧和力量的重任。面向国家重大战略和经济主战场，特别是交通运输行业"数字、信息、智能"赋能重大转型对创新人才培养的需求，东南大学智慧交通专业，聚焦于车路协同自动驾驶和导航与感知两个主要方向，深度融入数字化、信息化与智能化，整合运载工具、信息工程、控制工程、计算机科学与技术等专业，从人才培养、专业和学科建设、科学研究、社会服务等多方面建设和发展智慧交通，为交通强国建设努力造就有家国情怀和国际视野、担当引领未来和造福人类的领军人才，以高质量发展支撑中国式现代化。

3. 合肥工业大学

合肥工业大学于 2021 年新开设智慧交通专业，该校智慧交通专业由汽车与交通工程学院申报与建设，并以交通运输、交通工程、交通设备与控制、车辆工程等传统特色和优势学科为依托，涵盖机器学习、计算机视觉、路径规划、大数据挖掘和人机交互等自动驾驶各个方面的理论课程设置，重视与实践深度相结合。该专业以交通工程学为基础，以大数据、人工智能为依托，形成交通运输、交通工程、计算机与网络工程专业交叉培养模式，引领车路协同自动驾驶、交通数据管理与开发、交通数据分析与挖掘、交通控制与信息服务等方向，预期培养智慧交通工程技术领军人才和业务骨干。

三、国内外自动驾驶人才需求

欧美和国内拥有众多知名的自动驾驶企业，处于该领域技术和创新的前沿。这些企业包括从互联网巨头到传统汽车制造商，从初创公司到跨国集团，他们在自动驾驶技术的研发、测试和商用方面进行了大量的投入和探索。其中，Waymo、Tesla、Cruise 和 Uber ATG 等企业是欧美地区最具代表性的自动驾驶企业，这些公司均对自动驾驶人才有着巨大需求。这些企业在自动驾驶技术研发和商业化过程中，充分考虑了各国法律法规，特别是道路交通安全法规，设立了专门的法律事务部门，负责研究相关法律法规，制定企业的合规政策，以确保自动驾驶技术的安全性和合法性。此外，他们还积极参与制定和修订了部分法律法规，提高自身在行业内的影响力。在运营管理层面，他们通过建立完善人才梯队和培训体系，培养了一批批专业的自动驾驶技术人才。同时，这些企业还注重与高校和科研机构合作，积极开展联合研究和技术转移，以加速自动驾驶技术的研究和应用。总之，自动驾驶人才需求主要集中在研发生产侧、运营管理侧、行业监管侧三个方面。

（一）研发生产侧人才需求

1. 国外自动驾驶企业对研发生产侧人才需求

1）特斯拉

特斯拉是一家专注于电动汽车和能源解决方案的公司，其自动驾驶技术一直备受瞩目。特斯拉公司的自动驾驶团队一直致力于开发下一代自动驾驶技术，以实现更安全、更高效的驾驶体验。因此，特斯拉公司对自动驾驶人才的需求量非常大。主要包括以下方面：

计算机视觉工程师。需要拥有计算机视觉和深度学习经验的人才，以帮助开发自动驾驶技术中的视觉算法和模型。

软件工程师。需要有经验的软件工程师，以编写和优化自动驾驶软件代码，并保证软件的高可靠性和稳定性。

控制工程师。需要控制工程师，以开发自动驾驶车辆的控制系统，包括传感器、执行器、反馈控制等。

高精度地图制作工程师。需要专业的地图制作人才，以制作高精度的数字地图，以支持自动驾驶系统的导航和决策。

数据科学家。需要大量的数据科学家，以分析自动驾驶车辆生成的大量数据，提取有价值的信息，并为算法改进提供支持。

2）Waymo

Waymo 是谷歌旗下的自动驾驶汽车技术公司，因其在自动驾驶技术领域的领先地位而备受关注。为了推进其自动驾驶技术的研发和商业化，Waymo 对自动驾驶人才有很高的需求，具体如下：

人工智能专家。需要能够研发和应用机器学习和人工智能算法的专家，以帮助车辆自主感知环境、作出决策和规划行驶路线等。

软件工程师。需要有经验的软件工程师来设计、构建和优化其自动驾驶系统的各个模块，如传感器数据处理、地图构建、路径规划和控制等。

控制工程师。需要工程师能够设计和实现车辆的传感器、控制和执行系统，确保车辆能够精准地感知周围环境并做出正确的反应。

机械工程师。需要机械工程师来设计和优化自动驾驶汽车的结构和部件，以确保车辆的可靠性、安全性和舒适性。

测试工程师。需要测试工程师来负责测试和验证自动驾驶汽车的各个功能和模块，确保车辆的稳定性、可靠性和安全性。

数据科学家。需要数据科学家来收集、分析和利用海量的传感器数据和用户行为数据，帮助改进自动驾驶系统的性能和用户体验。

产品经理。需要产品经理来负责自动驾驶汽车的产品规划、需求分析和用户体验设计，以确保自动驾驶汽车符合市场需求并具有良好的用户体验。

3）Cruise

Cruise 是一家总部位于美国加利福尼亚州旧金山的自动驾驶技术公司。为推进其自动驾驶技术的发展、实现其发展愿景，Cruise 正在寻找各种类型的人才，以下是该公司对自动驾驶人才的一些需求：

软件工程师。需要有经验的软件工程师来帮助其设计和开发自动驾驶技术所需的各种软件，包括机器学习算法、自然语言处理、计算机视觉等。

机器学习工程师。自动驾驶技术的核心是机器学习算法，需要有经验的机器学习工程师来帮助构建和优化自动驾驶系统的各种算法。

硬件工程师。需要有经验的硬件工程师来设计和构建自动驾驶系统所需的各种硬件，包括传感器、激光雷达、摄像头等。

测试工程师。自动驾驶技术的测试非常重要，需要有经验的测试工程师来开发测试方案、编写测试用例、执行测试等。

自动驾驶工程师。需要有经验的自动驾驶工程师来帮助其设计和开发自动驾驶系统的各个模块，包括感知、决策、控制等。

总体而言，欧洲和美国的自动驾驶行业正在快速发展，这些自动驾驶企业会对智能交通、自动驾驶专业保持源源不断的人才需求。

2.国内自动驾驶相关企业对研发生产侧人才需求

1）百度 Apollo

百度 Apollo 是百度公司开发的自动驾驶平台，涵盖了自动驾驶技术的多个领域,包括感知、决策、规划和控制等。随着自动驾驶技术的不断发展,百度 Apollo 对自动驾驶人才的需求也在不断增加。根据公开报道,百度在人才招聘方面主要有以下几个方向:

感知算法工程师:负责开发自动驾驶车辆的传感器数据处理、目标检测、跟踪、分割、三维重建、定位等算法,并优化算法效率和准确度。

决策算法工程师:负责开发自动驾驶车辆的决策算法,包括路径规划、交通场景分析、行为预测、车辆控制等,以确保车辆安全、高效地行驶。

软件工程师:负责开发自动驾驶车辆的系统软件和应用软件,包括实时操作系统、通信协议、驱动程序、模块测试、软件集成等。

硬件工程师:负责开发自动驾驶车辆的硬件平台,包括电路设计、PCB 设计、器件选型、系统集成、测试调试等。

除了以上核心职位,百度 Apollo 还需要招聘数据科学家、测试工程师、系统架构师、项目经理等岗位,以支持自动驾驶技术的全面发展。

2)蔚来

蔚来是我国一家新能源汽车制造商,其自主研发了自动驾驶技术,并计划在未来实现全面自动驾驶。蔚来对自动驾驶人才的需求非常大;根据其官方发布的招聘信息,其对自动驾驶人才的需求主要包括以下几个方面:

自动驾驶算法工程师:负责自动驾驶算法研发和优化,包括环境感知、路径规划和决策等方面的技术。

自动驾驶硬件工程师:负责自动驾驶系统硬件设计、开发和测试,包括传感器、处理器、通信模块等方面的技术。

自动驾驶测试工程师:负责自动驾驶系统的测试和验证,包括测试用例设计、测试环境搭建、测试数据分析等方面的技术。

自动驾驶系统集成工程师:负责自动驾驶系统的集成和优化,包括软硬件集成、系统架构设计等方面的技术。

自动驾驶产品经理:负责自动驾驶产品的规划和管理,包括市场调研、产品定位、产品设计等方面的技术。

自动驾驶是一个综合性较强的领域,从企业的视角来看,他们更需要多学科交叉培养的人才,其中计算机和软件能力尤为重要。百度智行科技（上海）有限公司产品与解决方案总监认为,从事智能交通,需要的是综合性人才,基本的素质是懂一定的计算机、软件和交通行业知识。智能交通分为智能和交通,智能是通用能力,是信息化的知识,涉及计算机、软件、数学；交通是行业能力和行业视角,是专业能力,涉及交通规划、交通工程、交通控制等。

南京莱斯信息技术股份有限公司负责城市交通信号控制研发的交管事业部信号研发室主任表示,智慧交管行业的系统设计和交通算法人才比较稀缺。系统研发人员需要熟悉开发语言和工具、系统架构、系统业务流程等,算法研发人员需要熟悉交通理论及行业标准、算法设计、交通仿真等。

上海城市建设设计研究总院（集团）有限公司长年从事于城市智能交通系统设计和规划工作的行业资深专家认为行业需要交通规划、交通工程、交通信息工程及控制、自动化控制、通信、计算机、软件等专业人才,并且在工作中需要结合不同类型、不同阶段的项目不断学习掌握相关专业的规范和技术。

（二）运营管理侧人才需求

运营管理类型的人才对自动驾驶企业非常重要,其能够帮助企业有效地管理自动驾驶车辆项目的进展和落地,提高运营效率、降低成本、提高客户满意度、管理风险和促进业务增长,从而为企业创造更大的价值和竞争优势。国内外自动驾驶企业在运营管理侧的人才需求大致相似,主要包括以下方面：

项目管理人员：自动驾驶企业需要项目管理人员负责规划、执行和监控自动驾驶汽车项目的进展,与相关部门协调合作,确保项目按时保质完成。

运营管理人员：自动驾驶企业需要运营管理人员负责制定公司自动驾驶业务的运营策略、流程和标准,确保公司的业务运作高效稳定,并制定营销策略。

数据分析师：自动驾驶企业需要数据分析师负责收集、分析和解释各种数据,提供有关业务运营和决策的建议和支持。

质量控制人员：部分自动驾驶企业需要质量控制人员负责自动驾驶项目

的质量管理、流程改进和问题解决，确保产品和服务的质量和可靠性。

营销人员：自动驾驶企业需要营销人员负责制定和实施市场营销计划，建立品牌形象和市场份额，促进自动驾驶业务增长。

（三）行业监管侧人才需求

因为自动驾驶具有先进性、探索性甚至颠覆性，所以自动驾驶企业对行业监管侧的人才需求也非常广泛，需要涵盖政策法规、安全、测试评估、数据隐私等方面知识和技能。这些人才对于保障自动驾驶技术的安全性和可靠性非常重要。国内外自动驾驶企业对行业监管侧的人才需求主要包括以下几个方面：

政策法规方面。随着自动驾驶技术的发展，与自动驾驶相关的政策法规逐渐成为一个重要的领域。政策法规方面的人才需要熟悉相关交通法规，了解各种标准规范，能够撰写政策、制定行业标准，同时也需要具备一定的法律知识。

安全方面。自动驾驶技术的安全问题一直是一个热点话题，因此对安全方面的人才需求也非常高。这些人才需要掌握丰富的技术知识，了解自动驾驶系统中各种传感器、计算机视觉算法等技术细节，能够对系统进行风险评估，发现安全问题并提出解决方案。

测试评估方面。自动驾驶系统需进行大量测试和评估，以确保系统的安全性和可靠性。测试评估方面的人才要熟悉各种测试方法和工具，能够设计测试方案、执行测试、分析测试结果，并提出改进意见。

数据隐私方面。自动驾驶技术需要处理大量的数据，这些数据中可能包含个人隐私信息。因此，数据隐私方面的人才需要了解相关法律法规，能够制定数据隐私保护策略，对数据进行加密和安全存储，确保数据安全。

四、面临的主要问题

（一）智慧交通、自动驾驶行业人才稀缺

智慧交通、自动驾驶行业人才稀缺，在国内外是一个普遍的现象。华设

设计集团股份有限公司智能交通研发中心主任表示，行业人才稀缺与智能交通专业特点、行业发展现状、行业人才需求、人才培养模式等有密切关系。

自动驾驶专业特点方面。自动驾驶是交通、管理、信息等多学科交叉融合的综合性、系统性专业，其交叉性特点鲜明。在理论与应用研究方面均有较高要求，如多源交通信息感知、交通运行监测、交通仿真与控制等共性技术，涉及人-车-路-环境等多要素关联分析、信息论与通信技术最优化应用等难题，从业人员不仅需要具备科学思维，还需要跨专业的技术理解、研发能力。

行业发展现状方面。自动驾驶行业仍处于以研发预期为先、细分领域市场为主、应用需求为纲、新技术与产品不断迭代升级的多期叠加快速发展阶段。行业的快速发展需要不断有新的创新题材和新技术产品来维持活力，也带来了资本的逐利。资本、市场、创新、技术成为智能交通行业的核心词汇，从业人员的生长环境是快速变化的，导致人才需求巨大却又难以培养的现状。

行业人才需求方面。行业人才需求旺盛，但是能引领技术发展、引领行业与产业变革的领军人才又极其缺乏。智能交通是交通运输新基建的重要组成部分，既要注重应用实效、又要创新驱动，社会对智能交通期望很高，但是其产业规模量级有限。专业人员需持续深入学习、兼顾市场和技术、坚定信念、富有情怀。

人才培养方面。高校与企业对自动驾驶人才的培养起到至关重要的作用，高校是培养智能交通人才的第一课堂，企业则是培养人才的主战场，优秀的复合型自动驾驶人才离不开专业基础学习、也离不开实践经验。当前，高校把智能交通作为交通运输工程的二级学科，在课堂上讲授的知识主要是基础型、偏重于交通工程理论。由于智能交通面向的行业应用需求非常复杂，如交通基础设施数字化建设与养护、智慧化的交通（客货）运输服务、交通管控与行业治理等，涉及大量的行业经验、业务管理需求、政策标准法规，从业人员需通过工作实践来理解智能技术与产品真实需求，通过人才梯队建设及技能传承实现知识传递。

（二）智慧交通、自动驾驶人才培养缺口分析

1. 行业市场发展状态良好

自动驾驶相关产业在交通强国、科技强国建设过程中扮演着重要角色，已经成为世界新一轮经济与科技发展的战略制高点。我国智能网联车辆的市场规模及渗透率也正在持续上升。未来智能网联汽车产业三大核心业务（自动驾驶、智能座舱和车联网）的发展水平预期将呈现快速增长态势。一方面，未来5年预计智能网联汽车技术将进入产业密集应用期，高等级自动驾驶汽车将陆续开始量产，车联网渗透率也会不断提升。另一方面，产业发展水平在一定程度上与行业整体发展态势密切相关，随着我国经济持续增长，预计我国汽车市场销量将稳步回升。据企查查等统计数据，2021年自动驾驶投融资总金额达到575亿元；智研咨询数据显示，2020—2030年智能网联和自动驾驶10年产业总规模有望达2万亿元，其中"聪明的车"市场规模约为8350亿元，"智慧的路"市场规模约为2950亿元，"车路协同"市场规模约为7630亿元。

2. 行业人才需求持续增长

据中国汽车工程协会相关统计数据，在行业快速发展、稳步发展和缓慢发展三种情境下，智能网联汽车研发人才需求总量为：2021年6.1万～7.9万人，2023年7.7万～9.9万人，2025年9.2万～11.6万人。据中国汽车工程学会预测，到2025年中国智能网联汽车人才净缺口为3.7万人，随着产业规模化落地，装备集成，测试，运维类人才需求将成倍增加。

3. 从业人员较难满足行业需求

从业人员数量供给不足。据《智能网联汽车人才需求预测报告》，2025年汽车行业人才缺口将达到103万。智能网联汽车行业尤其缺乏计算机类、电子信息类和自动化类人才。

从业人员质量不能满足行业发展需求。主要体现在有跨学科背景的复合型人才培养机制不足、专业核心课程设置与人才知识结构需求偏离，高校知识更新迭代慢、毕业生工程实践能力不足。据相关统计，"电子信息类""计

算机类""交通类""车辆类""机械类"五大专业的高校专业课程体系与人才课程需求的匹配程度分别为 73%、67%、67%、53%、33%。

五、对策建议

（一）高校自动驾驶人才培养

自动驾驶涉及专业学科较多，交通工程、汽车工程、信息工程、人工智能等专业各有侧重，但总体而言，自动驾驶更多是依托道路承载服务人和物的运输，因此交通运输工程专业具有系统性、集成性、综合性的优势。基于此，2021 年 2 月，教育部发布《教育部关于公布 2020 年度普通高等学校本科专业备案和审批结果的通知》及《列入普通高等学校本科专业目录的新专业名单（2021 年）》，我国普通高等学校特设新专业"智慧交通"。同月，教育部公布了 2021 年度普通高等学校本科专业备案和审批结果，10 所高校申请新设"智慧交通"专业获批。截至 2022 年底，开设"智慧交通"专业的院校包括合肥学院、东南大学、合肥工业大学、西南交大、北方工大、石家庄铁道大学、大连科技学院、吉林建筑科技学院、福建工程学院、山东交通学院、山东大学（智能制造和智慧交通）等。

教育部开设"智慧交通"本科专业，是面向交通强国战略、智慧交通行业与产业发展，新专业学科建设与人才培养需要，在新形势下做出的前瞻性谋篇布局，可为未来交通行业，尤其是自动驾驶领域，输入更多的专业人才。以"智慧交通"自动驾驶人才培养为例，建议如下：

1. 重视基础能力、突出特色技能

自动驾驶技术应用涉及面非常广泛，四年本科学习难以全面覆盖所有知识面，可以结合高校自身专业优势和特色，在交通工程、计算机应用、人工智能等公共课程基础上，设置面向行业应用的不同重点课程，如智慧公路、智能航运、智能交管、铁路信息化、智能载运工具等，引导学生深入学习、学以致用。

2.理论与实践并重，产研联合培养

自动驾驶技术是服务于整个交通运输管理体系的集成应用性技术，如何用好、如何好用，需要通过实践来检验。建议学校在课程教学的同时，增加与企业联合培养环节，鼓励学生多到自动驾驶企业、智能交通研发企业、工程应用部门学习，引导学生思考如何将理论知识与实际应用相结合。

3.培养创新思维，鼓励动手实践

创新是交通运输行业发展的内在驱动力，也是自动驾驶智慧交通区别于其他交通运输学科、土木工程学科的显著特性。从业人员需有创新思维、思辨能力，能动手解决难题，寻找新技术与老交通应用的最优解，摸索普适性强、性价比高的智能交通系统应用方法。教学课程要鼓励学生勇于创新、沉下心动手实验，掌握智慧交通自动驾驶技术应用的一般规律。

4.跟踪前沿技术，注重技术转化

课程教学应引导学生以发展的眼光、全球的视角来观察、认知、理解、辨析智慧交通，可设置智能交通装备技术、智能交通控制技术、自动驾驶与车路协同技术、智能交通与人工智能、大数据、自动控制相结合的相关课程。

综上所述，除了需要掌握交通运输规划与管理、交通信息工程及控制、系统工程等原有交通工程专业的核心课程，还需要学习计算机和网络通信基础课程，贯通专业与市场、产业间的壁垒，培养具备智慧交通系统设计、应用和数据分析能力，服务于智慧交通产业发展的创新型、复合型和应用型专业人才，能够在与交通相关的政府机构、企事业单位、设计院及研究所等部门，从事智慧交通投资咨询、行政管理、技术服务、系统设计和产品研发等方面的工作，从而形成服务于地方和全国智慧交通产业发展的重要力量。

（二）企业自动驾驶人才培养

自动驾驶引发了汽车工程的新发展，智能网联技术的发展使得汽车技术外延，人才要求能力边界扩大，致使企业的人才培养和输出需要进一步优化。

一位行业资深专家表示，从经济效益的角度来讲，企业高薪去挖人肯定也不是最经济的方式,如何解决人才的有效培养是关键,从思维到能力转型需要一个循序渐进的过程,传统企业存量人才的转型,是必须要进行的,不能都靠挖人来解决问题。对于企业的自动驾驶人才培养,具体有如下三条建议:

1. 加强与高校的合作交流

威盛电子高级技术总监表示,目前,建设智能教学实训室已成为自动驾驶人才培养的必然趋势。虽然高校设立智能驾驶实验室的初衷很好,但在实施过程中不可避免地会遇到一些困难,比如生搬硬套,不符合市场需求;缺乏教学经费和师资;设备缺乏,学生的实际需求得不到满足,等等。在市场和人才培养之间架起桥梁,企业在其中发挥着重要作用,校企合作成为培养自动驾驶人才最重要的模式。企业可成立智能网联汽车联合实训室,进一步深化校企合作,以培养符合企业发展需求的汽车行业新型专业技术人才。通过专注于汽车行业产业链,企业也在为产业的转型升级大规模输送合格人才,为院校和行业生态的人才培养提供人才。这些工作,从内容和模式方面有利于促进国内汽车职业教育转型升级,服务于中国汽车产业自动驾驶新型人才的培养。

2. 树立市场化发展需求观念

在市场经济的发展中,企业是参与活动的主体,也是市场化人才竞争的重要载体。没有了经济市场,企业人才也就意味着失去了发展意义与存在价值。自动驾驶的技术发展很快,知识更新周期短、系统集成要求高、关键领军人才匮乏、生态圈薪酬待遇差别大。企业的经营管理者和人力资源部门,对于人才培养体系方面建议坚持市场化发展需求的建设理念,在满足企业发展要求为首要目标前提下,在满足市场化需求基础上,优化人才培训与管理体系,构建一体化人才管理体系。对于自动驾驶人才培养,时刻看清智慧交通产业发展动向、稳抓自动驾驶的市场需求为导向,重点聚焦细分领域和市场,针对市场需求不断推陈出新,调整人才的培养目标和培养方式。

3. 注重"复合型"人才培养

随着自动驾驶科技的不断进步,人才发展也要优化技能素质、优化目标执行结构、优化调整配合方式。人才在企业中的功能适应配置，既要适应经营安排，还要进行技能素质和人才结构的多层次和深层次的进阶。这是人才培养战略持续选择，也是人才"复合型"需求的要求。自动驾驶系统因包含感知、地图、定位、决策规划和控制等技术板块，且这些模块彼此依赖，因此，企业要从物理、人工智能、机器人技术、数据科学和软件、底盘或动力总成等领域出发，对自动驾驶人才进行全面培养，使其具备"复合型"技能。此外，对于自动驾驶的关键岗位人才，还需要具备很强的沟通能力和较好的商务知识，以便与不同环节的同事、不同类型的客户、不同级别的领导进行有效交流。

六、总结

本文探讨了自动驾驶领域的人才培养现状、人才需求、面临的主要问题以及相应的对策建议。自动驾驶技术是当前科技领域的热点之一，对于实现智能交通和提高道路安全具有重要意义。自动驾驶领域的人才培养是实现技术创新和推动行业发展的关键要素。本文通过对国内外自动驾驶人才培养现状和需求的分析，指出了面临的主要问题，并提出了对策建议。

在国内外的自动驾驶人才培养现状方面，一些发达国家已经建立了较为完善的培养计划和教育机构，而国内则还处于起步阶段。然而，近年来国内也取得了一定的进展，涌现出一批具备自动驾驶技术背景的专业人才。

人才需求方面，随着自动驾驶技术的发展，行业对高素质自动驾驶人才的需求越来越大。除了专业知识外，自动驾驶人才还需要具备跨学科的能力，如机械工程、计算机科学和人工智能等。此外，软件开发人才和数据科学家也在自动驾驶领域中变得尤为重要。

在自动驾驶领域的人才培养中还存在较多不足之处，但也有许多方面值得期许。现阶段自动驾驶领域跨学科融合不够，目前的人才培养体系往往偏向于单一学科培养，缺乏跨学科的融合。实践经验不足，目前教育模式往往注重理论知识传授，实践机会有限，学生在实际应用方面的经验不足。相关标准和规范不完善，这导致人才培养过程中难以统一教学内容和培养目标，缺乏行业一致性。我们需要通过改进现有的人才培养模式，充分利用跨学科融合、实践教育、标准制定和产学研合作等方法，可以更好地培养适应自动驾驶领域需求的人才，推动自动驾驶技术的发展和应用。

13

城市客运自动驾驶产业发展情况概述

陈 巍[1]

一、行业发展情况

（一）城市客运场景行业发展现状

在城市客运场景中，自动驾驶企业主要在城市道路及特定区域内运营。场景涉及车辆、行人、非机动车等诸多交通参与者，自动驾驶车辆需要面对各类复杂情况，且需要考虑驾乘人员的舒适性，对自动驾驶技术的要求较高。现阶段，国家及地方政府主要通过示范区的形式，为自动驾驶技术在城市客运场景的商业化落地提供支撑。目前，自动驾驶企业重点布局 RoboTaxi 和 RoboBus 两大场景。

RoboTaxi 作为自动驾驶技术落地的核心场景之一，可通过自动化和智能化技术改善有人驾驶可能存在的安全隐患和用车痛点等问题，并引领共享出行服务体验不断升级。自动化和智能化所带来的技术变革也将赋予 RoboTaxi 产业链结构调整，给未来市场带来巨大空间。IHS 预测，到 2030 年中国共享出行的市场规模将达到 2.25 万亿元，其中 RoboTaxi 占比将达到 60%，规模将

---

[1] 陈巍，北京智行者科技股份有限公司，副总裁。

达 1.3 万亿元。

RoboTaxi 的运营场景以开放性的城市道路为主，其交通状况复杂，对出行安全要求更高。受限于政策影响，现阶段 RoboTaxi 主要面向公众开展示范性运营，并且需要配备安全员。据 36 氪研究院数据显示，不考虑安全员情况下 RoboTaxi 的成本优势凸显，每公里运营成本仅需 0.82 元，相比传统油车节省 57%，比传统电车节省 47%，让出行服务成本更低、效率更高，表 13-1 为 RoboTaxi 单车成本测算结果。随着未来技术发展，自动驾驶硬件成本有望下降，预计 2025 年以后可以逐步实现商业化落地。

RoboTaxi 单车成本测算 表 13-1

项目	传统出租汽车	RoboTaxi（有安全员）	RoboTaxi（无安全员）	备注
行驶里程（万公里）	60	60	60	以现有出租汽车300公里每天，每月28天，6年报废计算
购车成本（万元）	10	10 + 40	10 + 10	去掉安全员的 RoboTaxi 阶段，自动驾驶硬件成本将随着量产落地而降低
燃料成本（万元）	30（燃油）9（电动）	9（电动）	9（电动）	燃油出租汽车 0.5 元/公里 电动汽车 0.15 元/公里
维修保养费用（万元）	9.6	9.6 + 2.8（30%自动驾驶系统维保费用）	9.6 + 2.8	维修 500 元/次，5000 公里一次 保养 300 元/次，5000 公里一次
保险费用（万元）	6	6 + 1.8（30%自动驾驶系统维保费用）	6 + 1.8	每年 1 万元
驾驶人工资（万元）	57.6	57.6	0	按每月 8000 元计算
成本总计（万元）	113.2（燃油）92.2（电动）	136.8	49.2	—
每公里成本（元/公里）	1.89（燃油）1.54（电动）	2.28	0.82	传统出租汽车收费约 2.4 元/公里

注：资料来源于车百智库。

RoboBus 与 RoboTaxi 同属于城市开放场景。近年来，我国轨道交通事业快速发展，截至 2022 年底，国内已有 55 个开通城市轨道交通线路的城市，运营里程达 10292 公里。在这一趋势下，轨道交通逐渐成为民众长途出行的主流选择。但地铁站与社区、园区、商区等区域存在最后 3 公里的短途出行问题，RoboBus 是对这部分出行需求的有效补充，可满足群体性需求。Allied Market Research 预计，2026 年全球 RoboBus 市场规模有望达 745.2 亿美元。

（二）城市客运场景商业化落地趋势

目前，部分城市已进入 RoboTaxi 的商业化探索阶段。2021 年 9 月，长沙 RoboTaxi 允许向公众收费，开展主驾有安全员的商业化运营；2022 年 6 月，广州举办了智能网联汽车自动驾驶混行试点首发活动；2022 年 7 月，深圳发布国内首部规范智能网联汽车管理的法规条例，北京允许主驾无安全员副驾有安全员的 RoboTaxi 在指定区域开展载客运营；2022 年 8 月，重庆、武汉允许车上完全无人的 RoboTaxi 在公共道路上开展商业化运营；2022 年 9 月，上海开放了中心城区 RoboTaxi 道路测试。但目前商业化应用主要局限在城市限制区域内的运营试点，真正实现规模化商业落地仍面临技术、成本、政策、生态多方面问题，需要多方协同来解决。运营商的发展重心则放在测试商业模式中，通过量产进而实现局部区域的规模化运营。

与 RoboTaxi 相比，考虑到 RoboBus 场景的运营路线相对固定，车辆运行速度较低，众多自动驾驶企业相继在该场景展开布局。目前，除了金龙客车、宇通客车等传统商用车企业，以百度、轻舟智航、文远知行、智行者、驭势科技等为代表的自动驾驶方案提供商都积极布局 RoboBus，部分企业已实现商业化运营。

近两年来，众多城市都在大力发展微循环公交或者地铁接驳专线，旨在打通节点瓶颈，加强毗邻地区路网衔接，提高路网连通度。RoboBus 的出现恰逢其时，RoboBus 在固定片区内，将社区、学校、购物中心或产业园区等场所与轨交地铁线路连接在一起，每日多次安全往返运行，形成"轨道交通 + 微循环"的商业模式，有效引导主干道交通流向微循环路网转移，缓解区域周边主干道上的交通压力，给市民的日常出行提供极大的便利，并带来更高的出行安全。同时，随着"轨道交通 + 微循环"的大规模普及，RoboBus 的成本也会大幅降低，后续也将促进更多创新商业模式和增值服务的出现。

（三）两大场景有望融合发展

RoboBus 在应用场景上与 RoboTaxi 融合是最终趋势，RoboBus 有望成为对"最后 3 公里"的有效补充。同时，RoboBus 对行驶速度的要求不高，其路线固定且相对较短，适合自动驾驶落地。由于限定了运营场景，降低了行驶速度，RoboBus 的商业化门槛也同步下降不少，未来几年商业化前景相对较为明朗。

二、资本投资情况

（一）RoboTaxi 主要企业融资情况

近年来 RoboTaxi 相关融资数量显著上升，投资金额日益上涨，预计之后也会有越来越多的资金涌入城市客运自动驾驶领域，图 13-1 为自动/无人驾驶行业投融资趋势。根据 IT 桔子数据，截至 2022 年 12 月，自动/无人驾驶赛道的投融资事件已经有 119 件，2021 全年为 153 件，2020 全年仅有 81 件。表 13-2 为 RoboTaxi 主要企业融资情况。

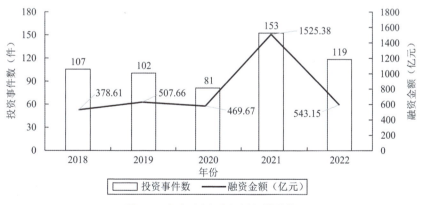

图 13-1　自动/无人驾驶行业投融资趋势

注：资料来源于 IT 桔子。

RoboTaxi 主要企业融资情况　　　　　　　　　　　表 13-2

企业名称	融资日期	轮次	融资金额（美元）	投资方	投后估值（美元）
谷歌 Waymo	2021/6/17	B 轮	25 亿	Alphabet、Tiger Global（老虎海外）、淡马锡、银湖资本、Andreessen Horowitz、加拿大养老基金（CPPIB）、富达投资、Mubadala Investment Company、AutoNation、麦格纳国际、Parry Greek Capital	300 亿
百度 Apollo	—	IPO 轮	—	Google、IDG 资本	400 亿
小马智行	2021/2/8	C＋轮	1 亿	Brunei Investment Agency、中信产业基金、安大略教师退休基金、Fidelity China Special Situations、Eight Roads Ventures、锴明投资、5Y Capital	未公布
智行者	2021/11/24	D 轮	—	中证投、智科资产、新鼎资本	未公布
文远知行	2022/3/23	D 轮	4 亿	广汽集团、博世集团、中阿投资、凯雷	未公布
元戎启行	2021/9/14	B 轮	3 亿	阿里巴巴（领投）、时代资本、复星锐正资本、云启资本、耀途资本、吉利旗下产业基金、投中资本（财务顾问）	15 亿
Momenta	2021/11/4	C＋轮	5 亿	恒旭资本、通用汽车、丰田汽车、博世中国、淡马锡、云锋基金、昊辰资本	55 亿
AutoX	2020/1/20	Pre-B 轮	数千万	宏兆基金、潮汕资本	未公布
通用 Cruise	2022/3/21	战略投资	21 亿	通用汽车	未公布

注：资料来源于 IT 桔子、鲸准。

（二）RoboBus 主要企业融资情况

从入场企业和融资规模来看，RoboBus 已经成为自动驾驶领域的热门赛道。由于 RoboBus 具有运营场景固定、商业化门槛低等优势，越来越多的资本开始关注 RoboBus 这一赛道，RoboBus 主要企业融资效率也随之逐步提高，表 13-3 为 RoboBus 主要企业融资情况。

RoboBus 主要企业融资情况　　　　　　　　　　　表 13-3

企业名称	融资日期	轮次	融资金额	投资方	投后估值（美元）
百度 Apollo	—	IPO 轮	—	Google、IDG 资本	400 亿
智行者	2021/11/24	D 轮	—	中证投、智科资产、新鼎资本	未公布

续上表

企业名称	融资日期	轮次	融资金额	投资方	投后估值（美元）
文远知行	2022/3/23	D轮	4亿美元	广汽集团、博世集团、中阿投资、凯雷	未公布
轻舟智航	2022/12/2	B轮	亿元及以上人民币	中金汇融、TCL、元生资本	未公布
驭势科技	2021/10/20	战略投资	数亿人民币	洪泰基金（领投）	90亿

注：资料来源于IT桔子、鲸准。

三、相关企业发展情况

（一）RoboTaxi

RoboTaxi领域厂家众多，局部示范运营促进了行业发展。在诸多自动驾驶场景中，RoboTaxi的运营环境最复杂，对安全性要求最高。Waymo、百度Apollo等以RoboTaxi为主线业务的企业，是该自动驾驶场景的引领者。目前，广州、长沙、上海、武汉、沧州、北京等城市允许开展无人驾驶出租汽车的载人测试，但对车辆数量、封闭测试里程数量及载客对象提出严格要求。表13-4为主要企业RoboTaxi合作对象及测试里程。载人测试逐步向真实场景与商业模式靠近，一方面便于企业迭代自动驾驶技术，优化车辆乘坐体验及人机交互功能；另一方面也起到民众教育的作用，为未来大规模推广做铺垫。

主要企业RoboTaxi合作对象及测试里程　　　表13-4

企业名称	合作对象	落地城市	路测里程数	车队规模
谷歌Waymo	大众、沃尔沃、菲亚特、吉利	旧金山、凤凰城、洛杉矶	3200万公里（截至2021年8月）	800+辆
通用Cruise	通用汽车	旧金山、凤凰城、奥斯汀	未公布	300+辆
百度Apollo	吉利、现代、极狐	北京、长沙、上海等	2700万公里（截至2022年5月）	500+辆
小马智行	丰田、一汽、广汽等	广州、北京、上海、尔湾、弗里蒙特	1400万公里（截至2022年12月）	200+辆
文远知行	广汽、雷诺日产	广州、郑州、南京等	1300万公里（截至2022年12月）	300+辆
智行者	长安、北汽、东风等	北京、苏州、武汉等	700万公里（截至2022年12月）	近100辆

续上表

企业名称	合作对象	落地城市	路测里程数	车队规模
AutoX	本田、比亚迪	上海、武汉、深圳等	未公布	1000+辆
Momenta	上汽、丰田、通用、戴姆勒	北京、上海、苏州等	未公布	60辆
元戎启行	东风汽车	深圳、武汉、杭州等	700万公里（截至2022年12月）	200+辆

1. 谷歌 Waymo

作为 RoboTaxi 的先行厂商，Waymo 商业化落地不断提速。目前，Waymo 率先实现了从市区打车到机场场景的无人驾驶服务，这得益于 Waymo 早期的商业化布局。2020 年 10 月 Waymo 在凤凰城郊区正式向公众开放无人驾驶服务，并且不设置安全员。2022 年 8 月，Waymo 开始邀请内测用户体验凤凰城市中心的无人驾驶服务，同样不设置安全员。截至 2022 年 11 月，所有人都可以在凤凰城市中心体验到 RoboTaxi 服务，官方称 Waymo 的服务区域会在凤凰城市中心基础上扩大一倍。此外，Waymo 无人驾驶服务还在旧金山和洛杉矶两座城市相继落地，预计推进节奏与凤凰城一致，图 13-2 为旧金山 Waymo 自动驾驶出租汽车应用实景图。

图 13-2 旧金山 Waymo 自动驾驶出租汽车

2. 通用 Cruise

2021 年 1 月，通用汽车与旗下自动驾驶公司 Cruise 联合宣布与微软建立长期战略合作关系，宣布将加速自动驾驶汽车的商业化部署。根据 CPUC 2022

年 4 月发布的提案，监管机构将授权 Cruise 在旧金山扩大其现有服务，允许公司首次向 RoboTaxi 乘客收费，图 13-3 为旧金山商用无人驾驶出租汽车。2022 年 12 月，Cruise 开始在美国凤凰城和奥斯汀提供 RoboTaxi 服务，且该无人驾驶业务也拓展到了美国的多个城市。Cruise 预计未来将进一步扩大 RoboTaxi 的服务范围，向更多地区的公众提供服务。截至 2022 年 2 月，Cruise 已在上述 3 座城市共投放自有自动驾驶车辆 300 辆。

图 13-3 旧金山商用无人驾驶出租汽车

3. 百度 Apollo

百度 Apollo 深耕自动驾驶领域多年，持续领跑全球的无人驾驶，其自动驾驶出行服务平台"萝卜快跑"于 2021 年 8 月推出，目前已在北京、上海、广州、深圳、重庆、武汉、长沙、沧州、阳泉、乌镇等城市开放运营。萝卜快跑预计将在 2025 年扩展到 65 个城市，2030 年扩展到 100 个城市。同时，萝卜快跑运营规模持续扩大，继续保持其全球最大自动驾驶出行服务提供商的地位。根据公司 2022 年第 3 季度数据，萝卜快跑共提供了 47.4 万次乘车服务，同比增长 311%，环比增长 65%。截至 2022 年第 3 季度，萝卜快跑向公众提供的乘车服务次数累计达到 140 万乘次。

4. 小马智行

2022 年 9 月，小马智行与曹操出行、吉利汽车创新研究院智能驾驶中心达成战略合作。小马智行将利用自身在 L4 级自动驾驶技术以及 RoboTaxi 运营等领域的积累，与曹操出行及吉利汽车智驾中心共同打造智能驾驶开放运营平台,在苏州落地运营自动驾驶出行服务。图 13-4 为小马智行与曹操出行、吉利智驾中心联合打造 RoboTaxi 车辆。2022 年 10 月,小马智行自动驾驶出行服务正式接入如祺出行平台,与如祺出行平台合作开启 RoboTaxi 混合运营。广州市南沙区全域用户通过如祺出行 App 即可打到小马智行自动驾驶车辆,标志着 RoboTaxi 在大湾区核心城市的渗透率将大幅提升,自动驾驶技术在城市场景的规模化落地进一步提速。截至 2022 年底,公司取得全球多地的自动驾驶测试及运营的资质或牌照。目前,小马智行在复杂城市道路上已累积了 1400 万公里自动驾驶路测里程,不断攻克由极端天气、路况导致的长尾场景,为规模化的自动驾驶服务奠定基础。

图 13-4 小马智行、曹操出行、吉利智驾中心联合打造 RoboTaxi 车辆

5. 文远知行

文远知行自动驾驶技术和商业化进程位于全球领先地位,已进入商业化运营阶段,目前已在全球超过 25 个城市开展自动驾驶研发、测试及运营。通过运营自有车队以及与第三方平台合作,文远知行目前拥有全国最大的 RoboTaxi 车队。截至 2022 年底,文远知行的 RoboTaxi 已经完成超过 95 万公里的商业自动驾驶里程,并且与广汽、日产等 OEM 车企合作,携手推进 RoboTaxi 的研发。

6. 智行者

智行者聚焦无人驾驶汽车大脑的研发,致力于成为通用场景 L4 解决方案提供商。智行者的技术能力及产品能力均处于行业头部地位,完整打造了以软件、硬件、数据为核心的铁人三项技术架构,自主研发的无人驾驶大脑已成功赋能智能出行、智慧生活、特种应用等多个领域。同时，智行者的 RoboTaxi 商业应用里程已超过 700 万公里，实现了无人驾驶车辆的批量化落地，商业化能力位于国内无人驾驶企业前列。

智行者无人驾驶大脑赋能的 T3 出行百辆规模 RoboTaxi 车队已在苏州落地，实现常态化运营。同时，双方推出"自动驾驶+有人驾驶"的商业化落地新模式。根据 2022 年第一季度报告数据，自 2021 年 12 月开始运营以来，由 T3 出行运营，搭载智行者无人驾驶大脑的 RoboTaxi 车队已达近百台规模。此外，智行者与北汽共同实现了国内首次无人驾驶车辆开放试乘，接待 3000 余人，行驶里程 2000 公里，全过程零失误、零故障。

7. AutoX

该公司致力于研发 L4 级无人驾驶核心技术解决方案，在高精准感知系统、深度学习、决策规划等多领域均有技术突破。截至 2022 年底，AutoX 的 RoboTaxi 车队已超过 1000 辆，其 RoboTaxi 的自动驾驶区域总计超过 1000 平方公里。

AutoX 拥有庞大的自动驾驶工程团队，在全球拥有五个研发中心。AutoX 在 2022 年 5 月发布了中国首个大型 RoboTaxi 运营中心网络，首批包含 10 座大型运营中心，分别坐落于深圳、上海、广州、北京等一线城市，专为大规模 RoboTaxi 车队专业级运维调度而建，可支持超过 1000 辆无人车在 1000 多平方公里大区域内进行高密度、高效率、高强度运转。

8. Momenta

Momenta 基于数据驱动的"飞轮"技术洞察，以及量产自动驾驶（Mpilot）与完全无人驾驶（MSD）相结合的"两条腿"产品战略，提供不同级别的自动驾驶解决方案。Momenta 还与上汽出行联合研发了上汽摩拜 RoboTaxi，标志着 Momenta MSD 商业化运营的一次成功落地。目前，上汽出行 RoboTaxi 已在上海和苏州运营，图 13-5 为上汽出行 RoboTaxi 车辆。此外，Momenta 2022 年还支持了两款量产车的上市，包括上汽 IM 智驾 L7 和 SAR Momenta Dragon。

图 13-5　上汽出行 RoboTaxi 车辆

9. 元戎启行

元戎启行于 2021 年 12 月发布了一款生产就绪的 L4 解决方案 Driver 2.0，其价格不到 10000 美元。2022 年 4 月，配备 Driver 2.0 的 30 辆 RoboTaxi 车队在深圳部署。此外，元戎启行还与东风汽车、曹操出行等跨城市合作，累计道路测试运营里程超过 700 万公里。截至 2022 年底，元戎启行部署在深圳、武汉、杭州的 RoboTaxi 车辆约 200 辆。元戎启行致力于将创新的 L4 级自动驾驶技术应用于众多场景，获得了合作伙伴以及汽车和科技行业的认可。

（二）RoboBus

RoboBus 的主要参与者有百度 Apollo、智行者、文远知行、轻舟智航和驭势科技等，表 13-5 为主要 RoboBus 企业概况。

主要 RoboBus 企业概况　　　　　　　　　　表 13-5

公司	成立时间	落地城市	合作单位
百度 Apollo	2000 年 1 月	北京、广州、重庆、佛山等	金龙
智行者	2015 年 5 月	成都、合肥、北京等	开沃、福田、安凯
文远知行	2018 年 1 月	广州、南京、郑州等	宇通
轻舟智航	2019 年 5 月	深圳、武汉、北京等	金龙、金旅
驭势科技	2016 年 2 月	北京、河北、浙江、广州等	中汽创智

1. 百度 Apollo

百度 Apollo 于 2021 年 8 月正式发布阿波龙Ⅱ（图 13-6），新车在算力、传感器配置、冗余安全（车路协同+5G云代驾）、座舱交互等方面都有进一步的提升，ODD也从封闭、半封闭园区进阶扩大到了开放道路，能够安全应对无保护左转、车流择机变道、路口通行等城市开放道路复杂场景，为多种场景赋能。在实际落地过程中，阿波龙II能够针对不同场合，提供公交模式、约车模式、景区路线游览等多种出行模式，为解决"最后三公里"出行难题带来新思路。

图13-6　阿波龙II自动驾驶RoboBus

2. 智行者

智行者无人驾驶大脑IDRIVERBRAIN已成功赋能RoboBus，可在RoboBus场景实现完全无人驾驶，为客户提供统一、稳定的L4级自动驾驶解决方案。搭载智行者先进的自动驾驶技术以及多重安全保障机制，可实现城市复杂道路中的接驳、摆渡、游览等场景的无人驾驶功能。目前，智行者的RoboBus已落地成都、合肥、北京等全国多个城市，在公园、景区、高尔夫球场等区域开展运营，见图13-7。

为进一步推动自动驾驶技术研发及运营推广，安凯客车与智行者将在搭建RoboBus自动驾驶技术及商业化运营体系、RoboBus产品开发等方面开展深入合作。双方不仅会投入最新的技术和核心成果，还会在安凯客车现有车型和未来规划车型上开展自动驾驶技术协作，打造出面向园区、半开放道路、测试场及开放道路等多种场景运营投放的新型智能化RoboBus车型。

图 13-7　智行者无人驾驶巴士

3. 文远知行

文远知行打造的 Mini RoboBus 目前已具备全无人、大规模量产的能力，并推出了面向公众的自动驾驶小巴服务。文远知行自动驾驶小巴可以灵活部署在任何公开或封闭交通场景，能够全天候在城市开放道路行驶，为用户提供便捷的交通服务（图 13-8）。2022 年 1 月，文远知行正式在广州对外开放运营全无人驾驶小巴，为市民提供无人驾驶微循环公交服务。截至 2022 年底，其无人小巴已经在中国、阿联酋、沙特阿拉伯、卡塔尔和哈萨克斯坦等 5 个国家上线，试点运营城市达到 16 个，其中国内 L4 级自动驾驶小巴主要在广州、南京、无锡等地运行。

图 13-8　文远知行无人驾驶小巴

4. 轻舟智航

2021 年,轻舟智航的龙舟系列 RoboBus 先后落地深圳、武汉、北京等 10 座城市,在公开道路提供接驳服务。点对点的接驳是无人驾驶技术的一个应用创新点,目前正处于小批量试验阶段。2022 年 5 月,轻舟智航的无人小巴"龙舟 ONE"在北京市高级别自动驾驶示范区正式启动常态化测试,图 13-9 为轻舟智航 RoboBus 车辆。此次测试的轻舟智航龙舟 ONE 无人小巴,使用了轻舟智航自主研发的 Driven-By-QCraft 自动驾驶解决方案,可适应城市公开道路上的多种复杂路况,目前已在美国硅谷、中国北京、深圳、苏州等 10 座城市开展测试及运营。截至 2022 年底,部署的自动驾驶车队规模已超过 100 辆。

图 13-9　轻舟智航 RoboBus 车辆

5. 驭势科技

2021 年 11 月,驭势科技"真无人"商业运营里程正式突破 100 万公里。驭势科技面向公共出行场景打造的可量产 L4 级无人驾驶解决方案,是国内最早开启商业化运营的无人公交解决方案,致力于满足在公共场景中"点到点"的无人驾驶短途接驳需求。在机场、港口、园区、厂区、社区、景区、城市交通等各种丰富场景下,驭势科技无人公交解决方案都能快速实现部署,图 13-10 为驭势科技自动驾驶中巴。截至 2022 年底,驭势科技 RoboBus 在北京、河北、海南、浙江、广东等地已开展运营,在 25 个场景中累计接待超过 7.5 万人次,运营里程超过 14 万公里。

图 13-10　驭势科技自动驾驶中巴

四、总结

城市客运场景为自动驾驶技术落地的重要场景之一，RoboTaxi 和 RoboBus 为两大主要应用领域。其中，RoboTaxi 市场空间广阔，根据 HIS 数据，2030 年 RoboTaxi 的市场规模将达到 1.3 万亿元，自动驾驶头部企业在 RoboTaxi 场景持续投入，有望不断推动商业化落地进程。另一方面，RoboBus 运营路线相对固定，车辆运行速度较低，众多自动驾驶企业也相继在该场景展开布局，RoboBus 有望成为"最后三公里"短途出行的有效补充，与 RoboTaxi 融合发展提供自动驾驶全过程出行服务。

14 城市客运自动驾驶标准规范建设情况

宜毛毛[1] 李林桓[2] 管妮娜[3]

一、自动驾驶标准体系

(一)国外自动驾驶相关标准体系

国际标准组织,如联合国世界车辆法规协调论坛(PW.29)、国际标准化组织(ISO)、国际电信联盟(ITU)、国际自动机工程师学会(SAE International)、第三代合作伙伴计划(3GPP)等积极开展自动驾驶领域相关标准研究。

1. 联合国世界车辆法规协调论坛(WP.29)标准体系

联合国世界车辆法规协调论坛(WP.29)前身为联合国经济及社会理事会欧洲经济委员会中内陆运输委员会道路交通分委会下属的车辆结构工作组(UN/ECOSO/ECE/TRANS/SC.1/WP.29),主要负责有关汽车安全、环保、节能、防等领域内的国际汽车技术法规制定,其下设的自动驾驶及网联车辆工作组(CRVA),负责智能网联汽车相关国际法规的制定工作。

---

[1] 宜毛毛,交通运输部科学研究院,高级工程师。
[2] 李林桓,东南大学交通学院,助理研究员。
[3] 管妮娜,中国公路学会自动驾驶工作委员会,副秘书长。

2. 智能运输系统技术委员会（ISO/TC 204）标准体系

国际标准化组织 ISO 设置了智能运输系统（ITS）技术委员会（ISO/TC 204），全面负责 ITS 领域的标准化工作。ISO/TC 204 负责智能交通系统（ITS）的整体体系和基础设施方面工作，以及 ISO 的总体工作方案在该领域的协调，包括标准制定日程、对现有国际标准化团体工作的考虑等；同时，围绕城乡地面运输领域的信息、通信和控制系统标准化进行工作，包括多式联运、出行者信息、交通管理、公共交通、商业运输、紧急事件服务和商业服务。目前，共发布 ISO 标准 327 个，包括智能运输系统、道路运输和交通远程信息处理、智能交通系统等多类标准，见图 14-1。

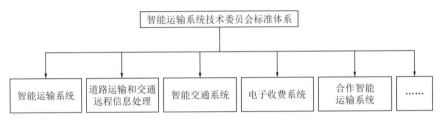

图 14-1 智能运输系统技术委员会（ISO/TC 204）标准体系结构图

3. 城市和社区可持续发展技术委员会（ISO/TC 268）标准体系

国际标准化组织 ISO 于 2012 年设置了城市和社区可持续发展技术委员会（ISO/TC 268），全面负责城市和社区的可持续发展领域的标准化工作，包括基本要求、指南、支持技术和工具等，用以帮助不同类型社区实现可持续发展，其目的是为推动各类社区实现可持续发展，为各类社区提供支撑技术和工具，不涉及城市发展建设相关的具体技术和标准，见图 14-2。ISO/TC 268 下设智慧社区基础设施、可持续交通领域两个分技术委员会。智慧社区基础设施分技术委员会（ISO/TC 268/SC1）侧重于智慧社区基础设施的技术，支持城市社区运营和活动的基本结构，如能源，水，资源管理系统，ICT 基础设施。可持续交通领域分技术委员会（ISO/TC 268/SC2）负责审议城市和社区交通选择中的相关问题，其将考虑城市和社区的流动性和交通选择中的组织问题、基础设施和服务，包括与新技术（即电动、氢能、自动驾驶）相关的问题，将促进和支持可持续城市和社区的多部门综合方法，其具有基于

ISO 37101 中定义的可持续发展目的的长期愿景。

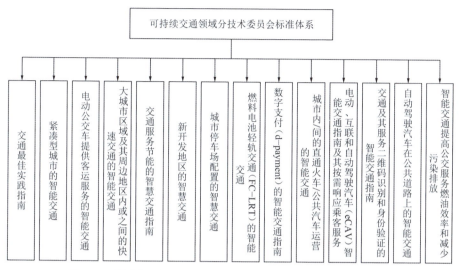

图14-2 可持续交通领域分技术委员会（ISO/TC 268/SC 2）标准体系结构图

4. 道路交通安全管理体系技术委员会（ISO/TC 241）标准体系

2008年，瑞典向国际标准化组织 ISO 提出新标准制定建议，提议制定"道路交通安全管理体系"国际标准。道路交通安全管理体系技术委员会（ISO/TC 241）主要致力于推动道路交通安全管理体系的标准化工作，以提高道路交通安全水平，并减少交通事故和伤亡。ISO/TC 241 的标准涵盖了道路交通安全管理体系的各个方面，包括政策制定、规划和目标设定、组织架构和责任、资源管理、风险评估和控制、教育和培训、绩效评估和改进等，其利益相关方包括政府机构、道路管理者、交通运营商、驾驶员、乘客以及其他道路使用者。ISO/TC 241 通过提供指导和参考，帮助各国和组织建立和改进道路交通安全管理体系，以实现更安全、更高效的道路交通系统。

5. 道路车辆技术委员会（ISO/TC 22）标准体系

道路车辆技术委员会（ISO/TC 22）是国际标准化组织 ISO 中专门从事道路车辆国际标准化工作的技术机构，主要负责在 1968 年维也纳公约中所规定的道路车辆（包括挂车、摩托车、机动车、汽车列车、铰接车辆）及其装备的兼容性、互换性、安全性以及术语和性能评价试验规程（包括仪器的特性）的标准化工作。目前，参与发表 ISO 标准 993 个，直接负责标准 22 个，包括乘用车、摩托车以及拖拉机等农用车等相关规范标准，见图 14-3。

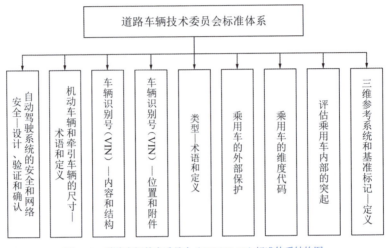

图 14-3　道路车辆技术委员会（ISO/TC 22）标准体系结构图

6. 国际自动机工程师学会（SAE International）标准体系

SAE 是一个技术性学会，是由航空航天、汽车和商用车辆行业的工程师和相关技术专家组成，其核心竞争力是终身学习和自愿开发一致性标准，研究对象是轿车、载重车及工程车、飞机、发动机、材料及制造等。

（二）国内自动驾驶相关标准体系

1. 国家车联网产业标准体系

为了加强顶层设计，全面推动车联网产业技术研发和标准制定，推动整个产业的健康可持续发展，工业和信息化部、国家标准化管理委员会联合组织制定《国家车联网产业标准体系建设指南》（以下简称《建设指南》）。《建设指南》充分发挥标准在车联网产业生态环境构建中的顶层设计和基础引领作用，按照不同行业属性划分为智能网联汽车标准体系、信息通信标准体系、智能交通相关标准体系、车辆智能管理标准体系、电子产品与服务标准体系等若干部分，为打造创新驱动、开放协同的车联网产业提供支撑，见图14-4。

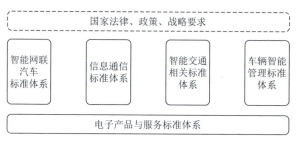

图14-4　车联网产业标准体系建设结构图

2. 全国汽车标准化技术委员会（SAC/TC 114）标准体系

全国汽车标准化技术委员会（SAC/TC 114）负责我国汽车、摩托车等道路机动车辆标准的归口管理工作，是我国政府进行汽车行业管理的重要技术支撑机构。汽标委下设智能网联汽车分技术委（SAC/TC 114/SC34）等29个分技术委员会，是分委会和委员数量最多的全国专业标准化技术委员会。智能网联汽车分技术委负责汽车驾驶环境感知、驾驶辅助、自动驾驶以及与汽车驾驶直接相关的车载信息服务专业领域标准化工作，由工业和信息化部进行日常管理和业务指导，见图14-5。

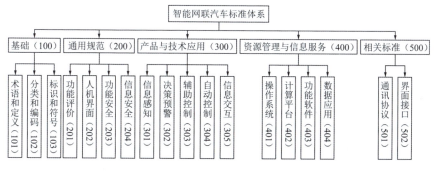

图14-5　全国汽车标准化技术委员会（SAC/TC 114）标准体系结构图

3. 全国智能运输系统标准化技术委员会（SCA/TC 268）标准体系

全国智能运输系统标准化技术委员会（SCA/TC 268），对口国际标准化组织智能运输系统技术委员会（ISO/TC 204），从事全国性智能运输系统标准化的技术工作组织，负责智能运输系统领域的标准化技术归口工作。负责地面交通和运输领域的先进交通管理系统、先进交通信息服务系统、先进公共运输系统、电子收费与支付系统、货运车辆和车队管理系统、智能公路及先进的车辆控制系统、双向和多模式的交通短程通信和信息交换，以及交通基础设施管理信息系统中的技术和设备标准化。在服务标准中设置了智能驾驶与车路协同类标准，见图14-6。

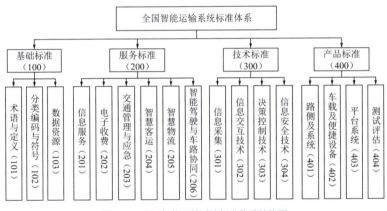

图14-6 全国智能运输系统标准体系结构图

二、国内外自动驾驶相关标准建设情况

目前，国内已开始逐步由单车智能自动驾驶转向车路协同自动驾驶，重视车路协同自动驾驶系统建设，在自动驾驶的路侧、车载相关方面逐步出台一些建设标准，但关于车路协同自动驾驶系统的行业标准及规范较少。欧洲以及美国、日本等国家出台的自动驾驶相关标准规范，主要集中于自动驾驶的部分硬件及实际行驶安全，对自动驾驶的车辆、路侧及系统的标准规范也有制定。

（一）国外自动驾驶标准建设现状

1. 国际标准

国际标准组织积极推进自动驾驶相关标准规范建设。国际自动机工程学会（SAE International）于 2014 年发布了国际上首个驾驶自动化分级标准 J3016《道路机动车辆驾驶自动化系统分级和相关术语定义》，并先后于 2016 年、2018 年、2021 年进行了修订，规定自动驾驶技术分为 L0 级到 L5 级 6 个等级，其中：L0 级为人工驾驶、L1 级为辅助驾驶、L2 级为部分自动驾驶、L3 级为条件自动驾驶、L4 级为高度自动驾驶、L5 级为完全自动驾驶，明确了不同级别自动驾驶技术之间的差异性。

智能运输系统（ITS）技术委员会（ISO/TC 204）于 2022 年，发布了《智能交通系统—低速自动驾驶系统（LSADS）服务—第 1 部分：角色和功能模型》（ISO/TS 5255—1: 2022）的技术标准，主要定义了引入低速自动驾驶系统（LSADS）服务（包括支持城乡移动的基础设施）的服务应用的基本作用和功能模型的要求；2023 年，发布了《智能交通系统—低速自动驾驶系统（LSADS）服务—第 2 部分：差距分析》（ISO/TR 5255—2: 2023）标准，检查和分析了低速自动驾驶服务（LSADS）的安全环境，补充描述了 ISO/TS 5255—1 中描述的功能模型的安全角色和 LSADS 的安全点，并描述 LSADS 服务应用程序的功能模型的角色。

城市和社区可持续发展技术委员会（ISO/TC 268/SC 2）于 2022 年发布了《智能社区基础设施—公共道路上自动驾驶汽车的智能交通》（ISO 37181: 2022），主要描述了自动驾驶汽车在公共道路上实现智能交通的概念和目标。

道路车辆技术委员会（ISO/TC 22）于 2020 年发布了《道路车辆—自动驾驶系统的安全和网络安全—设计、验证和确认》（ISO/TR 4804: 2020），旨在补充有关安全各个方面的现有标准和出版物，对建议、指南和方法进行了更具技术性的概述，以实现积极的风险平衡并避免不合理的风险和与网络安全相关的威胁，强调设计安全的重要性，最终提出了一个拟议的框架和指南，重点关注自动驾驶系统在开发、验证、确认、生产和运行过程中的安全和网络安全，适用于汽车和移动领域的所有利益相关者。

2022 年 10 月，由中国牵头制定的首个自动驾驶测试场景领域国际标准《道路车辆自动驾驶系统测试场景词汇》（ISO 34501）发布，主要规范了自动驾驶系统、动态驾驶任务、设计运行范围及条件等概念，明确了场景、动静态环境和实体要素之间的关系，并形成了包括功能场景、抽象场景、逻辑场景和具体场景在内的场景层次描述规则。

2. 国外典型国家标准

欧美等国家也积极推动自动驾驶标准制定，指导和规范自动驾驶发展。如：英国标准学会发布了《自动驾驶系统的操作设计领域分类法规范》（PAS 1883—2020），规定了最低层次分类法的要求，该标准旨在保障自动驾驶系统安全运行。联邦技术监管和计量局发布了《道路车辆自动驾驶系统分类和定义》（GOST R 58823—2020），规定了机动车交通控制自动化系统的分类，并划分等级。

（二）国内自动驾驶标准建设现状

1. 国家标准

截至目前，我国已在智能网联汽车方法论、自动驾驶车场地实验方法、车联网控制器局域网、车辆诊断通信以及车辆辅助驾驶等方面，完成了40余项国家标准立项、发布及成果应用。其中，对自动驾驶层面的数据记录、通用技术、设计运行条件以及功能测试等方面的标准规范正处于起草阶段。

2018年5月，交通运输部发布了《自动驾驶封闭测试场地建设技术指南（暂行）》（交办科技〔2018〕59号），旨在规范和指导各地各单位进行自动驾驶封闭场地建设，以更好地服务封闭场地测试工作和促进自动驾驶技术的发展。同年8月，全国汽车标准化技术委员会智能网联汽车分技术委员会、中国智能网联汽车产业创新联盟联合发布了《智能网联汽车自动驾驶功能测试规程（试行）》，明确了智能网联汽车自动驾驶功能检测项目的测试场景、测试方法以及通过标准。

2021年7月，工业和信息化部、公安部、交通运输部联合发布《智能网联汽车道路测试与示范应用管理规范（试行）》（工信部联通装〔2021〕97号），从道路测试与示范应用主体、驾驶人及车辆，道路测试申请，示范应用申请，道路测试与示范应用管理，交通违法与事故处理等方面作出规定，规范和指导智能网联汽车道路测试与示范应用。

2021年8月，《汽车驾驶自动化分级》（GB/T 40429—2021）发布，该标准基于驾驶自动化系统能够执行动态驾驶任务的程度，根据在执行动态驾驶任务中的角色分配以及有无设计运行条件限制，将驾驶自动化分成0至5级，在高级别的自动驾驶中，驾驶员的角色向乘客转变。

近年来，国家标准化管理委员会发布了《道路车辆先进驾驶辅助系统（ADAS）术语及定义》，并启动了多个标准的制定进程，其中包括《智能网联汽车术语和定义》《道路车辆预期功能安全》《道路车辆功能安全审核及评估方法》以及《智能网联汽车自动驾驶系统数据记录系统》等。同时，全国汽车标准化技术委员会也参与了标准的制定，并发布了《智能网联汽车自动驾驶功能场地试验方法及要求》《道路车辆网联车辆方法论 第1部分：通用信息》《道路车辆网联车辆方法论 第2部分：设计导则》等多个标准，这些标准将于2023年5月1日开始实施。

2. 行业标准

车路协同自动驾驶相关的行业标准主要工业和信息化部、交通运输部、公安部以及各标准技术委员会等部起草制定，目前共发布了30余项车路协同自动驾驶相关的行业标准，主要集中在与自动驾驶相关的信息通信类、智能交通相关、网络与数据安全等几个方面。工业和信息化部发布了"基于LTE的车联网无线通信技术"的系列标准，包括基站设备、终端设备、交换设备、管理系统等方面技术要求、测试方法等部分，充分发挥LTE的技术优势，满足车联网高速移动通信的技术需求，提升车联网通信领域的关键技术水平；发布了"车联网信息服务"系列标准，包括用户个人信息包含、数据安全、平台安全防护等部分。

3. 地方标准

我国部分省份、城市根据地方自动驾驶实际情况，积极推动相关地方标准制修订工作，支撑各地自动驾驶产业发展。浙江省制定了《智能网联汽车道路基础地理数据规范》（DB33/T 2391—2021），成为首个国内自动驾驶领域的地理数据省级标准。北京市发布了《自动驾驶地图特征定位数据技术规范》（DB11/T 1880—2021）、《自动驾驶地图数据规范》（DB11/T 2041—2022）、《自动驾驶车辆封闭试验场地技术要求》（DB11/T 2050—2022）等标准，以构筑自动驾驶车辆上路运行第一道安全防线为导向，对场地要素、配套设施、测试车型、测试能力进行规范，并对地图数据进行规范，服务高级别自动驾驶示范区建设。上海发布了《自动驾驶开放测试道路环境分级规范》（DB31/T 1264—2020），重庆市发布了《智能网联汽车道路测试远程监控系统技术规范》（DB50/T 1290—2022），湖南发布了《智能网联汽车云控平台运营服务规范》（DB43/T 2291—2022）、《智能网联汽车自动驾驶功能测试规程　第1部分：公交车》（DB43/T 2292.1—2022），无锡市制定了《智能网联道路基础设施建设指南　第1部分：总则》（DB3202/T 1034.1—2022），结合本地实际，对道路测试、远程监控、云控平台等方面进行了规范。

4. 团体标准

中国汽车工程学会、中国公路学会、中国智能交通产业联盟、中关村中交国通智能交通产业联盟、各省汽车行业协会和智能交通协会等社团组织较为快速地发布车路协同自动驾驶系列团体标准，主要涉及自动驾驶车辆功能、车辆测试、测试场设计、信息安全等方面，同时在城市客运领域也发布相关标准，为国家标准和行业标准的制定奠定了一定基础。中国汽车工程学会发布《智能网联汽车车载端信息安全技术要求》（T/CSAE 101—2018），规定了智能网联汽车车载端信息安全技术要求，包括硬件安全、操作系统安全、应用安全、对外通信安全、对内通信安全，以及数据安全这六个部分的具体定位；发布《智能网联汽车测试场设计技术要求》（T/CSAE 125—2020），主要内容包括总体要求、基础测试道路技术要求、一般测试道路技术要求、道路网联环境要求和配套服务设施要求五大部分。

三、城市客运自动驾驶相关标准介绍

近年来，为鼓励、支持和规范城市客运自动驾驶的研发和应用，多项标准与规范相继发布,指明了自动驾驶出租和公交的发展方向,或初步明确了自动驾驶出租和公交的技术要求,对促进自动驾驶出租和公交的规模化应用具有重要作用。尽管团体标准不具备强制性,但依然能够为前沿领域(自动驾驶和智能交通)的技术研发提供重要的指导。

(一)自动驾驶出租汽车相关标准规范

中国智能交通产业联盟制定了与自动出租汽车运营相关的团体标准,构成国内自动驾驶出行服务示范运营管理标准体系雏形。

1.《自动驾驶测试安全员专业技能要求》

《自动驾驶测试安全员专业技能要求》(T/ITS 0132—2020)旨在规范自动驾驶测试安全员的专业技能要求,针对测试安全员所应具备的职业资格、专业技能、培训和考核等要求作出规定,用于对安全员的甄选、培训和考核。主要内容包括:

(1)规定了自动驾驶测试安全员的基本职责和能力,包括负责测试现场的安全管理、制定测试计划、协调测试工作等,并要求安全员应具备良好的团队合作能力、较强的沟通能力和协调能力等。

(2)规定了自动驾驶测试安全员的具体职责和能力,包括测试现场的安全保障、测试数据的采集和分析、异常情况的处理等,并要求安全员应具备较强的技术能力,能够熟练操作测试设备和工具、对测试数据进行分析和处理等。

(3)规定了自动驾驶测试安全员的考核和认证标准,包括培训考核、实操考核等,要求安全员在经过一定的培训和实操考核后,才能取得相应的认证资格。

该标准对自动驾驶测试安全员职业素质和技能要求进行了系统化和规范化的制定,促进自动驾驶测试的安全性可靠性提升,将为测试企业与政府监管机构提供参考依据,进一步推动自动驾驶技术的发展和应用。

2.《自动驾驶出租汽车 第1部分:车辆运营技术要求》

《自动驾驶出租汽车 第 1 部分:车辆运营技术要求》(T/ITS 0137.1—

2020）在出租汽车行业运营经验的基础上，充分结合自动驾驶行业的发展情况，规范自动驾驶出租汽车的车辆运营技术要求：

（1）规定了自动驾驶出租汽车在行驶性能、安全性能、电子与电气系统、通信系统等方面的技术指标要求，其中，行驶性能包括车速、加速度、制动距离等指标；安全性能包括防碰撞、车道保持、紧急制动等指标；电子与电气系统包括传感器、控制器、通信系统等方面的指标要求。

（2）规定了自动驾驶出租汽车的运营管理流程、信息管理、客户关系管理、安全管理等方面的要求，其中，客户关系管理包括乘客服务、投诉处理等要求；安全管理包括车辆安全、数据安全等要求。

（3）规定了自动驾驶出租汽车的测试评价流程、测试标准、测试环节等方面的要求，其中，测试标准包括车辆性能测试、安全性能测试、可靠性测试等要求。

该标准规范了自动驾驶出租汽车的技术和运营，为自动驾驶车辆安全上路设定了重要的门槛要求，为自动驾驶出租汽车行业提供了标准化指导和技术支持框架，也有助于为乘客提供更加安全、便捷的出行服务。

3.《自动驾驶出租汽车　第 2 部分：自动驾驶功能测试方法及要求》

《自动驾驶出租汽车　第 2 部分：自动驾驶功能测试方法及要求》（T/ITS 0137.2—2020）对自动驾驶功能测试提出了多项明确要求：

（1）规定了测试方法的基本原则和要求，包括测试准备、测试环境、测试车辆、测试流程、测试数据等方面的要求。

（2）规定了自动驾驶功能测试的内容，包括车道保持、交通信号识别、车辆控制、避障、路况识别等方面的测试要求。

（3）规定了测试指标和评价方法，包括测试指标的定义、测试方法和评价方法等方面的要求。

（4）规定了测试报告的要求，包括测试报告的组成、内容、格式等方面的要求。

该标准不仅规范了自动驾驶功能测试方法和要求，还为行业提供了标准化的指导体系，有助于提高自动驾驶出租汽车的开发、测试和应用水平。此外，该标准也适用于自动驾驶客车、货车、特种车辆等领域的自动驾驶功能测试。

4.《自动驾驶出租汽车运营规范与安全管理要求》

《自动驾驶出租汽车运营规范与安全管理要求》（T/ITS 0154—2021）针对企业管理方面对车辆运营的安全要求做出以下规定：

（1）规定了自动驾驶出租汽车运营的基本原则和要求，包括车辆安全、乘客安全、信息安全、交通管理等方面的要求。

（2）规定了自动驾驶出租汽车运营服务的要求，包括车辆维护、乘客服务、投诉处理、运营数据管理等方面的要求。

（3）规定了自动驾驶出租汽车安全管理的要求，包括安全管理制度、安全风险评估和整改、紧急处理机制等方面的要求。

（4）规定了自动驾驶出租汽车运营的可追溯性和信息披露要求，包括车辆数据存储和共享、隐私保护、信息披露等方面的要求。

此标准规范了自动驾驶出租汽车的运营规范和安全管理要求，有助于提高自动驾驶出租汽车的运营水平和服务质量，进一步推动我国智慧出行领域的发展。

（二）自动驾驶公交车相关标准规范

为提高自动驾驶公交车的安全性和可靠性，中国智能交通产业联盟制定"自动驾驶公交车"系列团体标准，包括《自动驾驶公交车　第1部分：车辆运营技术要求》（T/ITS 0182.1—2021）和《自动驾驶公交车　第2部分：自动驾驶能力测试方法与要求》（T/ITS 0182.2—2021）两部分。

1.《自动驾驶公交车　第1部分：车辆运营技术要求》

该标准对自动驾驶公交车的运营技术做出以下要求：

（1）规定了自动驾驶公交车的车身尺寸、最大载客量、最高时速等基本要求，以确保车辆能够满足公共交通的需求。

（2）要求自动驾驶系统应具备车道保持、跟车、变道、超车等基本功能，同时还应具备紧急制动、避让障碍物等安全保障功能，以确保车辆行驶安全。

（3）要求自动驾驶公交车应配备车载通信设备，能够与交通管理中心、乘客终端等进行信息交互，以提高车辆的运营效率和服务质量。

（4）要求自动驾驶公交车应配备乘客信息显示屏、语音提示系统等服务设施，以提高乘客服务水平和用户体验。

（5）要求自动驾驶公交车应配备车辆监控设备，能够对车速、路况、乘客流量等进行实时监测，以实现对车辆运营的有效管理。

该标准有助于规范自动驾驶公交车的运营标准，提高车辆的安全性、服务水平和运营效率，推动智慧城市建设和公共交通行业的发展。同时，还可为自动驾驶公交车的技术提升和应用推广提供技术支持和参考。

2.《自动驾驶公交车　第2部分：自动驾驶能力测试方法与要求》

该标准规定了自动驾驶公交车的自动驾驶能力要求、自动驾驶功能的封闭场地和道路试验方法与通过要求，适用于具备高度自动驾驶及完全自动驾驶能力且能够提供载客运营服务的小型、中型、大型公共汽车。

（1）适用于自动驾驶公交车的能力测试、测试数据采集和处理等方面。其中，测试方法包括公路试验和模拟试验两种。公路试验主要通过在实际道路条件下进行各种测试来评估自动驾驶公交车的性能和安全性。模拟试验则是通过计算机模拟各种复杂的交通情况来评估自动驾驶公交车的应对能力。

（2）规定了测试中必须满足的要求。例如，在公路试验中，自动驾驶公交车必须具备实时监测和处理车辆周围环境的能力，能够准确判断障碍物的距离和速度等信息，并做出相应的决策。在模拟试验中，测试必须包括各种复杂的交通情况，例如突然出现的障碍物、交通堵塞、车辆违规行驶等。

（3）规定了测试数据的采集和处理要求。测试数据的采集必须全面、准确、实时，包括车辆的传感器数据、控制指令和位置数据等。测试数据的处理则需要采用专业的算法和技术，以确保数据的可靠性和准确性。

该标准为推广自动驾驶公交车的应用提供技术支持，对于促进自动驾驶公交车技术的发展，提高其安全性和可靠性具有重要的意义。

四、总结

自动驾驶作为汽车、电子、信息通信、道路交通运输等行业深度融合的新型产业形态，必将成为"新基建"和"交通强国"时代的技术制高点。自动驾驶标准规范的建设也将为构建自动驾驶产业生态体系提供保障，从而助力自动驾驶技术在重点领域的落地应用，并为智能交通和经济社会发展提供有力支撑。目前，我国城市客运自动驾驶标准规范建设仍处于初期探索阶段。尽管在车辆、安全员、自动驾驶功能测试和运营技术要求等方面已制定了相应的标准，但都为团体标准，且与行业运营需求结合不紧密，尚未结合实际运营开展城市客运自动驾驶标准规范体系研究。未来发展中应补齐短板，进一步完善城市客运自动驾驶标准规范体系，以形成覆盖不同等级城市客运自动驾驶运营场景且符合中国社会发展需要的标准规范生态。

第四篇

应用示范

15

郑州市东三环 L3 级自动驾驶快速公交应用示范

魏保祥❶ 樊 静❷

随着社会经济的持续快速发展和机动车保有量的迅猛增长，郑州市城市交通供需矛盾日益尖锐，交通问题已经成为城市发展中一个不容回避的现实问题和迫切需要解决的问题。加快城市公共交通的建设与发展，引导城市交通出行向集约化的公共交通转移，是城市交通发展所面临的迫切任务。

近年来，国家层面和省层面出台了多项政策，支持公交优先发展，构建以公共交通为主体的城市综合交通体系，引导居民出行向公共交通＋慢行交通的绿色交通方式转移，缓解城市交通拥堵。快速公交（BRT）作为城市公共交通系统的有机组成部分，具有容量大、服务标准高、投资成本低、见效快等特点。智联网联汽车是搭载先进的车载传感器、控制器、执行器等装置，并融合现代通信与网络技术，实现车与 X（人、车、路、云端等）智能信息交换、共享，具备复杂环境感知、智能决策、协同控制等功能，可实现"安全、高效、舒适、节能"行驶，并最终实现替代人来操作的新一代汽车。将智联网联汽车与快速公交相结合，在郑州市建设自动驾驶快速公交，是解决目前道路安全、交通拥堵、能源短缺与环境污染等问题的重要举措，也是郑

---

❶ 魏保祥，郑州市公共交通集团有限公司，科技信息部部长。

❷ 樊静，郑州市公共交通集团有限公司，科技信息部业务主管。

州市乃至河南省构建智慧交通的重要举措。2022年8月，郑州快速公交自动驾驶先导应用试点被纳入交通运输部第一批"智能交通先导应用试点项目"。

一、项目概述

项目位于郑州市三环快速路，自北三环经东三环至南三环总长约24.5公里，构建"车-路-云-场-站"一体化协同控制的智能化自动驾驶快速公交线路，如图15-1所示。

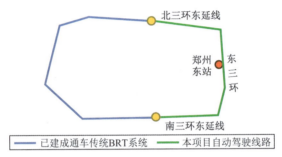

图15-1　项目线路情况

郑州市东三环自动驾驶BRT线路示范段北起北三环与中州大道交汇处，沿北三环东延线-东三环-南三环东延线，止于南三环与文兴路交会处，线路途经郑州东站，接驳地铁1、4、5号线及B3、B5等BRT线路，形成1主8支线路布局，线路全部布设快速公交专用道，投放40辆L3级具备有条件自动驾驶功能的纯电动公交车，同时设置33个智能化站台（其中岛式站台15个、侧式站台18个）、1套车路协同信号优先系统、1套车路协同盲区监测系统、1套智能网联云控平台、3套自动充电系统以及1个智能场站及道路工程、站台工程、设备工程、交通工程等相关配套工程。项目按照快速公交模式开展示范应用，试点服务对象主要为市民、来往汽车客运站及高铁枢纽的乘客、沿线企业员工等，运行时段为6:00—20:00，运行频次为高峰时段5分钟，平峰时段8分钟。

项目建成后，可实现公交车自动驾驶技术、场站内自动充电及泊车、信息安全防护等关键技术，实现线路平均运营车速提升、减少交通事故、提高运营效率、提升智能化水平的目标，为郑州市民、来往汽车客运站与高铁枢纽乘客及沿线企业员工提供高品质的出行服务，支撑河南省数字交通规划落地和智能网联产业发展。同时，围绕自动驾驶 BRT 运行场景，拟形成标准规范或技术指南不少于 3 项。

二、关键技术

（一）技术路线

项目主要基于"车-路-云-站-场"数据交互，围绕自动驾驶公交车、车路协同系统、云控平台、数字化站台、自动充电系统、智能场站等方面实施，构建融合 5G、北斗、自动驾驶等技术的 BRT 自动驾驶公交系统，开展示范应用，并形成相关的技术标准和管理规范。项目将开发具备超级巡航、精确进站、自动泊车、自动充电等功能的 L3 级自动驾驶纯电动公交车；建成车路协同系统，实现信号优先、盲区监测预警等功能，提升车辆运营安全和效率。同时，项目将构建智能网联云控平台，建立智能网联信息安全防护体系，实现自动驾驶公交车辆、路侧设施、交通要素等数据融合应用和网络安全保障，通过开发大功率自动充电系统，利用融合自动驾驶技术，实现场站内自动泊车、自动充电、智能调度全流程自动化作业。系统架构如图 15-2 所示。

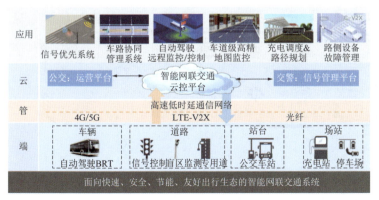

图 15-2 系统架构

（二）关键产品研发选型

1. 自动驾驶公交车辆

选用具备超级巡航、精确进站、交叉口通行辅助、自动泊车、自动充电等功能的 L3 级自动驾驶纯电动公交车，车辆选型如图 15-3 所示。车辆依托北斗卫星导航系统高精度定位及精准授时等有关技术，可按照既定路线自主行驶至目的地。北斗卫星导航系统所提供的高精度位置服务，结合惯导等技术，为自动驾驶车辆提供位置与姿态等感知信息，保障导航信息的高精度与可靠性，进而实现对自动驾驶 BRT 车辆的智能操控及场站内自动泊车。人机交互方面，车内通过 AR 智能交互显示屏融合高精地图实时显示车辆运行状态，通过数字孪生智能交互显示屏同步显示自动驾驶车辆激光雷达、摄像头等感知状态，提升驾驶安全性和驾乘体验。

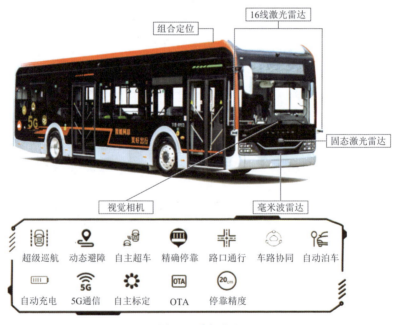

图 15-3 车辆选型

2. 大功率自动充电系统

项目研发的自动充电接口与功率单元集成设计的一体化大功率自动充电

系统装置，最大充电功率 360 千瓦，充电 30 分钟即可满足一天的运营需求，有效提高充电系统的使用效率。该系统具备自动感知、精准识别定位功能，充电弓与授电排自动对接，结合车辆自动泊车功能，可有效提高场站内充电设施的服务能力，如图 15-4 所示。

图 15-4　自动充电系统

3. 云控平台

基于车联网、物联网、大数据、云计算、高精地图等技术，开发一体化协同控制的智能网联云控平台，将实现对东三环交通全要素监控、全局优化和协同控制。参考行业标准规范以及信息安全防护技术要求，云控平台采用分层设计，实现云控平台的各项功能架构。该云控平台共包括十大子系统：自动驾驶快速公交全域全要素实时监控子系统、三维高精度地图子系统、车路协同设备管理子系统、路侧智能设备运营管理子系统、自动充电调度子系统、车路协同信号优先子系统、自动驾驶车辆速度规划及监控子系统、自动驾驶车辆远程控制子系统、自动驾驶运营分析子系统、实时混合调度子系统，如图 15-5 所示。

图 15-5　云控平台

4. 智能调度系统

该系统利用北斗/GPS卫星导航定位技术、无线通信传输技术、GIS技术以及计算机通信技术，通过实时采集公交运营车辆的位置和状态等信息，结合公交车辆运营计划的自动编排与执行，实现车辆运行状态的实时可视监控和运营线路车辆的实时调度指挥。同时，运用车点分离的业务机制，搭建行业领先的客流排班系统，通过客流调查器实时采集客流数据，利用客流和车辆运行大数据推进公交排班的科学化、集约化，使行车准点率、车辆周转效率大幅提升，推动公交运载力投放更加合理。

（三）相关基础设施建设

1. 车路协同盲区监测系统

针对道路交叉路口人车混行严重、交通环境复杂、视野遮挡等问题造成事故频发的现状，依托本项目设计一种在道路交叉口的基于机器视觉的路侧盲区监测系统，该系统包含激光雷达、工控机等设备的安装调试及配套土建施工。如图15-6所示。

盲区预警实际应用场景

车端盲区预警信息显示

路端设备

图15-6 车路协同盲区监测系统

2. 车路协同信号优先系统

车路协同信号优先系统采用支持公交优先功能的信号机，同时在各路口配备地磁检测器，支持各个进口方向交通数据的检测。采用车路信息动态交互的方式，即车载OBU通过短程通信方式直接把数据传输至RSU，RSU接收信息后转发至信号机,最终实现 BRT 车辆优先通行。车路协同信号优先系统包含信号机安装调试、RSU 设备安装调试及配套土建施工。北三环路段车牌识别系统的安装调试如图 15-7 所示。

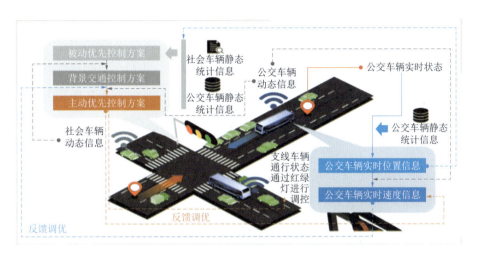

图 15-7　车路协同信号优先系统

3. 智能场站

智能场站,即在公交停车场站内建设自动驾驶公交车辆充电配套大功率自动充电装置,以及充电桩、充电弓、视频监控、智能充电调度等配套设备设施,实现场站内自动驾驶、自动泊车、自动充电、智能调度等应用场景,为场站内车辆安全高效运营提供保障,如图 15-8 所示。

图 15-8　智能场站

4. 数字化站台

在线路途经的每一个站点，建立一体化智能数字化站台，可为乘客提供全方位的高端智能化服务，使其享受良好的候车体验。其中，自动站台门设置在车站边缘，关闭时将乘客与车行道隔离，开启时与车行道相通，保证乘客候车安全及乘车快捷；自动售检票系统，集投币、刷卡、扫码为一体，方便乘客快速进出站，实时自动统计进出站客流情况，为后台智能分析提供精准数据；站台乘客信息服务系统由电子站牌、导乘屏、LED 吊装屏、出入口提示屏等部分组成，通过大数据为乘客提供线路查询、候车时间、换乘信息、车内舒适度等出行信息。此外，数字化站台还能够为乘客提供绿城通卡充值服务，提供免费无线互联网接入和手机充电服务，使乘客享受全方位的数字化便捷服务，数字化站台如图 15-9 所示。

图 15-9　数字化站台

三、应用示范效果

项目建设前，自动驾驶系统已经在郑东新区金融岛自动驾驶 1 号线（支线 B606 路）上测试运行，线路全长约 17.4 公里，线路走向为"北三环-龙湖内环路-龙源十三街-龙湖中环路-龙翼七街-龙湖内环路-北三环"，沿线经如意西路串联金融岛中环路，沿线途经主次干道，投放 12 辆自动驾驶公交车，共设置中途站 34 座及 1 座综合停车场，如图 15-10 所示。

图 15-10　郑东新区金融岛自动驾驶 1 号线

该线路基于 5G + 自动驾驶技术,实现了"人-车-路-网-云"一体化协同控制,成为首条商业化应用自动驾驶公交线,为市民提供高效、便捷、准时、舒适的出行服务。系统由"聪明的车、智慧的路、无人场站、自动充电系统、智能站台、云控中心"六部分构成,实现了自动驾驶、自动泊车、自动充电、精确进站、车路协同信号优先、盲区监测、车辆到站时刻精准预估等功能。通过自动驾驶、车路协同信号优先、自动充电、乘客约车服务等新技术和新功能,树立了业内智能网联公交新标杆,为先导应用试点项目提供了经验。目前,郑州市东三环 L3 级自动驾驶快速公交示范工程目前正在有序建设中。

(一)预期实现的综合效益

项目建成后,将提升郑州市公交智能化水平,提高运营效率和服务水平,推动服务模式升级,同时形成 L3 级智能网联 BRT 快速公交系统从产品研发、测试验证到示范应用整个链条的技术体系,带动相关产业链发展,促进自动驾驶和交通信息化产业进步,支撑河南省数字交通建设,具有显著的经济效益、社会效益。

1. 减少公交运营成本

本项目采用快速公交系统后,在维持交通运载力不变的情况下,由于运行速度的提升,车辆周转时间减少,可以适当减少配车数量;同时,采用集智能调度、自动驾驶、自主泊车、自动充电、一键发车等功能于一体的无人作业智能公交场站后，可实现场站夜间作业无人值守、可视化管理，提高场站管理效率和充电安全，减少人力投入。根据相关调查，快速公交运行速度可达到 20 公里/时，一般公交运行速度为 13～15 公里/时，据此测算每年可减少公交线路运营成本约 160 万元。

2. 有助于降低居民出行耗时

本项目的实施，扩大了郑州市 BRT 系统的服务范围，有助于缓解郑东新区和经开区的公交覆盖率低的问题。同时，采用自动驾驶、车路协同、智能调度技术，将有效提升该线路公交车辆平均运行速度，减少交叉口等待时间，降低乘客出行时间。

3. 带动产业链发展

东三环 L3 级自动驾驶快速公交项目投资 3 亿元，可带动自动驾驶、车路协同、5G、人工智能、大数据、新能源充电相关零部件、智能交通新基建等产业发展，形成产业生态集群，抢占产业制高点，未来十年预计将带动相关产业产值 1500 亿元。

4. 节能减排，减少污染和保护环境

与小汽车相比，快速公交车辆能够承载更多的乘客，人均占用道路面积资源更小，且本项目采用自动驾驶纯电动公交车辆，不产生尾气排放，符合资源节约型、环境友好型社会的发展需要。同时，建设 C-V2X 车路协同信号优先系统、盲区监测系统，可实现"车-路-云"一体化协同控制，有助于提升车辆路口通行效率，缓解城市交通拥堵等问题，从而减少社会车辆尾气排放。

（二）先导示范效益

本项目中，在郑州市北三环东延线-东三环-南三环东延线 24.5 公里长的公交线路上，投入 40 辆自动驾驶 BRT 车辆，沿途设置 24 个站点，示范运营预计运行时长 4 个月，累计运行里程 16 万公里，服务 2 万人次；支撑形成《智能网联 BRT 系统运营服务评价指标体系》，支撑制定《自动驾驶公交客车通用技术标准》《智慧化公交场站建设规范》等自动驾驶公交技术标准及《智能网联 BRT 系统运营管理制度》等智能公交运营制度。

四、经验体会

L3 级自动驾驶快速公交与普通公交相比具有独特优势，主要体现在以下四个方面：

（1）智能化程度高：L3 级自动驾驶公交车，实现人机共驾，可实现车辆有条件地自动驾驶，在场站内能实现自动泊车、自动充电、智能调度。

（2）网联化程度高；聪明的车和智慧的路相结合，实现了信息低时延交互，车辆终端能实时获取路端的交通信号灯信息及盲区信息等，车辆能够高效安全通行，平均车速比其他车辆提升 30%以上。

（3）场站内实现大功率自动充电，充电装置最大功率可达 360 千瓦，单车 1 小时即可完成充电和车辆自动泊车归位。普通车辆需进行人工插枪充电，功率仅为 150 千瓦，充电时间长且需要人工值守，劳动强度大。

（4）由于采用了车路协同及车端设备实现了车辆周围 360 度无盲区，L3 驾驶系统可以进行车速的实时规划，避免了车辆急制动与提速带来的不适感，同时远端可提前进行空调预热和预冷，提升乘客出行的舒适度。

综上，L3 级自动驾驶快速公交项目建成并投入运营后，将对郑州市民和郑州的发展有极大助益。该项目建成并投入运营后，不仅可以进一步扩大了郑州市 BRT 系统的服务范围，缓解郑东新区和经开区公交覆盖率低的问题，为沿线居民出行提供安全、方便、快捷、舒适的公交服务。还将对展示郑州城市科技形象，助力城市高质量发展将起到积极的引领和推进作用。该快速公交项目的建设，也是对郑州市快速公交骨干网络体系的进一步完善，将原由北三环、西三环、南三环、中州大道构成的三环 BRT 廊道向东扩展为真正意义上的三环 BRT 廊道。

16 广州自动驾驶巴士，打造自动驾驶出行服务典型应用示范

常振廷[1]　周志恒[2]

依托广州汽车制造与出行服务产业底蕴，广州市公共交通集团有限公司（以下简称"广州公交集团"）主动谋划，积极推进自动驾驶巴士出行服务典型场景应用示范工作。广州自动驾驶巴士的应用落地是全球首例自动驾驶解决方案的规模化商用落地，在产业圈、行业内具有标志性意义。

一、项目背景

当下，交通运输行业驾驶员劳动强度大、收入偏低的矛盾逐渐凸显，驾驶员老龄化以及年轻人从事驾驶员职业意愿降低，劳动力供需矛盾突出。企业生产经营活动中，驾驶员人工成本占总成本已超过60%，且由人为因素引发的交通事故占比达到90%以上，以上这些行业的痛点问题，亟待自动驾驶汽车技术的突破来解决。

自动驾驶正处在从研发测试到应用的关键节点，朝着构建无人驾驶商业化闭环方向稳步发展。自动驾驶的规模化落地将重塑新公共出行与新个性出

---

[1] 常振廷，广州市公共交通集团有限公司，科技信息部高级经理。
[2] 周志恒，广州巴士集团有限公司，数据中心主任。

行、创造新商业生态、提升新交通运行效率，促进形成城市交通新形态。随着自动驾驶解决方案在特定场景下的逐步商用，交通运输行业应用自动驾驶技术实现行业转型升级的新生产组织模式呼之欲出，即"运驾分离"的生产组织模式。出行服务企业由购买汽车车辆转变为购买汽车车辆及自动驾驶解决方案，车辆由驾驶员驾驶转化为自动驾驶；营运调度由调度员、驾驶员相互配合实现转化为自动驾驶车辆的自动化运营；运营管理活动由管理驾驶员转化为管理自动驾驶车辆。

在此背景下，如何适应新的发展趋势，应用自动驾驶巴士打造出行服务场景，探索自动驾驶车辆的应用模式与路径，管理和运营好自动驾驶车辆，成为出行服务企业面临的新课题。

二、预期目标

广州公交集团会同相关技术单位，全力推进自动驾驶巴士出行服务典型场景建设，通过自动驾驶巴士线路的开通及车辆投运，摸清 AI 驾驶员秉性和使用边界，提出现时跟车安全员监视运行和未来远程安全员监控运行情况下自动驾驶车辆的行业应用运营管理模式、平台工具以及相应的制度规则，管理和驾驭好 AI 驾驶员，服务好乘客出行，推动研发试验向商业应用跨越，在自动驾驶示范应用上实现新突破，为广州智能网联汽车新产业、广州人工智能和数字经济产业提供场景和应用支撑，为广州构建完整产业生态链作贡献。

（1）完成自动驾驶巴士线路开通及全部车辆投运。加强与相关区政府、街道办沟通，落实车辆路权、经营许可等相关工作，完成自动驾驶巴士线路的开通及 50 辆自动驾驶车辆的投运。

（2）建立自动驾驶巴士运营管理规则体系。探索自动驾驶出行服务模式，找准市场定位，建立符合自动驾驶巴士的运营管理规则体系，包括营运调度、车辆维护等。

（3）制定自动驾驶巴士乘客出行服务规范。以乘客出行服务需求为导向，建立自动驾驶车辆乘客服务体系，丰富乘客满意度指标，提升自动驾驶出行服务质量。

（4）建立自动驾驶巴士安全应急保障体系。制定车辆事故、交通拥堵、乘客伤害等意外情况下的应急安全管理处置流程或操作规程，明确突发事件安全应急处置措施。

（5）建设自动驾驶巴士调度管理平台。根据自动驾驶巴士运营管理实践，（完善）建设自动驾驶巴士调度管理平台，使用平台工具管理AI驾驶员、驾驭AI驾驶员，有效地组织安全生产。

（6）引进和培养自动驾驶车辆运营管理人才。引进和培养自动驾驶车辆运营管理人才，熟悉AI驾驶员秉性和使用边界，具有驾驭自动驾驶车辆的专业能力。

三、关键技术

项目采用单车智能为主、网联赋能为辅的技术路线，建设自动驾驶自动化运营云控平台，积极申请扩大可行驶区域和道路，不断丰富道路测试环境和测试场景，通过开展自动驾驶出行服务社会实验，探索符合自动驾驶出行需求的车辆运营管理服务模式。在场景应用、系统建设、技术迭代、生态搭建和业态融合方面加强创新，全流程、全链条提升自动驾驶解决方案行业成熟度，努力达到高水平自动化驾驶能力和运营能力，促进新一代信息技术与交通运输的深度融合，加速自动驾驶产业技术成熟和商用落地。主要解决的关键技术如下：

（一）AI驾驶员的高水平自动化驾驶

通过持续运营和数据训练，建立全自动化数据采集、处理系统和分布式机器学习方法，全流程、全链条提升AI驾驶员自动化驾驶能力，尤其是城市交通管理保持道路畅通的相关场景能力和取消安全员的无人化驾驶能力，典型场景包括交警手势识别、人车路广义系统的多尺度场景理解技术、复杂交通环境下的动静态目标识别、行为预测及危险评估模型、高精度地图与导航地图相衔接的路径规划与决策控制技术、危险分级的车辆碰撞预警与风险规避驾驶行为决策等。

（二）调度平台的高水平自动化运营

探索符合自动驾驶特点的车辆运营管理服务模式，研究自动驾驶车辆的运营管理规则和技术要求，建设符合自动驾驶车辆特点的高水平自动化运营云控平台，管理和应用好 AI 驾驶员，让 AI 驾驶员服从调度管理，实现自动驾驶车辆生产组织的自动化、智能化。在技术条件成熟和法律法规允许情况下，逐步降低人车配比，减少跟车安全员、增加远程安全员，最终实现无人化运营。主要技术包括覆盖自动驾驶车辆运营全周期的自动化运营场景知识库建设，自动驾驶车辆行驶路径动态规划与柔性调度控制方法，与自动驾驶系统相适配的运营决策控制模型，自动驾驶运行过程事件、事故或异常事件回放和现场还原技术。

四、应用示范建设情况

经广州市政府审议同意，结合广州人工智能与数字经济试验区产业发展，广州公交集团已在黄埔区生物岛、海珠区琶洲数字经济区等陆续投入 50 辆自动驾驶巴士和 7 台远程驾驶舱，先后开通广州塔线、生物岛 1 线、生物岛 2 线、琶洲大环线、雍景湾便民线共 5 条自动驾驶便民线路，持续开展载客测试，积极打造自动驾驶出行服务典型场景，图 16-1 为自动驾驶巴士车辆实景图。

自动驾驶巴士选取国内领先的自动驾驶企业技术方案，使用 5.5 米的公交车辆，每辆车配备激光雷达、毫米波雷达、高清摄像头、定位设备、计算单元等自动驾驶套件，通过感知、预测、规划、决策、控制相结合的全套算法、城市级高精地图等技术，保证车辆在晴、雨、雾等各类气象条件及不同路况下安全行驶。

城市客运自动驾驶发展与应用示范报告（2022—2023）

图 16-1　自动驾驶巴士车辆

2022 年 1 月至 12 月，自动驾驶便民线路总发班次为 23245 次，累计运行里程 13.7 万公里，线上购票 8.2 万人次，已服务 3.4 万人次，责任安全事故 0 次，车辆运行符合预期目标。

五、运行安全保障措施

针对项目可能存在的系统安全、运行安全、网络安全风险，项目组共同制定了安全保障措施方案。

（一）自动驾驶系统的安全与应对措施

自动驾驶在安全冗余系统的设计上，采取四重安全冗余方案，覆盖传感器、计算单元、线控驾驶、通信网络。在安全冗余系统之外，联合车厂共同制定了系统化的车辆故障诊断和安全验证流程，通过全开放的自动驾驶运营服务持续验证，持续升级技术的稳定性与安全性。

（二）自动驾驶车辆运行的安全与应对措施

一是针对运行安全事件的三大类型，即交通事故、车内冲突、意外人伤，分别制定对应事件风险级别及响应时效，明确规范安全员相关禁止类行为，制定安全员相关紧急场景接管原则、车内冲突处置原则、交通事故处置原则，以及乘客突发疾病等应急措施，确保提供的智能网联汽车和安全员符合相关法律法规及当地管理运营相关规定，确保自动驾驶运行安全。

二是制定安全事件应急处置流程，如发生安全事件，确保安全员能够根据相关要求及时进行处置。配备支持专业应急处置人员全天候服务，能够根据事件风险程度进行线下触达，妥善处置安全事件。

三是为确保用户的出行安全，为每辆自动驾驶车辆提供不少于 1000 万元的交通事故第三者责任险，以及不少于 500 万元的承运人责任险。

（三）通信网络的安全与应对措施

网络安全风险主要涉及人、车、通信、云平台，防护对象包括车载设备、云平台、通信以及数据安全和隐私保护。

主要风险：车载设备方面与云平台通信交互，面临固件逆向破解、信息窃取、指令伪造攻击以及通信认证及消息校验伪造和篡改等风险；云平台方面面临拒绝服务攻击、SQL 注入、跨站点脚本攻击、用户认证鉴权、账户口令安全等风险；数据安全和隐私保护层面，数据在传输和存储环节存在被窃取风险，数据的过度采集和使用边界模糊存在侵犯用户隐私风险。

应对措施：面对网络安全，需建立身份认证机制，对车载设备的身份合法性进行安全认证，同时对消息来源进行认证，保证消息的合法性；通信过程中对消息进行加密、完整性验证及抗重放保护，确保消息在传输过程中不被伪造、篡改、重放；对系统的各类参与者根据参与者的身份进行确权，同时设定证书的有效期等方式，对参与者所赋予的权限进行时效管理；数据传输和存储需对用户敏感信息进行加密，通过匿名化技术对用户的真实身份标识及位置信息进行隐藏，防止用户隐私泄露。

六、未来展望

通过示范应用，技术上，自动驾驶头部企业的解决方案已经具有较高水平的自动化驾驶能力；政策上，广州、深圳、北京等主要城市也大体上建立了自动驾驶解决方案（含车辆）研发生产、销售流通和经营许可管理政策框架。当前，受制于部分关键零部件无法达到车规级导致套件安装成本较为昂贵，且安全员无法取消造成企业应用成本高，自动驾驶产业仅实现了特定场景的示范运营，但通过政策扶持，已逐渐呈现"星星燎原"态势。随着自动化驾驶技术的进一步发展、产业链相关零部件达到车规级水平以及示范应用管理政策进一步放开，自动驾驶产业将继续朝着建立正向循环（全无人运营的）商业模式的方向大力发展。

17 苏州高铁新城城市公交场景自动驾驶应用

霍 静❶ 程修远❷

一、项目背景及意义

自 2018 年《智能网联汽车道路测试管理规范（试行）》(工信部联装〔2018〕66 号）拉开我国自动驾驶道路测试序幕以来，各地纷纷推进道路测试并积极转向示范应用。江苏作为经济大省，较早从省级层面制定了诸多自动驾驶顶层设计，引导全省在自动驾驶、智能网联领域加快建设。例如江苏省在 2018 年发布了《智能网联汽车标准体系建设指南》，加快推进了全省自动驾驶技术研发和产业应用，推动交通运输转型升级发展。在 2020 年 5 月成立了全国第一个省级"智能网联汽车标准化技术委员会"。进入"十四五"建设时期以来，江苏省对自动驾驶领域重视程度进一步提高，出台的多项规划中均提及车联网、车路协同等自动驾驶技术发展。除省级政策外，江苏省各地市也积极响应自动驾驶产业发展。以苏州市为例，2020 年 7 月，苏州 5G 车联网城市级验证与运用项目成功获批国家 5G 车联网新基建项目，成为长三角地区唯一入选项目。2022 年 11 月 3 日，《苏州智能车联网产业创新集群行动计划

---

❶ 霍静，北京轻舟智航科技有限公司，产业生态和市场公关副总裁。

❷ 程修远，北京轻舟智航科技有限公司，商务副总裁。

（2023—2025 年）》正式发布，规划到 2025 年苏州自动驾驶道路改造里程超 1000 公里，投入示范应用车辆超 3000 辆，部署车联网路侧单元边缘感知和计算设备 5000 个，逐步实现高级别的自动驾驶系统的大规模商业应用。

基于苏州高铁新城良好的智能网联汽车产业生态，城市公交场景自动驾驶应用项目在苏州高铁新城快速落地，该项目建成后会产生巨大的经济和社会效益。从经济效益来看，该项目探索自动驾驶小巴出行新模式，为自动驾驶小巴正式规模化上路运营奠定基础，可为行业降低人力成本约 60%。项目将带动自动驾驶相关产业发展，贯穿整车产品的研发、制造、销售，涉及原材料、能源、基础设施建设、电子等各个领域，产生联系的立体式产业网络，形成高铁新城智能网联千亿产业规模，加速智能网联汽车产业落户，促进汽车产业实现整体转型升级。从社会效益来看，我国城市交通正处于高速发展期，出行需求与日俱增，依托自动驾驶公交缓解供需平衡问题是缓解城市出行安全、拥堵等矛盾，便捷乘客出行的关键。城市公交场景可持续发展是政府、企业和社会的共同责任，当前必须多方参与、多管齐下、多措并举，共同破解城市公交场景自动驾驶应用难题。苏州高铁新城城市公交场景自动驾驶应用项目有望规范和引导智能网联公交车辆应用场景细则，填补智能网联公交车辆的合法上路、监管空白，为新场景的规模化和商业化应用奠定政策基础。

二、项目概述及目标

苏州高铁新城城市公交自动驾驶项目旨在建设智能网联小巴示范应用道路基础设施，建立通信、感知网络和云控平台，全面形成智能网联汽车示范应用支撑体系。依托 C-V2X（Cellular-Vehicle to Everything，C-V2X）、大数据、云计算、人工智能等信息技术，以信息处理为中心，为智能网联汽车及其用户、管理及服务机构等提供车辆运行、基础设施服役、交通环境、交通管理等动态基础数据，实现全方位信息化与数字化管理。为智能网联小巴士的"安全、效率、服务"业务应用场景提供支撑，形成国内领先的测试验证、运营监管、数据服务、自动驾驶运营场景和运维管理体系。

　　项目建成后将从管理者、乘客、运营三个方面提升城市交通信息化水平。管理者能够通过掌握车辆运营状态，支持城市公交数字化运营；乘客能够通过实时车辆到站信息，合理安排出行时间，选择最优出行方式；运营方通过汇聚公交沿途站点及客流信息，结合智能化技术宏观统筹、局域优化公交站点及灵活排班，提升城市公交数字化服务水平。项目技术支持单位希望运用自动驾驶、车路协同、大数据等先进技术，设计和运营智能网联小巴公交出行体系，进一步提升智能网联汽车道路测试和示范应用的管理和支撑能力，实现智能网联小巴士的实时数据上传、运行数据回溯、安全通信等监管功能；支持 5G 多路口超视距感知、数字孪生、多路口绿波控制、交通实时态势监测、动态潮汐车道管理等交通应用，实现智能网联小巴示范应用的常态化管理和运营服务，在混合交通流环境下支撑车路协同典型应用场景的规模化运营。项目实施期间，计划在苏州高铁新城开设运行 8 条运营线路，投入 30 辆自动驾驶公交车（图 17-1）进行接驳运行，运营里程达到 20 万公里，载客量达到 40000 人次。以微循环补充公交线路盲区，使区域内公交体系网格化，疏通城市道路"毛细血管"，提升市民公共交通出行意愿，有效缓解城市交通拥堵。

图 17-1　轻舟智航智能网联公交车

三、关键技术

自动驾驶车辆通过搭载车载传感器、整车控制器、自动驾驶计算单元、执行机构等装置，借助高精度地图、惯导定位系统，通过环境感知、决策规划、控制执行，从而实现特定场景下的自动驾驶功能。关键技术主要包含环境感知技术、车路协同路侧设备技术、智能决策技术等。

（一）环境感知技术

环境感知技术是自动驾驶系统的首要环节，主要通过摄像头、激光雷达、毫米波雷达、超声波雷达等传感器代替驾驶员感知周围环境，对车辆周围的行人、车辆、障碍物等各类目标进行检测与识别，最终经过融合感知处理后供自动驾驶智能决策使用。轻舟智航苏州高铁城自动驾驶公交车由感知主模型 OmniNet 支持核心感知功能，在量产计算平台首次实现视觉、激光雷达、毫米波雷达特征的时序融合，从而使得车辆感知更精准、车端更适配、迭代更高效。基于"超融合"感知方案，依托神经网络即可实现视觉、激光雷达、毫米波雷达在 BEV（Bird's Eye View）空间和图像空间上输出多任务结果。相较传统方案，OmniNet 在实际应用中可节省 2/3 的算力资源，拥有更高的感知融合精度和模型迭代效率，而且可以低成本适配不同厂家的传感器配置，更轻量、更高效、更灵活地满足城市 NOA(Navigate on Autopilot)的量产需求。

（二）车路协同路侧设备技术

车路协同路侧设备技术的系统结构主要分为多源感知层、数据处理层、传输层、应用层，如图 17-2 所示。

（1）多源感知层：主要包括雷达和视频摄像机。雷达采用针对车路协同应用探测距离远、精度高，可适应复杂象条件的路基三维激光雷达；视频摄像机采用 360 度全景相机，具有 4 个高性能 CMOS 图像传感器，低照度效果好，图像清晰度高，具有远距离传输能力，方便不同场景的工程施工。

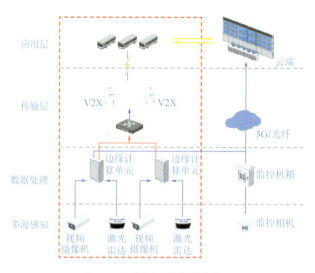

图 17-2　车路协同路侧设备技术

（2）数据处理层：主要设备为数据处理总成，核心部件包含高性能工业嵌入式计算机以及数据融合系统软件、目标识别算法等。主要作用是将激光雷达与视频摄像机的数据进行融合，实现无盲区检测，并准确识别目标。该部分也是本项目的核心。

（3）传输层：核心部件为 V2X/5G 路侧通信设备及车载单元，以及常规工业级交换机、光传输设备。V2X/5G 路侧通信设备及车载单元总成按车规级要求进行硬件设计，构建了完善的应用系统，实现了终端与整车的信号连接，支撑面向主动安全、通行效率和信息服务等 20 余项应用场景。

（4）应用层：车载单元智能终端用于 V2X/5G 设备的主动安全信息呈现，并实现信息服务等实际应用。在云端大屏幕上显示激光雷达点云数据与视频图像数据融合结果，实时展示现场的检测图像及数据。

（三）智能决策技术

自动驾驶智能决策模块主要依据多传感器融合感知的信息来进行决策判断，确定适当的工作模型，制定相应的控制策略，替代人类驾驶员做出驾驶决策，这部分功能类似于给自动驾驶车辆下达相应任务。

业界采用较多的自动驾驶策略是时空分离规划，也就是把轨迹的规划拆分成两个子问题，即路径规划（path planning）和速度规划（speed planning），相当于先为车辆铺好一段铁轨，再在铁轨上计算速度，这种方式非常依赖人工定义好的逻辑来调整车辆行为，需要大量路测实验来验证算法。

轻舟智航自主研发的时空联合规划算法同时考虑空间和时间，而不是先单独求解路径，在路径基础上再求解速度从而形成轨迹。将横纵分离升级为横纵联合，可以直接在 x-y-t（即平面和时间）三个维度的空间中直接求解最优轨迹。图 17-3 为时空联合规划算法原理，图 17-4 为智能网联公交车运营场景。

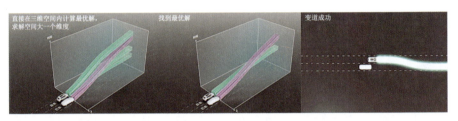

图 17-3　时空联合规划算法

图 17-4　轻舟智航智能网联公交车运营场景

考虑空间和时间的时空联合规划算法，也是公认的更优的规划算法，更适合国内复杂的路况。这种策略让车辆在行驶时，能够比有经验的驾驶员开得更好，特别是在面临动态障碍物的交互时，能提前把握最佳时机，规划最佳行车轨迹，更流畅地完成车辆间交汇，能够有效避免反复紧急制动的情况。多车道行驶时，车辆还可以通过判断前方车流量和车速，灵活地变道选择更快的路线，行车效率更高。

四、项目运营状况

苏州高铁城龙舟系列自动驾驶公交巴士时速为 20~50 公里，最远感应距离超过 200 米。除了具备人车避让、自动变道、交通信号灯识别、自动转弯等基本功能外，还能够不断收录非典型车辆和路况场景，智能化应对后车加塞、"鬼探头"多种复杂交通场景。轻舟智航也针对老年人和青少年不同人群的特点进行了逻辑优化。以起停和制动阶段为例，为了提升乘客乘坐的舒适性，对整套系统进行优化，最大限度减少顿挫感、急停等情况，并通过车路协同系统的开发，提升行驶安全性。与此同时，除了同公交车一样到站后乘客上下车之外，还可为乘客按需定制路线，提供"一键招车"等类似网约车服务。轻舟智航还与东风悦享联合推出了没有传统驾驶座位的全无人驾驶巴士 Sharing Bus。Sharing Bus 在保证自动驾驶安全性和可靠性的同时，更灵活的车内空间可为出行服务带来更多可能性。

目前，苏州高铁新城自动驾驶公交现已开通 8 条路线，线路总长超过 30 公里，部署了 130 多个智能网联感知设备，并结合中国移动 5G + V2X + 北斗卫星导航高精度定位功能，实现智能网联公交厘米级车道精准定位与感知，在人车混行的城市复杂交通环境下进行完全自动驾驶，可通过自动加减速、自动转向、车路协同、自动识别红绿灯通过路口、自动进站等功能，达到 L4 级自动驾驶能力。同时自动驾驶巴士已经实现常态化公交营运，可提供固定公交站点接驳、重点片区微循环、特殊时段和高峰时段定点接驳等多种常态化小巴运营模式，串联了苏州高铁新城的核心交通枢纽、商业办公区、购物中心、居民小区等地。随着项目的不断完善，未来自动驾驶巴士的运营范围也将逐步扩大。

在 2021 年新冠肺炎疫情期间，轻舟智航自动驾驶小巴也发挥出重要作用。为缓解一些核酸采集点排队拥挤问题，苏州市组织了 8 辆自动驾驶小巴承担点位之间的居民转运工作。通过提前设计线路，定时消杀，让居民能够乘坐自动驾驶小巴快速完成核酸采集，有效提升了工作效率，见图17-5。

图 17-5　轻舟智航自动驾驶小巴参加抗疫行动

五、项目经验及问题

苏州高铁新城城市自动驾驶公交项目的顺利开展得益于两方面重要支持。

（1）政策层面：苏州高铁新城自动驾驶公交在江苏省相关产业政策扶持和引导下得以迅速发展。根据《江苏省"十四五"智慧交通发展规划》（苏交技〔2021〕25号）和《交通强国江苏方案》等相关政策，轻舟智航积极参与自动驾驶产业，并向网联化和智能化互融协同发展，积极谋求跨界融合的产业链条，先后与中国移动、地平线等多家上下游企业合作，使苏州自动驾驶公交的影响力和竞争力不断增强。同时，苏州相关城区建成高等级城市开放测试道路、部署 C-V2X 路侧通信单元 RSU、路侧感知设备等措施也进一步保证了自动驾驶公交出行的安全性。未来，苏州高铁新城自动驾驶公交所在的微循环线路也将成为基于 5G 的车路协同（V2X）应用落地的首选线路。

（2）技术层面：苏州高铁新城自动驾驶公交的研发团队在业内拥有 10 年以上自动驾驶算法经验，创始人来自国外高级自动驾驶解决方案供应商的领跑者 Waymo，团队拥有丰富的自动驾驶落地经验和管理经验。基于多年的顶尖自动驾驶团队感知算法研发和地图制作经验，对于打造可量产自动驾驶系统有着深刻的理解，为其在苏州的发展奠定技术层面基础。

由于自动驾驶是一个新兴产业，各项产业配套还有待完善，项目在进行过程中也遇到了一些问题。第一是车辆牌照合法性问题。苏州市自2019年发布《相城区智能网联汽车示范应用指导意见(试行)》以后尚未更新指导意见，智能网联汽车产业发展迅速，已有的指导意见申请流程烦琐、周期长，并且道路测试牌照不能录入公安交警的系统，已经难以和高速发展的产业配套。第二是民众接受度不高。对于普通市民，自动驾驶公交和普通公交的出行方式是存在一些差异的。部分民众对于自动驾驶技术的安全性存在疑虑，这使得项目在推广和实际示范运营的过程中也遇到了一些困难。

六、未来展望

目前，自动驾驶产业链初步形成，已经到了真正影响苏州区域产业转型升级乃至能级跃升的关键性一步。苏州高铁新城城市项目正在打破核心关键技术与部件国产化问题突出等"卡脖子"问题，将充分发挥自身在自动驾驶领域全球领先的技术及产品优势，建设全球领先的技术平台；与高校合作打造智能网联 5G + V2X 创新业务工作；引入上下游合作伙伴，共同实现产业集聚和引流，更好地服务本地智能网联产业高质量发展。

随着苏州智联网公交道路交通法规、安全责任界定法律等愈加明确清晰，配合智能交通基础设施愈发完善的部署规划下，C-V2X 网路系统对网联自动驾驶产业化的推动作用会更加明显。尽管自动驾驶的商业化运营模式有待规模化成型，但是苏州高铁新城城市自动驾驶公交也在践行可持续商业化发展道路。目前开通的自动驾驶公交示范线路，多为长度在 8 公里左右的接驳或微循环公交线路，微循环公交车能够有效缓解"最后一公里"出行难题。相信随着自动驾驶技术的逐步发展、硬件成本的下降、当地公交运营成本的降低以及更加明确的自动驾驶公交标准，苏州自动驾驶公交也将变得更加精简和安全。

可以预见，随着自动驾驶技术的不断成熟和相关政策法规及配套设施的逐渐完善，自动驾驶必然是未来极具潜力的发展方向，会有越来越多的消费者积极拥抱新技术，享受高等级自动驾驶带来的诸多便利。

18 雄安新区智能网联公交开放道路应用示范

申 杰[1] 朱彬榕[2]

一、示范运营场景

开展智能网联汽车道路测试与示范应用是雄安新区落实交通强国"打造智能出行城市"重点任务及新区总体规划"建设智能驾驶示范城市"的重要举措，也是落实新区发展智慧交通、努力建设"不堵车城市"的探索实践。中国雄安集团交通有限公司（简称"公司"）作为雄安新区属地交通企业，承担公交运营及交通统筹等工作。2022年，公司组织编制了《容东智能网联公交道路测试与示范运营方案》，该方案经雄安新区党工委专题会及河北省委专题会研究通过。2022年9月，中国雄安集团交通有限公司会同悦享雄安科技有限公司，在雄安新区容东片区启动了901路智能网联公交测试与示范应用，2022年12月启动了试乘工作。

容东片区是雄安新区首个建成投用的片区，规划面积约12.7平方公里，规划总人口规模15万～17万人，目前已入住8万余人，配套建设了规模化的数字道路，安装有智慧杆柱、信号灯及信控设备、电子警察设备、枪球一

---

[1] 申杰，中国雄安集团交通有限公司，公共交通服务部负责人。
[2] 朱彬榕，悦享雄安科技有限公司，运营管理部负责人。

体摄像机等智能设备。

智能网联公交采用属地交通企业和自动驾驶车企联合运营的模式，项目实施机构为雄安新区数字城市建设领导小组办公室，2023 年 6 月，901 路、902 路、903 路均进入测试阶段。2023 年 12 月，901 路实现示范应用，与既有城市公交实现便捷换乘，同时部署智能化站台设备，打造智能网联公交示范运营路线。901 路智能网联公交运营测试线路如图 18-1 所示。

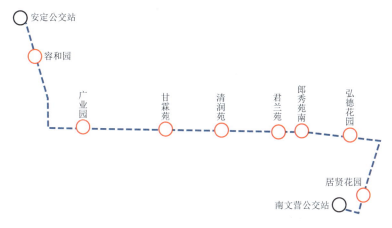

图 18-1 901 路智能网联公交运营测试线路图

目前，正在容东片区开展的 901 路智能网联公交运行测试线路，首末站为定安公交站和南文营公交站，是片区内的一条东西联络线路，单程 4.6 公里，行程约 30 分钟，线路运行速度约为 25 公里/时。全线设置 10 对常规公交站点（与城市公交线路共用）。行驶沿途经过商业密集的街区、学校、办公等区域，智能网联公交可实现跟驰行驶、变线超车、红绿灯路口优先通行、车辆自动进出港湾站台等场景的自动驾驶行驶。

二、系统结构组成

（一）运营车辆

901 路线路共投入 7 辆 L4 级别的智能网联公交车 Sharing-Bus，车长

5.8 米,额定载客人数为 9 人。车辆动力为纯电动模式,具备快速充电能力,续航里程大于 200 公里。车上搭载了多种高科技传感器,包括 6 个多线激光雷达、5 个毫米波雷达、16 个超声波雷达、12 个高清摄像头和 1 个组合导航。由雷达、摄像头等传感器构成的车辆视觉系统,可以让车辆实现 360 度无死角检测,确保对外部环境的精确感知。传感器捕捉到的数据会传送到车辆的计算单元,由计算单元对数据进行处理分析并做出决策,响应速度在 100 毫秒以内,仅为人类驾驶员的 1/10。同时,依靠厘米级的高精度地图定位,可实现复杂天气及城市路况下的安全行驶。已示范运营的智能网联公交车队如图 18-2 所示。

图 18-2　901 路智能网联公交车队

智能网联公交车载传感器具备以下功能:

1. 激光雷达用于精准定位和检测障碍物

自动驾驶汽车的定位除了接收全球导航卫星系统发射返回的数据,还依赖激光雷达生成的点云与数据库中的高精度地图做比较,以得出汽车所在的精确位置,精度可以达到厘米级别。借助激光雷达本身的特性可以很好地探测反射障碍物的远近、大小,甚至表面形状,有利于障碍物检测准确性的提高,算法方面相对于机器视觉算法相对简单,更适合自动驾驶车辆的需求。

2. 毫米波雷达用于远距离测距

可以检测 30～100 米远的物体,不受天气影响,穿透烟雾的能力很强,具有全天候、全天时的工作特性。

3. 超声波雷达用于近距离测距

超声波能量消耗较为缓慢,防水防尘性能好,传播距离较远,穿透性强,测距方法简单,成本低。

4. 组合导航用于大范围道路位置信息获取

依靠厘米级的高精度地图定位,能够扩展车辆的静态环境感知能力,为车辆提供其他传感器提供不了的全局视野,包括传感器检测范围外的道路、交通和设施信息。

5. 高清摄像头用于感知周围物体

有长焦、短焦等类型,可实现车辆周边环境360度进行感知,以及道路红绿灯、车道线、障碍物等物体识别。

(二) 公交站点

公交站点电子站牌可以向乘客精准推送公交线路、车辆实时位置、车辆预计到达时间、实时天气等信息,也支持实时查询的功能。电子站牌配置31.2寸的墨水屏,具有绿色环保、超低功耗等优势,配备的智能监控系统可实现统计客流数据功能。灯箱照明可以刊各类广告等,使候车乘客获得丰富多彩的视觉体验。

(三) 调度平台

智能网联公交后台端调度平台可实现车辆排班、调度等基本功能,并可实时监测、引导车辆行驶,保障智能网联公交运营效率的安全性。智能网联公交调度平台系统结构组成如图18-3所示。

调度平台具备以下功能:

1. 智能引导

系统基于实时的车辆位置、站点信息、线路信息等,对乘客进行智能引导,推荐乘车站点,评估预计到达时间,提升用户体验。

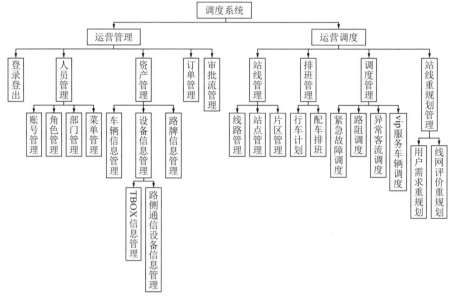

图 18-3　智能网联公交调度平台系统结构

2. 智能排班

系统可根据乘客预约、历史客流量数据等进行处理，实现智能网联公交排班计划自动生产与优化。

3. 智能车辆调度

系统根据车辆运行位置及时刻信息，在接到紧急事件通知与运营请求时，通过 AI 算法自动对部分车辆行车计划进行调整。

4. 运营监控

系统根据运营情况，实时向终端推送路况信息、到达预测、车辆实时信息等信息，向运营端推送给调度指令变更、风险预警以及运维信息。

5. 风险管控

系统通过车辆状态、运营环境、设备状态等多维度监控，有效监控车辆的实时状态，降低交通事故发生率，检测到事故后引导车辆规避事故点。

6. 智能分析、诊断、展示

系统可周期性地对线网性能指标、运行服务指标、乘客出行指标、安全管理指标等进行数据分析,并根据分析结果对线网运营效果进行诊断及展示。

智能网联公交调度平台如图 18-4 所示。

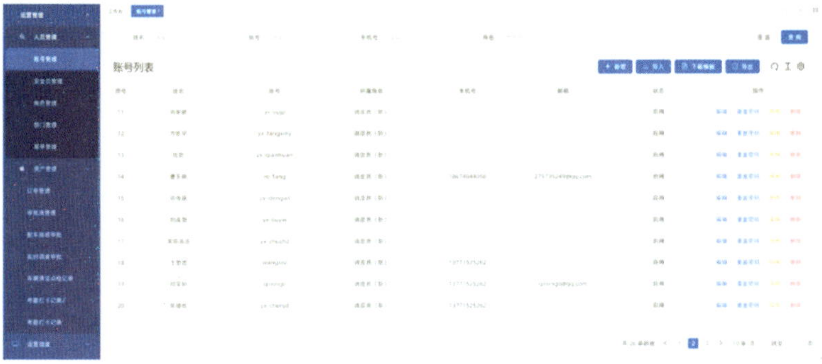

图 18-4　智能网联公交调度平台

目前,针对用户体验,正在推进基于数字道路的协同感知和决策控制技术的迭代升级,提升车辆安全性、可靠性及道路通行效率,不断优化完善、更新迭代升级,为乘客提供多样化出行方式。

三、示范运营效果

901 路线路已开展了基础性能测试、试乘体验测试和车路协同探索。截至 2023 年底,车辆累计测试里程达到 17 万公里,针对政府管理部门、公交运营单位、相关内部人员开展邀请试乘体验,接待约 2000 余人次,逐步优化自动驾驶技术。901 路智能网联公交于 2023 年底面向公众开放,为了向公众提供良好的试乘体验,初期通过网络预约乘坐,后期将不断根据群众乘车反馈意见,优化乘车模式、支付方式、运营服务标准等,将智能网联公交真正纳入公交运营体系,为群众提供便捷的出行服务。

为实现"车-站"协同,中国雄安集团交通有限公司对 901 路沿线既有的公交站台进行了智能化改造,主要包括部署电子站牌、智能监控系统和灯箱。其中电子站牌可显示线路站点信息、车辆实时位置、车辆预计到站时间等。

智能监控系统可进行人流量统计，积累运营数据，提高车辆运营效率。

四、未来展望

容东片区虽建设了规模化的数字道路，但901路智能网联公交初期仍以单车智能形式为主，尚未完全实现车路协同（正在进行车路协同测试）。充分发挥容东片区"聪明的路"优势，是今后需要解决的重点问题之一。未来智能网联公交的单车智能与雄安数字道路协同运行之后，将推进基于数字道路的协同感知和决策控制技术的迭代升级，大幅提升智能网联公交的安全性和通行效率。

雄安将与更多单位合作，实现打造无人驾驶全场景样板，实现智能网联公交与人、车、道路、城市、环境之间的深度链接，为城市实现智慧运行和智慧管理提供支撑和服务，促进城市的和谐、可持续发展，让人的需求得到最大程度的尊重和满足。开发无缝化移动服务商业化落地场景，建设智慧交通体系，打造场景所在地区的无缝化移动服务生态圈，吸引上下游产业汇聚。

19

上海滴水湖自动驾驶公交示范应用案例

朱 田[1] 彭之川[2]

一、案例背景

上海滴水湖自动驾驶公交示范运营案例位于上海自贸区临港新片区（图19-1）。新片区规划面积315平方公里，涵盖了主城区、重装备区、物流园区、主产业区、综合区等区域，是目前世界上少有的集海运港口、航空、铁路、高速公路、内河运输等五种交通功能于一体的区域，而公共交通系统是支撑新城区产业发展的基础配套。其中，自动驾驶技术的应用能够进一步助力新片区交通体系更快更好地建设。

临港新片区依靠区域优势及典型的应用场景，已经积聚了商汤科技、地平线、图森未来等人工智能企业，随着特斯拉等智能新能源汽车企业落户，临港新片区正在形成智能网联汽车产业集聚的态势。因此针对智能汽车领域，开展相关示范应用，探索智能汽车商业化落地的可能性及路径，意义凸显。目前智能网联汽车产业链协同创新，以"低成本、自主化、智能化"为目标，在提升商用车智能化程度的同时，推动智能系统的产业落地。临港新片区前

---

[1] 朱田，中车电动长沙智驭公司，副总经理。
[2] 彭之川，中车电动长沙智驭公司，智能驾驶技术部部长。

期已具备良好的测试示范应用软硬件基础。借助优越的政策、产业、应用需求和测试验证基础，在临港新片区实施固定线路智能公交等示范应用项目已具备可实现条件。

图 19-1　中国（上海）自由贸易试验区临港新片区

环湖一路作为临港新片区主城区滴水湖沿岸的旅游观光线，日常车辆、人员流动量充足，涉及地铁站、商业区、公交站、公园等典型场景，适合智能公交开展定点接客旅游观光等典型应用场景示范（图 19-2）。环湖一路道路条件较好，道路设施完善、车道线清晰、卫星导航定位信号良好，目前已建成覆盖环湖一路、二路、三路的差分定位基站，从技术上有力保障了自动驾驶公交的运行安全和效率。

图 19-2　上海临港滴水湖

在政策引导下，2020 年中车电动 10 米自动驾驶公交车（TEG6102BEV01）在临港率先完成自动驾驶公交功能测试，获取自动驾驶上路测试牌照；2021 年 7 月获取滴水湖环湖一路自动驾驶公交示范应用牌照，符合上海智能网联汽车管理办法要求。截至 2023 年 9 月，上海临港捷运交通有限公司（简称"临港捷运"）已经获批了自动驾驶公交示范运营资质。

二、运营场景

针对开放道路大型公交应用场景，采用联合运营的模式，由临港捷运交通和中车电动合作成立项目团队，推动自动驾驶示范运营。临港捷运作为运营的主体，主要负责运营调度、安全员管理、乘客预约、车辆充电、场站和车辆日常保洁、安全和应急保障等工作；中车电动作为运营的合作单位，负责车辆维护、自动驾驶技术提升、自动驾驶技术服务等工作。

环湖一路总长约 8.5 公里，为已建道路，道路断面为双向 4 车道（主路）和内侧辅道（2 车道），标志标线情况良好，可以满足日常交通需求，道路共计 20 个路口。沿线已建成现状公交停靠站，主要以 45 米路侧式港湾公交站为主，布设路侧设备 38 套，布置边缘计算服务器 5 套，路侧激光雷达 10 个，已实现 5G、车联网无线通信网络全覆盖，关键路口的全息覆盖与感知融合。

三、关键技术

中车电动提供 10.5 米智慧公交车在环湖一路示范运营，车辆为中车 TEG6102BEV01 车型搭载自动驾驶系统平台，包括感知系统、决策控制系统、高精度定位系统、线控执行系统、车载显示系统。测试车辆可实现有条件的自动驾驶，在自动驾驶模式下，车辆可实现自动启停、自动加速、自动减速、保持恒速、自动换道、自动进出站、自动避障、自动转弯、自动掉头、紧急制动等功能。其制动系统、转向系统、动力系统、照明等系统均满足我国关于机动车运行安全的国家标准和相关上路要求。自动驾驶车辆如图 19-3 所示。

图 19-3　中车电动智慧公交车辆

中车 10 米电动智慧公交车的自动驾驶系统框架如图 19-4 所示。感知系统包含智能摄像头、前向毫米波雷达、侧向毫米波雷达、激光雷达、车联网系统，通过域控制器融合多传感器探测车辆四周的障碍物信息、道路信息；决策控制系统包含域控制器、整车控制器，接收感知信息、高精度定位信息，进行决策输出控制命令，再由相应执行机构执行控制命令，实现车辆的自动驾驶功能。此外还搭载了车内屏、车尾屏，显示自动驾驶模式、车速、红绿灯、路径规划、危险预警等信息。车内中顶屏是乘客与车辆信息交互的窗口，车尾屏是社会车辆驾驶员了解自动驾驶车信息的窗口。

智能驾驶系统软件包括感知融合算法、决策控制算法、底盘执行算法、人机交互算法。其中，感知融合算法包括单目视觉感知模块，输出车道线和障碍物等目标；多线激光雷达的障碍物检测模块；前向毫米波雷达的障碍物检测模块；侧向毫米波雷达的障碍物识别模块；实时高精度定位模块。决策控制算法包括横向控制算法、纵向控制算法、全局规划算法、局部规划算法。

感知系统通过摄像头、激光雷达、毫米波雷达获取车辆周边一定距离范围内的障碍物、车道线、限速标识等信息,并将障碍物信息进行融合、过滤;通过车路协同通信信号系统以及摄像头实时获取红绿灯信息。

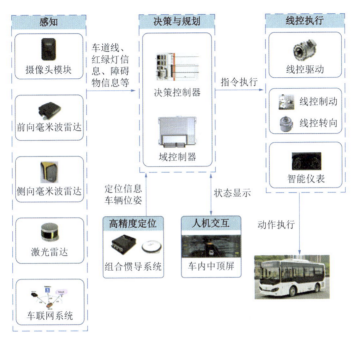

图19-4　10米智慧公交车自动驾驶系统框架

决策与规划系统是感知系统和执行系统间的衔接层。首先,接收多传感器(摄像头模块、激光雷达、毫米波雷达)获取的车辆周围障碍物的相对位置、相对速度、车道线、限速标识、交通灯等信息;接收组合惯导获取的实时高精度定位、航向角等信息,结合全局速度规划,进行速度曲线最优化求解和速度跟踪控制,发出纵向控制指令;结合全局路径规划,根据预设参考轨迹发出横向控制指令。

高精度定位系统通过组合惯导获取车辆经纬度、姿态信息、航向角信息;融合RTK差分定位信息可实时获取车辆厘米级的位置信息,进而输入给决策控制器。

线控执行子系统主要包括线控驱动、线控制动、线控转向以及线控辅件,其中,线控辅件包含挡位、灯光、刮水器、门控、喇叭等部件。

人机交互系统主要包括仪表、车内屏、车尾屏以及语音提示，可显示车辆驾驶模式、行驶路线、交通灯信息，以及语音提示和故障诊断，实现人与智能驾驶车辆间的信息互通。车内中顶屏安装在安全员座位后方车内顶位置，是乘客与车辆信息交互的窗口，乘客可通过中屏了解实时的车速消息、前方红绿灯信息、到站信息等，车尾屏安装在车辆尾部，社会车辆驾驶员可通过车尾屏了解自动驾驶车辆的左转、右转、制动等信息意图，以及前方红绿灯信息。

四、示范效果

由于环湖一路道路设施条件良好、有利于安全行驶，项目第一阶段选择在环湖一路进行技术验证以及载人运营示范。截至 2021 年 6 月底，中车电动智慧公交测试总时长 387.47 时，测试总里程 7149.5 公里，其中自动驾驶测试时长 250.43 时，自动驾驶测试里程 4418.1 公里，百公里接管次数 43.37 次。

2021 年 7 月 15 日，上海市经信委、市交通委、公安交警总队等部门组成智能网联推进小组，对智慧公交道路测试及示范运营工作进行实地踏勘、多方论证后，一致通过项目验收。由此，环湖一路智慧公交项目获得上海市首张智能网联商用车载人示范应用牌照，标志着该项目实现从"道路测试"到"示范运营"的突破。

自获得示范应用牌照以来，项目已累计完成 3609 单次载人示范，示范应用运行时长 141.37 时，示范应用总里程 2372.9 公里，其中自动驾驶运行时长 91.08 时，自动驾驶里程 1378.7 公里，百公里接管次数 39.68 次。

环湖一路智慧公交项目历时一年，完成了功能开发、系统测试、场景拓展和载人示范运营等工作目标，构建了智慧道路建设、智能出行和智慧交通新模式，打造了临港新片区智慧出行的新样板工程，提高了新片区在智能网联公交商业化运营能力，带动了一批自主研发的高科技配套企业发展，推动了智能网联汽车产业链落地临港。

五、存在风险及应对措施

（一）存在风险

自动驾驶公交在示范运营期间主要面临的风险来自以下三个方面：一是车辆自身的故障；二是安全员的安全意识；三是外部环境存在的变量风险。车辆自身软硬件是保障车辆安全运行的基础，安全员良好的安全意识是保障车辆安全运行的前提，外部车路协同设备具有一定的不确定因素须重点防范。

1. 车辆自身故障风险

车辆自身故障包含软硬件两大方面。自动驾驶车辆和普通车辆的车体构造基本一致，最大的不同点在于自动驾驶车辆是通过自身算法结合雷达探测来进行车辆的实时控制，所以对车辆软硬件有着更高的要求。此外，外部车路协同设备的可靠性同样起到至关重要的作用。

2. 安全员的安全意识

自动驾驶车辆具有高度的自主性，但是也存在极少数需要人工接管的情况，如果现场工作人员安全意识不够强，会在很大程度上增大自动驾驶车辆测试的安全风险。

（二）应对措施

1. 车辆自身状态风险的应对措施

车辆方面应按照国家和地方相关规定购买车辆保险，并随车携带车辆保险单。车辆应接入监控平台，平台实时监控车辆的运行状态。同时，车辆应具备紧急停止运行功能，遇到紧急情况可以迅速停止自动驾驶功能。除此之外，车辆的停放场地应满足相关消防、安监、环保等要求，做到车辆日常安全检查、定期安全检查与维护。

（1）在封闭场地内启动自动驾驶系统，连续进行不低于 5 分钟的动态自动驾驶测试，车辆应能够正常工作；

（2）动态测试后，应检查车辆传感器的工作指示灯或相关系统提示，确保系统及部件正常运行。

2.路侧设备维护管理

为确保公交车辆能稳定接入车联网，快速获取周边交通信息，保证公交安全顺利运行，需定期对路侧单元、智能高清摄像头、边缘计算系统及工业以太网交换机等路侧设备进行检查维护，保证路侧设备能够在公交运营中正常使用。其中，路侧单元为安装在路边可实现车和设备通信并支持车路协同应用的硬单元，并作为与车载单元实现通信的信息传递载体，维护管理支持对路侧设备信息的查询、备份恢复、设备诊断和重启、日志查询和导出、软件升级等。

3.驾驶员培训

临港捷运针对智能网联公交驾驶员的理论培训组织编写了驾驶员（安全员）教材和考核标准。培训内容包括车辆驾驶管理规定、车辆系统构造基础知识、安全驾驶理论知识、事故现场应急处置理论知识、自动驾驶理论知识及专业操作技能。考核标准以分值为准，总分大于或等于60分视为通过。

临港捷运根据中国智能交通产业联盟编写的《自动驾驶出租汽车测试运营规范与安全管理要求》与《自动驾驶汽车测试驾驶人职业技能及培训要求》，组织智能网联公交驾驶员的实操培训，编写了驾驶员（安全员）教材和考核标准。培训内容包括上车实操自动驾驶车辆、切换自动驾驶，分别操作按键、制动踏板、转向盘进行人工接管训练、持续自动驾驶，观察周围情况，进行长时间的监管训练、车辆碰撞自动紧急制动测试训练等。

六、未来展望

项目基于智能网联技术及车路协同的综合应用，拟打造华东首条开放道路示范运营的自动驾驶公交线路，推动围绕临港主城区的智慧公交、智慧交通体系，吸引自动驾驶汽车产业链落地临港，在市场驱动的智能网联汽车市场的激烈竞争中取得先机，引领上海智慧公交未来发展方向。

以典型环湖一路智能公交示范应用为撬板，逐步打造围绕临港主城区的智慧公交、智慧交通体系，可吸引大批自动驾驶汽车落地临港，开展智能汽车示范应用，如无人驾驶出租汽车自动接驳、道路智能清扫等。后期可带动一批自主研发的高性能智能传感器、新能源汽车整车控制器、驱动电机控制集成电路、电池管理控制器、车联网模组芯片系统的企业发展，逐步推动产业链落地临港，在市场驱动的智能网联汽车市场的激烈竞争中取得先机。下一步，新片区将扩大示范运营车辆规模，开展智慧化站台改造，持续推动新片区智慧交通探索和建设，开拓智慧出行新模式，打造高质量民生新工程。

20 百度 L4 级自动驾驶关键技术与无人商业化出行服务示范

宋德王[1]　陈　晨[2]

  自动驾驶实现了现代多学科与传统汽车、交通运输、人工智能的高度融合，是世界各国公认的未来智能汽车与智能交通发展的必然方向。从国际看，美国、日本、德国等汽车产业大国均通过创新监管措施，力图消减当前政策法规对自动驾驶汽车与出行服务创新和产业发展的障碍，加快 L4 级自动驾驶规模化落地的进程。其中，美国 Waymo 和 Cruise 已经在旧金山开展了全无人出行服务，Waymo 和 Cruise 分别在凤凰城市中心和旧金山开始了面向公众的无人商业化收费服务，并即将在洛杉矶、奥斯汀等更多测试区域开始运营。目前，德国、日本和韩国已经完成了对 L4 级自动驾驶的立法，美国超过 40 个州也出台了立法文件。

  从国内看，多部门密集出台针对自动驾驶的发展政策，将逐步打通生产准入、质量管控、注册登记、道路运输服务、安全监管、责任认定、信息安全和隐私保护等自动驾驶商业化落地卡点，对整个行业的发展具有重要意义。我国自 2013 年启动自动驾驶技术研发以来，产业发展条件日益成熟，45 个城市已有测试示范细则，3 个城市出台地方管理条例，5 个以上城市启动地方

---

[1] 宋德王，百度自动驾驶业务部，智能网联资深专家。
[2] 陈晨，百度自动驾驶业务部，创新合作高级顾问。

立法工作。作为全球自动驾驶技术领军企业之一，百度 Apollo 在重庆和武汉均开放了 L4 级车内无驾驶员的商业化示范运营，标志着我国正式进入无人化自动驾驶时代。

无驾驶员的自动驾驶规模化商业示范已经成为行业发展的趋势，在此背景下，百度 Apollo 旗下自动驾驶出行服务平台"萝卜快跑"推出了无人商业化出行服务。搭建了一套安全可控的自动驾驶核心关键技术底座，突破性解决了 L4 级车内无人（远程控制）的运行系统等关键技术。建设了全链条、全场景、全闭环自动驾驶测试体系，并依托北汽极狐纯电动 RoboTaxi 车型，推出了武汉和重庆车内无人商业化示范运营常态化出行服务示范。"萝卜快跑"L4 级无人商业化出行服务示范框架如图 20-1 所示。

图 20-1 "萝卜快跑"无人商业化出行服务示范框架图

一、自动驾驶核心关键技术

百度研发的安全可靠的自动驾驶核心关键技术，对实现从车内无人运营到规模商业化运营起到重要支撑作用。得益于 Apollo 先进的核心技术体系（图 20-2），百度 Apollo 自动驾驶技术泛化能力较强，落地新城市技术交付时间仅需 20 天。

Apollo 自动驾驶平台技术架构由车辆层、硬件层、软件层和云服务层四层组成，其中：车辆层与整车厂深度合作定制，包括按照车规级标准设计车辆系统，更好地匹配自动驾驶软硬件设施；硬件层与行业零部件企业合作，采用国内先进的激光雷达等感知系统，并自主研发了多核异构计算平台；软件层重点开发了地图引擎、定位、感知、预测、规划与控制等核心算法模块，并实现代码的自主化；云服务层包括高精度地图、OTA、信息安全、仿真等服务能力及对应技术。Apollo 自动驾驶平台技术架构已支持 Apollo 自动驾驶系统和车辆运行 10 余年，并于 2020 年起进一步演进形成 Apollo 车内无人（5G 远程驾驶）关键技术架构，如图 20-3 所示。

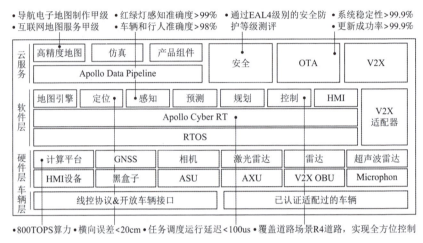

图 20-2　百度 Apollo 自动驾驶平台技术架构

图 20-3　百度 Apollo 车内无人（5G 远程驾驶）关键技术架构

Apollo 车内无人（5G 远程驾驶）技术架构基于单车智能/车路协同的技术路线，在运行系统之上附加了监控冗余和 5G 远程脱困功能，能够实现 L4 级车内无驾驶员情况下的安全有序运行，同时，车内无人系统又重点进行了系统软硬件冗余、系统故障自主检测、故障后紧急停车等多重安全设计，并从系统驾驶策略设计、研发和质量安全保障体系、网络与信息安全防护、道路安全运营机制四大维度确保系统和车辆运行的整体安全性。

二、"全链条、全场景、全闭环"自动驾驶测试体系

迄今为止，百度 Apollo 自动驾驶车辆数规模超过 1000 辆，在世界范围内的近 30 个城市的开放道路进行了测试，在 11 个城市开展了常态化出行服务，测试总里程超过 6000 万公里，并保持着良好的测试运行纪录。自动驾驶测试体系包括质量保障体系和自动驾驶测试场景库两部分。

（一）纵向分层横向分阶段的质量保障体系

以"安全第一"为原则开展各个测试环节的工作，确保任何代码的改动或者硬件变更均需经过严格测试。百度建立了纵向分层横向分阶段的质量保障体系，将测试体系分为场景层（Autonomous Driving Scenario, ADS）、数据层（Data）、测试层（Test），共三层。在测试层又分为离线环境测试、车辆在环测试、道路在环测试三个阶段，实现以"安全第一"为原则，对软件、硬件、车辆进行逐层环环相扣测试，确保自动驾驶系统上路测试的安全性。百度纵向分层横向分阶段的自动驾驶测试体系如图 20-4 所示。

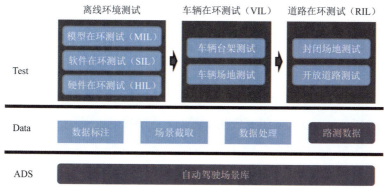

图 20-4　百度 Apollo 自动驾驶测试体系

（二）自动驾驶测试场景库

自动驾驶测试场景库包含典型的日常行驶场景、高碰撞风险场景、法律法规场景等，也包含已经形成行业标准的场景。测试场景库一方面基于经验和交通场景数据库进行正向设计，另一方面基于日常道路测试数据自动化场景挖掘手段进行逆向补充。随着道路测试数据的积累，自动驾驶场景库具有越来越高的覆盖度。百度 Apollo 测试场景库已累积数百万个场景，目前新场景仍在不断增加。在仿真系统中运行一轮测试场景库，相当于完成百万公里的实际道路测试，对于降低测试成本、挖掘高危风险场景，有很大作用。

三、自动驾驶无人商业化出行服务

"萝卜快跑"出行服务平台已落地北京、上海、广州、深圳、重庆、武汉、成都、长沙、合肥、阳泉、乌镇等 11 个城市。其中，2022 年 8 月，在武汉、重庆分别开放了 L4 级无人商业化示范运营试点，北京无人驾驶路测也进入"车外远程"阶段。截至 2022 年 12 月，"萝卜快跑"在全国设置的安全停靠站点达 2500 余个，路网覆盖区域达到 550 平方公里，部署 L4 级无人驾驶商业车 1000 余辆，累计订单超过了 200 万单。

（一）无人商业化保障能力

前装量产车：其优势在于，通过正向设计的方式，将传感器及控制器提前装配，流水线式标定，并在生产过程中完成多项整车测试，提升车辆安全性能，保证车辆生产效率。2018 年 7 月，百度与红旗联手打造的中国首条 L4 级乘用车前装生产线在长春投产下线。2021 年 6 月，百度与北汽新能源联合发布了极狐 Apollo Moon 第五代共享无人车。2022 年 7 月，百度推出了第六代量产无人车 Apollo RT6，Apollo RT6 深度融合 AI 技术和车辆工程，具备高安全、高质量、低成本等优势。Apollo RT6 搭载了百度最新一代无人驾驶系统，实现了 100% 车规级和整车全冗余系统，具备比上一代车型更强的 L4 级自动驾驶能力。Apollo RT6 的成本为 25 万元，相当于一辆普通新能源汽车的价格。由于成本的大幅度下降，可在全国各地部署上万辆自动驾驶车辆。未来打车用无人车，要比现在的价格便宜一半。百度第六代量产无人车 Apollo RT6 如图 20-5 所示。

图 20-5　百度第六代量产无人车 Apollo RT6

5G 云代驾技术："5G 云代驾"是无人驾驶的重要配套服务，基于 5G、智慧交通、V2X 等新基建设施，可为无人驾驶系统提供双重安全保障。2020年 9 月 15 日，在百度世界 2020 大会上，百度 Apollo 首次向公众展示"5G 云代驾"技术。其通过远程云控平台，指挥中心和远程安全员可一对多协助上线车辆，实现高效率、低成本运营。比如，在面对临时道路变更或交通管制等情况时，接到求助请求后"5G 云代驾"可以接管无人驾驶车，帮助无人驾驶车辆解决问题。"5G 云代驾"可实现车内无人场景下一人控制多车的高效运营服务，为共享出租汽车的规模化运营提供重要支撑。

（二）重庆、武汉无人商业化示范

2022 年 8 月，武汉和重庆永川两地政府部门率先发布了自动驾驶车内无人商业化试点政策，允许车内无安全员的自动驾驶车辆在社会道路上开展商业化服务。重庆永川首批开放的车内无人自动驾驶出租汽车的示范运营区域面积为 30 平方公里，运营车辆有 5 辆，覆盖商业中心、学校、住宅区等，目前车辆已增加至 22 辆。武汉经开区首批开放的示范运营区域面积为 13 平方公里，运营车辆 5 辆，覆盖地铁站和居民社区，目前车辆已增加至 103 辆。

2022 年 12 月，百度宣布进一步在武汉拓展车内无人自动驾驶商业化示范运营，并实现了扩区、提量、增时三项突破。①车内无人运营区域从军山新城扩展至武汉市经开区三环至五环，覆盖面积翻了两倍；②车内无人自动驾驶运营时段也进一步拓展至 7:00—23:00。截至 2022 年底，"萝卜快跑"在武汉部署车辆 100 余辆，运营面积超 130 平方公里，设置站点近 260 个；③载客订单量实现 5 万单（车内无驾驶员 1 万单），载客量超过 7 万人次（车内无驾驶员 1.2 万人次）。

（三）无人商业化推广价值

据 IHS Markit 预测，到 2030 年中国共享出行的总市场规模将达到 2.25 万亿元，其中 RoboTaxi 占比将达到 60%。商业模式方面，人工智能公司负责提供自动驾驶技术和平台，出行服务公司负责车辆运营服务和场地，探索"自动驾驶＋出行公司"模式推动 RoboTaxi 的规模化商业运营进程。营利模式方面，围绕用户"衣食住行娱"产生的移动需求，拓展诸如移动旅馆、移动衣柜、移动影院、移动办公等高度去中心化的营利模式。

运输安全方面，自动驾驶技术可以减少由于疲劳驾驶、注意力不集中、操作失误等人为因素导致的 90% 以上的交通事故。运营成本方面，高级别自动驾驶特定场景和完全自动驾驶下，安全员主要担任车辆远程调度员的角色，且安全员与车辆可以是一对多的关系，能够有效解决预期劳动力短缺问题。出行效率方面，自动驾驶技术可以缩短行车过程中车辆间的距离，有效提高道路通行能力。低碳交通方面，通过让车辆尽量保持匀速行驶，减少加减速次数，可降低能耗和排放。

波士顿咨询集团的研究报告表明，自动驾驶车辆在不同出行方式的渗透使得按需出行比例较私家车、公共交通大幅增加，且主要取代的是私家车的使用。自动驾驶聚焦短途接驳，用户接受度随着出行里程的增加而减少，即行程越短越可能使用自动驾驶出行。自动驾驶共享车因在短途接驳的成本优势以及相对于大运量公共交通更高的舒适度和便捷度，使其与传统的出租汽车、网约车差异性互补，打造"出行+服务"系统。

四、未来展望

全球自动驾驶行业发展正呈现两极分化，即"无人化决定商业化、商业化决定规模化"，而"无人化"落地将成为最关键的分水岭。自动驾驶行业并没有弯道超车，而是通过多年技术积累及有序的安全管理才能实现 L4 无人落地。自动驾驶出租汽车是交通强国战略下一种值得探索的新型商业模式，无安全员是自动驾驶出租汽车由测试阶段迈入商业化运营的关键一环。预计 2025 年左右，一定时空范围内，自动驾驶出租汽车取消安全员并规模化部署后，成本优势将更为凸显；预测 2030 年 L4 级自动驾驶车辆有望超过 100 万辆，无人化车辆的渗透率将日益提升。

法律与政策创新的程度，决定了产业发展的高度。我国相关部委出台的自动驾驶产业政策，目前普遍对 L3 级以下自动驾驶做了较为详尽的规划，对 L4 级自动驾驶限制较多，尚缺乏明确的政策制度。武汉、重庆、北京、深圳、上海、杭州、厦门等城市在较小范围内允许 L4 级车辆开始全无人商业化运营，为企业高等级自动驾驶技术试验提供更创新的政策土壤，也为国家法律与政策创新打造先行试验田，最终促进行业整体的快速发展与应用。中国自动驾驶技术和应用处于世界前列，但机会也稍纵即逝，需要推动制度创新，进一步突破政策瓶颈，为交通强国建设贡献更多动能和发展的新活力。

21 元戎启行前装方案车队深圳示范运营案例

唐 瑶❶ 毕炜丽❷

一、项目背景：高阶自动驾驶迈入量产时代

2021年11月，国务院印发《"十四五"现代综合交通运输体系发展规划》（国发〔2021〕27号），提出"稳妥发展自动驾驶和车路协同等出行服务"。2022年4月交通运输部发布《"十四五"交通领域科技创新规划》（交科技发〔2022〕31号），提出推动智能汽车技术、智慧道路技术和车路协同技术融合发展，提升自动驾驶车辆运行与网络安全保障能力，探索形成自动驾驶技术规模化应用方案。2022年8月1日，《深圳经济特区智能网联汽车管理条例》正式实施，是中国首部规范智能网联汽车管理的法规。2022年11月，《深圳市推进智能网联汽车高质量发展实施方案》正式落地。同月，深圳市交通、发展和改革、工信、交警四部门联合印发实施《深圳市智能网联汽车道路测试与示范应用管理实施细则》，标志深圳智能网联汽车进入高质量发展新时代。2023年11月，工信部等四部委联合印发《关于开展智能网联汽车准入和上路通行试点工作的通知》，对准入试点的智能网联汽车产品，提出了一系

---

❶ 唐瑶，深圳元戎启行科技有限公司，副总裁。
❷ 毕炜丽，深圳元戎启行科技有限公司，品牌经理。

列规划和指导要求。

2021年4月,元戎启行获得深圳市智能网联汽车道路测试联席工作小组颁发的《智能网联汽车应用示范通知书》,成为首家能在深圳开展自动驾驶载人应用示范的企业。2021年12月,元戎启行发布最新一代前装车方案DeepRoute Driver2.0,是业内首个成本低于1万美元的自动驾驶前装解决方案,量产后成本不到3000美元,使得自动驾驶大规模量产成为可能。

2022年4月,由30辆自动驾驶车辆组成的元戎启行L4级自动驾驶前装方案车队落地深圳并投入示范运营。

2023年3月,元戎启行推出目前国内唯一不依赖高精度地图且可实现全域点到点高阶智能驾驶功能的技术方案DeepRoute Driver3.0及量产产品,突破了高阶智能驾驶的使用区域限制,在保证智能化和安全的同时,将成本降到业内最低(约1.4万元人民币)。目前,元戎启行已获得国内车企的量产合作定点,根据规划,搭载元戎启行高阶智能驾驶解决方案的合作车型将在2023年底投入消费市场。

二、核心技术:打造首个低成本、可量产的高阶智能驾驶解决方案

(一)不依赖高精度地图,全域主动智驾

元戎启行的高阶智能驾驶解决方案DeepRoute Driver3.0解绑了智能驾驶汽车对高精度地图的依赖,在导航地图覆盖范围内,实现了全域的高阶智驾功能(图21-1)。该方案利用SD map数据构建全域自动驾驶技术栈,可通过感知场景识别和融合算法,让车端实时识别车道线、红绿灯等原有高精度地图要素。基于该技术框架,元戎启行同步推出了D-PRO和D-AIR两款智驾产品(图21-2)。

D-PRO可实现全域的高阶智能驾驶,支持车辆随时随地开启高阶智驾功能,即使在拥堵的城市复杂路段,也可以自行规划路线,安全行驶。而D-AIR

则更聚焦于性价比的诉求，能够为用户提供 ACC（自适应巡航）、LCC（车道居中辅助）、ILC（拨杆变道）、APA（自动泊车辅助）、AEB（自动紧急制动）等辅助驾驶功能，市场价格仅为同性能级功能产品的 80%。投入市场后，二者都能持续进行 OTA 升级，为用户不断解锁更多新功能。

图 21-1　元戎启行全域高阶智能驾驶

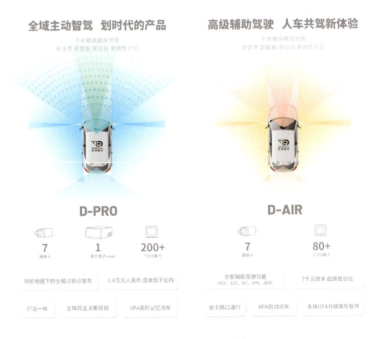

图 21-2　元戎启行 D-PRO 和 D-AIR

为实现自动驾驶技术的量产，元戎启行还自主研发了多项创新技术。其中，元戎启行的多传感器融合感知算法能够准确、高效地完成不同类别的物体检测，即使在雨天、夜晚等条件下，也能精准感知周围 200 米外的障碍物，保证自动驾驶汽车的安全行驶。元戎启行的决策规划算法令自动驾驶系统能像人类驾驶员一样，在各类复杂的交通场景中，根据车辆本身与其他交通参与者的相互影响，主动做出最安全、高效、舒适的驾驶决策，实时规划出未来运动的最优轨迹，在必要时进行超车或避让，在确保安全的前提下，兼顾驾驶效率和舒适度。元戎启行研发的推理引擎 DeepRoute-Engine，能针对 L4 级自动驾驶算法和多传感器融合模型做出更好的计算资源优化，使自动驾驶算法能够在低成本、低功耗的硬件平台上高效、稳定地运行，其推理速度比主流的深度学习框架中的推理引擎快 6 倍。该推理引擎可兼容多种计算平台，降低自动驾驶系统对高性能芯片的依赖，解决自动驾驶芯片"卡脖子"问题。元戎启行基于当前量产计划，自主建立起完善、标准的标定车间，并自主研发多帧联合优化算法，在行业内率先实现对固态激光雷达的标定工作。元戎启行标定车间可实现"1 分钟 1 辆车"的标定效率，同时保证标定结果的高精度、高一致性。

此外，元戎启行还与清华大学开展联合研究，希望打造更加节能、高效、智能的自动驾驶产品。双方基于车路云一体化融合控制架构，共同提升自动驾驶汽车的感知与决策规划能力，让车辆可以提前规划车速和行驶路径，在经过多个路口时尽量避免遭遇红灯或是交通堵塞，并且能够快速感知周围穿行的车辆与行人，更游刃有余地应对交叉路口的复杂路况。在保证安全、舒适的驾驶的前提下，经过优化升级的自动驾驶汽车，其行驶能耗比人类驾驶汽车降低 6.9%。

（二）自动驾驶技术助力无障碍出行

2022 年 5 月，元戎启行根据视障钢琴调音师么传锡的体验反馈，为自动驾驶汽车进行无障碍适配（图 21-3），推出全新无障碍自动驾驶汽车，希望推动自动驾驶技术惠民。视障者在有乘车需求时，可在手机读屏软件倍速语音的提示下，熟练操作"元启行"微信小程序申请乘车，并借助小程序适配的语音导航系统独立到达停车点。伴随着车身扬声器发出的"车辆已到达，请您上车"的语音提示让视障者轻松确定车辆位置，顺利上车。同时，元戎启行还在车内装配了一键通话按钮，可一键拨通客服专线，给视障者提供更安心的乘车体验。

图 21-3　元戎启行无障碍自动驾驶汽车

元戎启行希望通过无障碍车辆让视障者感受自动驾驶的智能和便利。未来，自动驾驶技术会不断迭代升级，RoboTaxi 也将被更多人接受和享受，相信自动驾驶能为老年人、残障人士、无驾照人士等提供更智能化的出行服务，让行动不便的人能有更自主的出行权利。

三、示范运营：多场景开放城市出行服务

2021 年 7 月，元戎启行在深圳 CBD 中心城区正式为公众提供 RoboTaxi 服务（图 21-4），让深圳市民可以近距离接触"无人车"，体验全新智能交通服务。元戎启行 RoboTaxi 的示范运营区域包括深圳主城区在内的超 200 个站点，总运营路段长达 200 余公里，覆盖多个车流集中的街区。为庆祝中国共产党建党 100 周年，元戎启行专门上线了自动驾驶"红色专线"，让乘客能够乘坐自动驾驶车辆到达深圳市党史馆、深圳革命烈士陵园、莲花山公园、深圳改革开放展览馆、深圳博物馆、深圳海关陈列馆等福田区主要红色主题站点，构建独具深圳特色的"党史学习教育＋科技创新"全新体验。

图 21-4　元戎启行 RoboTaxi 服务

2022 年 4 月，随着元戎启行 L4 级自动驾驶前装解决方案 DeepRoute Driver2.0 的发布，搭载了该方案的元戎启行 L4 级自动驾驶前装方案车队落地深圳，该车队由 30 辆自动驾驶车辆组成，已投入到元戎启行在深圳的 RoboTaxi 示范运营中，见图 21-5。

图 21-5　元戎启行自动驾驶车队

在外观上，这些 RoboTaxi 车顶上不再有复杂的"车顶盒"，元戎启行将传感器大多嵌入车身，保持了车辆的流线型设计，使其与普通小汽车无异。用户从外观上无法区分元戎启行 RoboTaxi 与普通网约车。但在性能上，元戎启行 RoboTaxi 能从容不迫地完成变道、避开临时路障等复杂操作，解决"鬼探头""加塞"等特殊路况，使车内乘客感受到自动驾驶带来的更安全、更可靠、更智能的乘车体验。截至当前，该 RoboTaxi 车队已对外开放服务近两年，每天吸引上百名市民前来体验"未来出行黑科技"，已完成超 8 万人次的自动驾驶出行服务。根据订单完成后的数据统计，多数用户会乘坐 RoboTaxi 去往深圳市民中心、CBD 商圈、大型写字楼等地标性建筑。针对元戎启行的自动驾驶出行服务，96%的乘客给出 5 星好评，认为自动驾驶汽车兼具智能、平稳、舒适等优点。

此外，元戎启行积极打造和自动驾驶相关的生活方式。2022 年期间，元戎启行联手福田区民政局婚姻登记处、纯 K、深圳时装周、旺旺、蛇口戏剧节、QQ 飞车、荣耀商城等合作伙伴展开跨界合作。将自动驾驶与大众的衣食娱乐等生活及工作场景结合，打造各色各样的用车场景，引导用户体验 RoboTaxi，让用户了解到自动驾驶不再是研发中心的概念产品，正在不断融入大众日常生活，将成为未来交通出行必不可少的一部分，以此提升用户对 RoboTaxi 的接受程度。

目前，元戎启行自动驾驶测试及示范运营车队已在深圳、武汉、杭州等核心城区已行驶超 1000 万公里，且没有发生 1 起安全事故。

四、未来展望：打造人人都消费得起的自动驾驶

目前，L4 级自动驾驶行业研发成本高、资金消耗快、数据积累有限、相关市场准入政策尚未完善，且只能在高精度地图可覆盖到的部分城市、部分路段行驶，使得 RoboTaxi 仍处在小范围的测试运营阶段，仍无法满足用户的城市通勤需求，用户更多是以体验为目的乘车。因此，短期内 RoboTaxi 仍需企业持续投入大量成本，无法实现盈利。目前来看，企业唯有通过研发创新寻找技术与成本的平衡点，例如摆脱高精度地图，一方面实现全域主动智驾，扩大行驶范围；另一方面降低成本，打造"人人都能消费得起的自动驾驶"，与车企开展量产合作推动自动驾驶汽车大规模进入市场，让自动驾驶成为用户购车、乘车的主要选择之一，才能为企业获取更多的商业机会。

根据研究咨询机构 IHS Markit 发布的《中国自动驾驶和未来出行服务市场展望》，预测到 2030 年，中国共享出行的总市场规模将达到 2.25 万亿，其中 RoboTaxi 在其中的占比将达到 60%，规模为 1.3 万亿，是未来前景最大的

自动驾驶落地场景之一。相信随着相关技术升级、国家法规政策完善、产业链上下游协同发展，可以快速推动我国迎来智慧交通新时代。届时自动驾驶有望发展为城市主流出行方式之一，将有可能替代出租汽车、网约车等，从以下四个方面对传统出行模式进行颠覆：

1. 安全可靠

全球范围内，每年有上百万人因道路交通事故丧生。根据我国相关部门的数据统计，其中超过90%的交通事故都因人为因素发生，例如超速行驶、逆行、酒后驾驶、疲劳驾驶等，而自动驾驶汽车上路后，将严格遵守交通规则、避免各种人为失误发生，优化驾驶环境，最大程度保障道路安全。

2. 随心出行

自动驾驶将为特殊人群，例如老年人、残障人士、无驾照人士等提供智能化及无障碍的出行服务，让人们可以随心出行。另外，在特殊的公共卫生时期，无人化需求凸显，自动驾驶更可以提供无接触出行环境，助力公共卫生防控。

3. 低碳环保

自动驾驶的大规模落地可以让更多人享受公共出行、共享出行的便利，从而降低车辆保有量及出行成本。此举将缓解城市交通拥堵，提升城市交通效率，减少车辆的废气排放，为实现国家碳达峰碳中和目标助力。

4. 高效生产

自动驾驶可以为人们打造移动空间，让人类不再需要专注驾驶本身，可以在车内更自由地学习、工作，将大幅度提高社会生产力。

当下，元戎启行正在持续加大研发投入，推动自动驾驶的技术创新与迭代。未来，在深圳相关政策法规逐步完善的情况下，元戎启行将积极开展自动驾驶商业化运营、无人化示范运营探索，为用户提供全方位的出行服务，覆盖生活工作的各个用车场景。元戎启行希望打造人人都消费得起的L4级自动驾驶系统，让自动驾驶技术惠及千家万户，成为人们日常生活必不可少的智慧出行方式，让我们的城市生活更加智能、便捷、高效。

22 如祺出行 RoboTaxi 与网约出租汽车混合运营应用示范案例

孙 雷[1]

一、项目背景及基本情况

（一）项目背景

RoboTaxi（自动驾驶出租汽车）作为自动驾驶技术落地的核心场景，经历市场的多年探讨与摸索，目前随着自动驾驶技术的场景突破成为热点，已进入商业化尝试的加速阶段。RoboTaxi历经了从路测到划区域试点运营，不允许载人出行到常规载客出行，免费试乘到常态化收费示范运营，车内有安全员到限定条件下无人化，企业的单点尝试到形成战略联盟，完全市场化摸索到逐步政策支持下的合规化等过程，RoboTaxi的商业化探索也从技术、资本、生态、模式、政策等多维度全面展开。但技术上的长尾问题、持续的高额研发成本和资本投入、配套运营服务的亟待开发、产业发展协同政策及监管法规的有待完善，以及用户教育尚未形成等问题均需要更进一步的解决方案。为此，全国各地纷纷出台相关政策促进智能网联汽车（自动驾驶）产业的发展。

2021年广州市相继出台《关于逐步分区域先行先试不同混行环境下智能

---

[1] 孙雷，如祺出行，副总裁。

网联汽车（自动驾驶）应用示范运营政策的意见》《在不同混行环境下开展智能网联汽车（自动驾驶）应用示范运营的工作方案》等支持自动驾驶发展的政策文件。根据规划，到 2025 年，广州将分五个阶段完成不同混行环境比例、车路协同不同参与度以及多种新型出行服务的多维度、综合性、大规模城市交通试验，将优先在公交、出租等领域先行示范。广州将致力于打造成大型的人工驾驶与自动驾驶混行的城市试验场，探索形成广州市自动驾驶商业化服务新模式，同时积极探索建立城市的智慧出行政策体系，积极为国家打造城市客运自动驾驶范本。

（二）项目基本情况

结合广州智能网联汽车（自动驾驶）的相关政策，如祺出行率先通过 RoboTaxi 混合运营，链接产业链上下游企业加速推进自动驾驶商业化落地。所谓 RoboTaxi 混合运营，即同时运营有人驾驶的网约车和自动驾驶的 RoboTaxi 两种运力，通过混合运营模式向用户提供出行服务。

该项目于 2022 年 10 月 27 日在广州正式启动，首期开放区域为广州市南沙区全域，投放 RoboTaxi 运力超 60 辆[1]，如祺出行成为粤港澳大湾区首个实现 RoboTaxi 混合运营的出行平台。

二、如祺出行 RoboTaxi 混合运营模式及特点

（一）混合运营模式

如祺出行 RoboTaxi 混合运营模式承接用户日常真实的出行需求，将 RoboTaxi 商业化落地进程向前迈进重要一步。用户无须特意切换到独立的 RoboTaxi 入口，打开如祺出行 App 首页的"打车"服务，只需如常输入上下车地点，由平台智能匹配有人驾驶网约车和自动驾驶车辆提供服务。图 22-1 为如祺出行 RoboTaxi 混合运营服务平台。

---

[1] 数据来源：如祺出行 RoboTaxi 运营监管平台。

图 22-1　如祺出行 RoboTaxi 混合运营服务平台

如祺出行 RoboTaxi 混合运营将通过全量用户日常出行的真实热点场景和数据，联合自动驾驶公司持续优化上下车点密度，减少用户上下车的步行距离，逐步解决当前限制 RoboTaxi 商业化的上下车点密度不足这一难题。如用户订单匹配到自动驾驶车辆服务，用户在畅享前沿技术带来的高品质出行服务的同时，也将享受到比有人驾驶车辆更优惠的价格。

同时，基于用户实际出行场景和上下车点等运营数据，如祺出行已前瞻性布局如祺车站作为 RoboTaxi 运营线下站点，目前于广州市区内已落地近百座如祺车站，优化自动驾驶车辆上下车点与乘客线下体验，图 22-2 为如祺出行自动驾驶车站。

图 22-2　如祺出行自动驾驶车站

（二）混合运营特点

混合运营模式通过将有人驾驶和自动驾驶运力整合至出行服务平台，为用户提供流畅的 RoboTaxi 乘坐体验，能够加快自动驾驶技术的普及应用及商业化落地。

混合运营模式能够基于庞大的用户流量基础，实现平台资源迁移。尽管目前已有部分自动驾驶技术公司开发了自有 RoboTaxi 用户端入口，但依然需要与流量大的聚合平台进行合作以获取更多的用户导入。而如祺出行通过将 RoboTaxi 业务嫁接在原有的出行服务平台上进行运营，能够发挥自身已有的流量优势。

混合运营模式能够培育用户的市场认知，其包含混合派单，但绝对不只有混合派单。目前业内对于 RoboTaxi 运营多采用混合派单和入口共享方式。在混合派单方式下，出行平台仅简单聚合 RoboTaxi 派单入口，用户对 RoboTaxi 感知较浅，RoboTaxi 的运力难以匹配用户真实行程订单；在入口共享方式下，RoboTaxi 出行在单独入口，且 RoboTaxi 定位为测试车辆，较难成为真实用户日常出行的选择。如祺出行的混合运营模式，是用户在此模式下选择出发地及目的地后，可以看到网约车和 RoboTaxi 的选项，并根据路线规划及价格预估等条件自主选择出行方式。混合运营模式通过提供机会让更多的消费者进行尝试，从而达到用户普及、教育的目的。

混合运营模式还能够通过用户的高频使用，从中获取更多的运营数据，反哺自动驾驶的定点能力，解决 RoboTaxi 的技术难题，并推动如祺出行更高效的运作。如祺出行通过大量出行数据分析，能够从用户日常出行场景出发，与自动驾驶公司共同优化 RoboTaxi 停靠点设置。此外，如祺出行还能够通过用户的体验反馈，增强混合运营中后台的管理能力。

三、如祺出行 RoboTaxi 混合运营关键技术

为实现混合运营，如祺出行基于网约车出行平台的基础，创新性打造开

放性 RoboTaxi 运营科技体系，实现以乘客安全为基础、以出行效率为目标、以乘坐体验为导向，通过对接并打通相关自动驾驶车辆的系统和数据链路，实现乘客下单、上车、行程、下车、结账、后续跟进服务的全链路一体化管理，用存量成规模的有人驾驶网约车队对 RoboTaxi 进行运营兜底，保障满足乘客全场景、全天候、全时段的出行需求。同时，针对 RoboTaxi 无人化的特点，以如祺出行超级服务站承载 RoboTaxi 的车后自动化维护。

（一）RoboTaxi 运营科技平台

如祺出行 RoboTaxi 运营科技平台将乘客打车订单按照不同起点、终点、途经区域、天气状况、路面状况等多个维度进行动态分析和归类，根据自动驾驶系统的运行设计域（ODD），将符合无人驾驶运行条件的订单派发给 RoboTaxi，通过打通 RoboTaxi 的系统和数据链路，实时保障乘客出行的高效和安全。如祺出行 RoboTaxi 运营科技平台通过平台在数据收集和场景覆盖上的优势，可反哺自动驾驶技术迭代和单车能力提升，并面向所有符合标准的自动驾驶科技公司开放。

（二）RoboTaxi 运营监管平台

如祺出行 RoboTaxi 运营监管平台主要具备远程监督、远程管理、远程控制、远程评估等四大能力：远程监督 RoboTaxi 车辆位置、可运营状态、运行模式以及订单等基础信息的能力；远程管理 RoboTaxi 车辆出车、收车、上线、下线，车辆空驶状态下策略，突发事件中协助线下团队处置等日常运营任务的能力；在突发情况下远程控制 RoboTaxi 车辆执行任务、规划路线、脱困的应急处置能力；基于平台可运营站点和车辆运营历史数据来智能评估车辆整体运营能力。通过深度融合车辆运营数据，监管平台能实现对车辆状态、道路信息的有效监控，保障用户行程安全，同时对自动驾驶车辆、乘客订单、出行过程、客户服务进行全方位的监控和管理。通过实时加密传输自动驾驶系统、车联网相关数据，监管平台可不间断监控 RoboTaxi 运行状态和行程轨迹，保障乘客的出行效率与安全。图 22-3 为 RoboTaxi 运营监管平台界面。

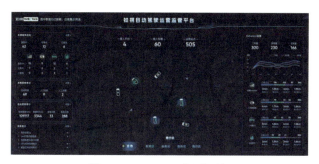

图 22-3　RoboTaxi 运营监管平台

（三）RoboTaxi 车辆管理系统

如祺出行自主研发的 RoboTaxi 车辆管理系统由车辆资产管理、运营管理、服务管理三大功能板块组成，具备包括 RoboTaxi 车辆及套件盘点、归档，可运营区域及站点管理，车辆实时位置和行驶状态监控，车队运营，车辆服务状态智能评估，充电补能和维修保养，车辆保险，事故及违章处理等在内的综合管理和服务能力。通过对所有 RoboTaxi 车辆运行和服务数据的计算，系统能自动为每一辆车定制精细化的维护方案和最优排期，最大化平台整体运力的投放能力和单一车辆的可运营时长，进而实现在车辆充电、清洁、维修保养、事故处理等各个环节投入的时间、人力、物力等资源成本最低，上线服务时长和收益达到最大化，从而降低车辆总成本，助力平台构建正向循环的 RoboTaxi 运营模式。图 22-4 为如祺出行 RoboTaxi 车辆管理系统。

图 22-4　如祺出行 RoboTaxi 车辆管理系统

（四）如祺车服

如祺车服是面向RoboTaxi的充电、清洁、保养、维修及系统检测、升级、数据上传等自动化维护能力的一站式超级服务平台（图22-5）。如祺车服通过协同如祺出行RoboTaxi车辆管理系统获悉实时车辆运行状态。车辆入站后，通过全维修场景流程线上化、透明车间等技术的应用，保证车辆维修过程质量可控，提升车辆的服务效率，实现运营车辆快速补给，确保车辆在最短时间内高质量完成维护，尽快重新上线服务。维护服务完成后，如祺车服平台实施安全复查，确保车身软硬件达到运营安全标准。

图22-5　如祺出行超级服务站

四、应用示范效果

如祺出行在广州开展RoboTaxi与网约出租汽车混合运营应用，已开放运营站点651个，链接了3家以上的自动驾驶公司，累计接入自动驾驶车辆238台，包含6种不同的RoboTaxi车型，实现了全开放的L4级自动驾驶运营体系。

在载客示范运营上，累计完成载客6000余人次，运营里程达40多万公里，运营时长1.2万小时，未发生1起安全事故。在示范运营期间，用户通过多选运力（同时勾选有人运力与RoboTaxi运力）的比例达53%，实现了市场培育、用户普及的作用❶。

作为 L4 级别自动驾驶技术最早实现商业化的场景，RoboTaxi 与网约车的混合运营成为实行自动驾驶出行领域商业化落地的关键一步。如祺出行采用"主机厂＋出行服务运营商＋自动驾驶技术公司"的铁三角模式，率先布局自动驾驶出行领域，成功联动多方力量进行市场化探索，实现以更有效率、成本更低的方式去推动 RoboTaxi 商业化落地，将多方头部力量聚集到一个区域市场，形成部分重要数据的流动和共享，合作构建符合发展需求的 RoboTaxi 生态，在现阶段我国的 RoboTaxi 商业化发展和推动广州智能网联汽车与智慧城市协同发展上起到了重要作用。

混合运营，一方面能为自动驾驶公司共享和收集海量数据，驱动 RoboTaxi 技术优化迭代；另一方面实施的高精度地图数据众包、仿真场景库、驾驶员知识图谱等多维度探索工作，可为后续自动驾驶汽车量产和 C 端市场应用积累核心竞争力。此外，RoboTaxi 的本质是一种出行方式，运营服务赋能是推进 RoboTaxi 商业化落地的短期重要推手，如祺出行的 RoboTaxi 混合运营能够在其原有网约车出行平台丰富的运营经验上，针对自动驾驶车机系统迭代、驾驶决策优化、出行服务保障、用户体验提升等问题，做好全生命周期的自动驾驶运营服务，通过高效运营体系加速推动自动驾驶商业化落地。

五、经验借鉴及存在的问题

（一）经验借鉴

铁三角组合链接了产业链的上下游企业，加速推进了自动驾驶商业化落地。如祺出行充分把握粤港澳大湾区汽车产业资源优势，积极响应广州自动驾驶混合运营政策，与广汽研究院、小马智行等自动驾驶科技公司完成系统与数据对接。同时，依靠广汽集团拥有汽车制造全产业链的基础支持优势，有效协同了上下游不同环节，形成产业合力，共同探索突破发展困局。

---

❶ 数据来源：如祺出行 RoboTaxi 运营监管平台。

平台积极推动接入了更多优质的自动驾驶运力，不断扩大 RoboTaxi 混合运营服务范围。在资产管理模式上采用租赁模式、融资模式及不同社会力量共同参与其中，为车辆规模扩张、资金压力和持有风险做好准备，建成更加完善的 RoboTaxi 商业化运营解决方案。

同时，平台丰富的网约车运营经验，为 RoboTaxi 混合运营提供了助力。如祺出行拥有完善的 RoboTaxi 运营监管平台，目前已经与多家自动驾驶公司完成系统与数据对接。在运力调度、派单策略等方面利用平台自身大量的数据积累和算法迭代，提高了平台高效混合派单能力，将有人车和无人车聚合到同一平台进行混合运营，让用户可以在呼叫界面自主选择有人车或自动驾驶车辆。

完善的 RoboTaxi 车辆运营基础设施保障了 RoboTaxi 混合运营的可持续高效运作。如祺出行拥有针对 RoboTaxi 的超级服务站，随着车队数量增加，能够有效保证车辆软硬件达到运营安全标准，提升车辆的服务效率，实现运营车辆快速补给。未来，车辆充电、维护、清洁等环节也将进行配套，助力运营服务方案的落地。

（二）存在问题

造车成本仍是 RoboTaxi 最大的资本投入，RoboTaxi 尚未实现大规模量产。自动驾驶车辆通过后装改造需要大量的成本投入，同时在改造时间上也花费大量精力。首先是现阶段自动驾驶整车改造所需成本在百万级水平，其次受限于当前技术瓶颈，很多自动驾驶的软件和套件在道路安全、功能安全、信息安全等方面无法达到车规要求，车辆无法做到快速规模化复制。

安全员人工成本依旧存在，运营成本难以实现真正下降。现阶段安全员成本是 RoboTaxi 运营成本中占比最大的一项，相比于有人驾驶的网约车，并未节省人工成本。安全员角色是商业化早期受制于安全要求的产物，由于政策的制约、自动驾驶技术水平的限制、路况的不确定性等因素，运营车辆将出现不可预测的问题，需要随时有人接管，因此需要安全员为 RoboTaxi 和乘客保驾护航。

受政策开放度、技术制约，RoboTaxi 混合经营范围局限。当前广州处于逐步分区域先行先试 RoboTaxi 混合经营的阶段，受制于自动驾驶技术水平，如祺出行仅在广州市南沙区开展自动驾驶混行试点，RoboTaxi 运营场景尚未覆盖道路状况更复杂、行人和车辆更为密集的城市中心区域。其次，现阶段由于 RoboTaxi 的示范运营受限于相对固定的区域中，收集到的场景数据有限，需要通过不断扩大运行区域，增加车辆规模，以获取更多复杂和未知的场景积累和优化算法。

六、未来展望

RoboTaxi 以解决出行问题作为本质，其商业化是出行服务视角的商业化。这意味着，在 RoboTaxi 进入商业化运营阶段，规模化的出行服务运营能力至关重要。如祺出行作为国内自动驾驶行业首个全开放的 RoboTaxi 运营科技平台，未来将以提供 RoboTaxi 商业运营解决方案、RoboTaxi 车辆运营基础设施和向所有符合标准的产业合作方开放等方式，协同推动自动驾驶运营商业化落地，构建全生命周期的自动驾驶运营服务，推动自动驾驶技术真正的可落地、可运营、可持续发展。

23

AutoX 安途无人驾驶技术在 RoboTaxi 领域的探索与应用

秦孟强[1]　杨 蕾[2]

纵观全球，智能网联汽车产业已成为全球新一轮产业竞争的制高点，具备撬动汽车制造、人工智能、电子信息、交通系统等多产业融合发展的特点。麦肯锡研究报告预测，智能网联汽车生态链在 2025 年的经济规模可达到 1.9 万亿美元，预计全球市场将以 25% 的年均复合增长率呈现爆发式扩张。智能网联汽车的推广应用，将大幅降低人为因素造成的交通事故和拥堵程度，进一步提高能源使用效率和交通通行效率，进而整体改善城市运行环境，同时通过提供绿色、便携、共享的出行方式，除了可观的经济效益外，还将带来极强的社会效益，因而全球重要国家都在加速布局这一领域，希望占领产业制高点。

为推动智能网联汽车产业发展，近年我国先后出台一系列政策，推动自动驾驶技术发展和商业化落地。2023 年 9 月，交通运输部发布《自动驾驶汽车运输安全服务指南（试行）》。2023 年 11 月，工信部等四部委联合引发《关于智能网联汽车准入和上路通行试点工作的通知》。同时，深圳、上海、北京多地陆续出台政策法规，推动自动驾驶商业化运营和上路。规模化、无人化、

---

[1] 秦孟强，深圳安途智行科技有限公司，政策研究专家。
[2] 杨蕾，深圳安途智行科技有限公司，政策研究专家。

商业化已经成为无人驾驶出租汽车（RoboTaxi）的落地发展趋势。

2020 年 7 月，AutoX 安途获得全球第二张加州全无人驾驶牌照（可载人），继谷歌 waymo 之后成为首个获得该牌照的中国公司。2023 年，AutoX 安途已落地北京、上海、广州、深圳一线城市，实现了城市公开道路完全空车无人驾驶 RoboTaxi 示范运营。在此背景下，本文聚焦 AutoX 安途无人驾驶 RoboTaxi 的落地，介绍 AutoX 安途无人驾驶系统软硬件一体化解决方案、无人驾驶超级工厂、无人驾驶仿真技术、无人驾驶运营域、无人驾驶任意点到点技术、无人驾驶运营中心网络、无人驾驶运营合作等情况。

一、关键技术

（一）无人驾驶系统软硬件一体化解决方案

2021 年，AutoX 安途正式发布的第五代无人驾驶系统 AutoX Gen5 搭载了车规级传感器，自主研发核心计算平台 AutoX XCU 和自动驾驶域电子电气架构，算力达 2200 TOPS，实现车规级别功能安全的全栈架构冗余，从车规级硬件及电子电气架构、传感器到核心计算平台，保证真正全无人驾驶能力。AutoX 第五代 RoboTaxi 定义了整体 L4 级自动驾驶域的电子电气架构 EEA，使全域系统架构满足安全要求，不仅从设计上保障多层冗余，确保车规级功能安全，各个模块还经过了振动冲击测试、温湿度测试、EMC 测试等车规级测试，达到量产车规级别硬件质量，同时将一体化热管理系统、线束工程、电源管理系统等全部整合，进行整车车规级验证，见图 23-1。

图 23-1　AutoX 无人驾驶 RoboTaxi

（二）无人驾驶超级工厂

为生产 AutoX Gen5 无人驾驶 RoboTaxi，AutoX 安途创建了无人驾驶超级工厂，依托全闭环的 RoboTaxi 产线，保障全无人 RoboTaxi 的示范运营，见图 23-2。

图 23-2　AutoX 全无人 RoboTaxi 超级工厂

AutoX 全无人 RoboTaxi 产线历经三代全线优化，确保每一辆 RoboTaxi 车辆量产集成的精准度和一致性。总装线由大型半自动化滑板传输线和吊装输送线构成，采用具有领先水准的 ABB 7 轴机器人、电控系统与传控系统，实现全无人 RoboTaxi 核心工艺标准化、数字化。

（三）无人驾驶仿真技术

AutoX 安途基于 Transformer 的大模型技术，已经用于感知、预测、标注等多个环节。基于 NeRF 大模型，实现了大规模全自动化仿真创建，形成了高效研发-测试-落地闭环。AutoX 自主研发的基于 3D 渲染引擎的仿真器（图 23-3），能在虚拟城市里任意改变各种环境，仿真各种天气和光照环境，确保能覆盖 RoboTaxi 全方位测试，深入覆盖解决真正罕见的长尾场景，真正实现 L4 级别无人驾驶。

图 23-3　AutoX 自研的 3D 仿真器

二、运营体系

（一）无人驾驶运营域

AutoX RoboTaxi 运营区域面积已突破 2000 平方公里，其中完全无人运营域面积超过 300 平方公里，不仅包含大小街道，还渗透至"毛细血管"狭窄道路，在 RoboTaxi 大规模应用迈出了坚实的一步，见图 23-4。

图 23-4　AutoX RoboTaxi 行驶在城市繁华道路

（二）无人驾驶任意点到点技术

AutoX RoboTaxi 具备任意点停靠的能力（亦被称为"无限泊车"），并非增加站点密度，而是真正的无固定站点、无固定路线，打破了站点数量限制，可以让乘客可以像打真正的网约车一样在任意点上下车，并可以实现车辆无限自动寻找停车位，该功能已于 2020 年在高德打车 App 平台上线。

（三）无人驾驶运营中心网络

AutoX 安途已经在北京、上海、广州、深圳、硅谷 5 个国际超大城市全面落地常态化进行测试与运营，并建设了 10 个 AutoX RoboTaxi 运营中心（图 23-5），建设了整套 RoboTaxi 高效运维体系，配备充电桩、高速网络、升降机、传感器校准转盘等专业运维设备，支持从车辆维护、维修、清洁、技术运维、校准、测试、验证、到软硬件升级等全方位标准化、自动化作业。每一个运营中心的选址、规划、建设,均全面专注于 RoboTaxi 任意点到点、随叫随到的高频出行场景,同时对其基础设施进行优化,根据最大化 RoboTaxi 运营效率设计了大规模充电桩网络,通过专为 L4 级全无人驾驶大规模运维而特殊设计的分布式高效数据回传,规划最大 ROI 的车辆运维、技术运维等功能。

图 23-5　AutoX RoboTaxi 运营中心

(四)无人驾驶运营合作

目前,AutoX 安途已经在高德打车平台开展了 RoboTaxi 与普通网约车的人机混合派单服务模式,同时接入了享道出行、大众出行等网约车平台,见图 23-6。

图 23-6　AutoX RoboTaxi 登陆高德打车

三、RoboTaxi 示范应用案例

（一）深圳市

2021 年 1 月，AutoX 安途"全车无人"（车前后排均无人）的 RoboTaxi 面向公众开放示范运营。目前，AutoX 安途全无人 RoboTaxi 示范运营已进入第三年，以过硬的技术实力，保持完美的零事故纪录。

AutoX 安途无人驾驶 RoboTaxi 示范运营有三大特点：

（1）整车全无人：即无人车内前排、副驾驶、后排座位均无人，与车内主驾驶或副驾驶座位仍有安全员的 RoboTaxi 不同，真正整车全无人 RoboTaxi 在示范运营过程中，会发生一些令人意想不到的运营场景，如乘客不熟悉触摸屏界面、视觉障碍等，均需远程客服人员在线服务。

（2）168 平方公里无人驾驶域：AutoX 安途全无人 RoboTaxi 运营域面积达 168 平方公里，覆盖坪山全域，包含大小街道、"毛细血管"狭窄道路，以及如深圳特有的城中村等场景，车队管理需支持大范围区域的精细运营和复杂变化。

（3）任意点到点：AutoX 安途 RoboTaxi 可以实现 168 平方公里服务范围内的"任意点到点"服务，实现无固定站点上下车、无固定路线出行。

（二）上海市

2022 年 2 月 18 日，上海市交通委员会公布了"2022 年度上海市智能网联汽车示范应用创新项目"，AutoX 安途成功揭榜"智能出租"应用场景。通过高德 App，用户可在嘉定区随时体验此项服务。

2022 年，AutoX 安途共有近百台 RoboTaxi 车辆参与上海市载人示范应用，停靠站点基本覆盖了居民区、大学、生活广场、地铁站、景区、医院等便民站点；停靠区域覆盖嘉定区 616.40 公里的测试道路，基本实现开放区域内的任意点到点停靠，完成 10 万 + 载人订单；体验乘客达 10 万 + 人次。从

乘客体验反馈来看，无论是从体验前后对自动驾驶态度的变化，对车内安全员服务态度的评价以及车载交通信息展示的评价，90%评分都是五星。在嘉定区，自动驾驶已然成为人们日常生活的重要组成部分。

2022年8月，浦东第一批智能网联汽车测试道路正式向AutoX RoboTaxi开放，AutoX安途上海版图也拓展至浦东、嘉定双区，还发布推出上海市中心城区首个RoboTaxi示范应用载人服务，并于当日正式投入示范运营。

2023年2月，浦东新区正式发布《上海市浦东新区促进无驾驶人智能网联汽车创新应用规定实施细则》，AutoX安途作为首批企业，获准在上海浦东智能网联汽车开放道路范围内，开展全车完全无人RoboTaxi运营，特大型城市中心应用场景将成为人工智能技术的最佳试验场，驱动"未来车"产业加速驶入现实。

四、未来展望

RoboTaxi真正从测试、示范走向成熟落地需要在以下方面做好准备：

第一，RoboTaxi无人化。这也是终极目的，而无人化的核心要求是安全，因此确保安全是实现RoboTaxi无人化的唯一途径。

第二，RoboTaxi规模化。这需要足够数量的车队支撑，运营才能满足真正的出行需求。

第三，RoboTaxi商业化。只有面向公众收取出行服务费，才能真正实现产业的可持续发展。

第四，RoboTaxi覆盖区域大且密度高。有限的面积范围、无法点到点的出行服务价值较低，难以满足其日常出行需求。RoboTaxi只有像传统出租汽车一样能到达大街小巷，才能满足消费者正常的出行需求。

第五，政策法规成熟。只有破解RoboTaxi的无人许可问题、收费资质问题、上路身份问题、事故定责难问题等诸多限制，从法规政策给予L4级自动驾驶技术更大包容支持，才能加速无人驾驶RoboTaxi的成熟落地，支撑中国自动驾驶技术和产业领跑世界。

  RoboTaxi 是自动驾驶技术落地的核心场景，自 RoboTaxi 的构想被提出以来，就被视为自动驾驶技术皇冠上的明珠，市场规模最大，技术难度和落地挑战也同样巨大，欲戴皇冠必承其重，需要长期的笃定与坚守，AutoX 持续专注于 L4 级别乘用车，坚信 L4 级无人驾驶技术将为人们带来生活品质的巨大提升，也将是驱动未来社会效率提升的巨大动能。

24 小马智行广州南沙 RoboTaxi 应用示范案例

朱中和[1] 高 阳[2]

一、项目背景

（一）政策背景

2021年7月，广州市发布了《关于逐步分区域先行先试不同混行环境下智能网联汽车（自动驾驶）应用示范运营政策的意见》和《在不同混行环境下开展智能网联汽车（自动驾驶）应用示范运营的工作方案》两个政策文件，启动自动驾驶混行试点政策体系建设工作。同时，广州设立推进广州市智能网联汽车（自动驾驶）混行试点专项工作组，专项工作组负责审定广州市智能网联汽车道路测试先行试点区智能网联汽车（自动驾驶）混行试点总体方案和协调混行试点推进过程中的重点工作事项。

基于《广州南沙深化面向世界的粤港澳全面合作总体方案》明确的"加强智能网联汽车测试示范，打造智能网联汽车和智慧交通产业集群"的要求，2022年6月28日，南沙区正式通过《广州市南沙区智能网联汽车混行试点区及特殊运营场景混行试点总体方案》（以下简称《方案》），成为广州市首个

---

[1] 朱中和，小马智行，政府事务总监。
[2] 高阳，小马智行，战略规划总监。

智能网联汽车混行试点区。《方案》指出：到2025年，将分四个阶段投放总计不超过2000辆智能网联汽车示范运营，开展不同混行比例、不同车路协同参与度以及多种新型出行服务的大规模城市交通试验；符合南沙区相关资质要求并取得《示范运营资格通知书》的自动驾驶企业，以及取得《示范运营车辆标志牌》的自动驾驶车辆，可在规定区域范围内开展示范运营。

（二）小马智行获得广州出租汽车经营许可历程

早在2017年10月，小马智行就获准在广州南沙区进行公开道路路测，成为中国第一批开展自动驾驶车队常态化道路测试和示范应用的企业，见图24-1。

图24-1　小马智行车辆获得广州第一批智能网联汽车示范运营标志牌

2020年5月起，小马智行获得广州市自动驾驶道路载人测试许可，在南沙区约400平方公里自动驾驶公开道路测试区域内，面向公众开放自动驾驶出租汽车（RoboTaxi）服务。根据广州市智能网联汽车三方实时数据监管统计，截至2022年底，小马智行在广州开展的自动驾驶测试里程、平均车速、平均脱离里程等指标均为全市第一，反映出企业的行业领先技术实力和研发效率，成为小马智行在广州落地商业化服务的技术护城河，增强了广州市和南沙区监管部门推进城市客运自动驾驶商业化试点运营的信心。

2022年4月，小马智行中标广州市南沙区2022年出租汽车运力指标，这是国内首个颁发给自动驾驶企业的出租汽车经营许可。经营许可明确允许符合广州市智能网联汽车示范运营安全技术要求的自动驾驶车辆提供出租汽车经营服务，标志着自动驾驶车辆正式纳入一般车辆的运输经营与管理范畴，实行国家统一出租汽车规范化管理。

2022年6月29日，经过国家级检验检测机构依据国标开展整车和零部件测试等一系列流程后，小马智行公司的两款乘用车、一款商用车顺利通过市专项工作组审议，纳入广州第一批智能网联汽车示范运营车型目录，率先通过混行试点车型认定，标志着广州率先在全国实行自动驾驶汽车规模化、产业化管理。小马智行由此成为唯一入选该目录并获得广州市出租汽车示范运营资格的企业。

（三）项目运营主体情况

小马智行（Pony.ai）成立于2016年底，公司致力于提供安全、先进、可靠的全栈式自动驾驶技术，实现未来交通方式演进与变革。小马智行以中国和美国为起点，分别在北京、上海、广州、深圳、美国硅谷设立研发中心，致力于打造适用于各类车型及应用场景的"虚拟驾驶员"（Virtual Driver），同时布局自动驾驶出行服务（RoboTaxi）、自动驾驶货车（RoboTruck）及乘用车智能辅助驾驶等业务。

为了能够更好落地自动驾驶出行服务（RoboTaxi）场景，小马智行与汽车制造、出行服务等产业的上下游紧密合作。一是与丰田、三一、上汽、一汽、广汽等一流汽车生产制造企业建立合作关系，共同研发设计自动驾驶汽车系统；二是与英伟达等汽车零部件企业开展技术合作，共同探讨自动驾驶的关键技术和应用；三是与如祺出行等出行服务企业开展合作，共同落地自动驾驶场景应用；四是与地方政府开展合作，为交通部门实时提供车端感知的道路数据，完善"城市大脑"功能，助力智慧城市建设。

规模化的自动驾驶服务离不开坚实的技术基础。从测试数据看，2021美国加州车辆管理局（DMV）年度自动驾驶路测报告显示，小马智行2021年在加州的总路测里程位列第三。根据美国加州公共事业委员会（CPUC）公布的自动驾驶运营季度报告（2019年11月—2020年1月，2020年2月—4月），小马智行的单车运营效率连续位列榜首，单车日均接单数最多、单车日均运营里程最长、每单间空跑时间最短。截至2022年底，在复杂的城区公开道路上，小马智行已累积了近 2000 万公里的自动驾驶路测里程。从资质与许可看，小马智行为首家在北京和广州均获得全车无人示范应用许可的企业，体现了主管部门对小马智行自动驾驶技术稳定性和安全性的高度认可。

小马智行是全球首家在中国和美国均推出自动驾驶出行服务（RoboTaxi）的公司，积累了丰富的城市客运经验。2018 年 12 月起，小马智行先后在中国广州、北京、上海和美国加州尔湾、加州弗里蒙特 5 个城市推出自动驾驶出行服务 PonyPilot+。自 2021 年 4 月起，小马智行在北京市高级别自动驾驶示范区（北京亦庄）、广州南沙、上海嘉定、深圳前海投入搭载公司自主研发的第五代 PonyAlphaX 自动驾驶系统的雷克萨斯 RX-450h 车型，面向公众扩大城市客运自动驾驶示范应用。运营时段覆盖早晚高峰，天气覆盖雨水、沙尘、高温等具有挑战性的场景，道路覆盖无保护路口、狭窄道路、人车混行、临时施工等。乘客可通过小马智行约车 App PonyPilot+ 下单预约打车。2021 年 11 月起，小马智行成为首批获得北京市高级别自动驾驶示范区自动驾驶出行服务商业化试点许可的企业，率先面向公众对自动驾驶出行服务收费。2022 年 4 月，小马智行中标广州市南沙区 2022 年出租汽车运力指标，并于 2022 年 6 月获得南沙区颁发的自动驾驶示范运营资格。截至 2022 年 9 月，小马智行已向公众提供了 100 万次自动驾驶出行服务，服务满意度评分达 4.9 分（5 分制）。

二、关键技术

（一）自动驾驶系统

运营车辆使用的自动驾驶系统为小马智行第五代全栈式自动驾驶系统 PonyAlphaX。该系统是小马智行目前在广州投入城市客运车辆（RoboTaxi）所采用的主力系统，于 2020 年 11 月发布，是小马智行首个经由标准化生产的自动驾驶软硬件系统。

从设计运行范围来看，目前小马智行搭载 PonyAlphaX 的主力车型雷克萨斯 RX-450h 上安装的传感器包含 4 个激光雷达、7 个摄像头与 4 个毫米波雷达，以及 GPS 定位装置、惯性测量单元等，可实现车身周围 200 米的全域视野、厘米级定位，支持车辆在复杂的城市道路和高速公路行驶。另外，通过自主研发的传感器自清洁系统以及算法优化，车辆能够胜任雨、雪、雾、沙尘暴天气及夜间环境，北京、上海、广州、深圳四地每年正常运营时段的自动驾驶车辆出勤率达 95%以上。

从自动驾驶能力来看，系统已达到 L4 级别自动驾驶能力，目前已在广州获准车内不配备安全员提供载客服务。

从乘车体验来看，针对自动驾驶系统计算单元放置行李舱会占用行李存放空间的问题，小马智行对计算单元设计以及空间运用进行优化，此代系统和车型的行李舱可使用率超过 90%；针对计算单元散热噪声大的问题，此代车型及系统采用液冷方案，散热效率更高，可实现静音运行，见图 24-2。

图 24-2 小马智行自动驾驶车辆在街头行驶

（二）用户交互系统

对于初次乘坐自动驾驶车辆的乘客来说，用户交互系统有助于乘客与系统建立信任。车辆用户交互系统采用小马智行自主研发的用户交互系统 PonyHI，安装在前排座椅背面。PonyHI 具备丰富视觉呈现效果，规范自动驾驶乘车流程的功能，能帮助后排乘客更好地理解自动驾驶汽车的决策行为和路径规划，比如转向、变道、减速等；同时还可将用户的实时体验反馈至研发流程中，促进技术提升。PonyHI 内置各种自动驾驶技术介绍视频，通过点击视频标题，乘客就可以获得生动有趣的技术说明，缓解初次乘坐的紧张情绪，见图 24-3。

图 24-3　乘客搭乘小马智行自动驾驶车辆

（三）运营车辆预约应用程序

用户可以使用企业自营的"PonyPilot + App"预约打车。PonyPilot + 源自小马智行于 2018 年 12 月推出的自动驾驶出行服务 PonyPilot，2021 年升级为 PonyPilot + 版本。PonyPilot + App 可从苹果和安卓应用商店下载，用户完成账户注册后可预约小马智行自动驾驶车辆。PonyPilot + App 支持的功能覆盖约车全流程，包括即时约车、车辆介绍视频展示、寻车引导、行程间更改行程终点、在线支付、实时客服、投诉反馈等。

三、应用示范情况

目前，小马智行主要使用搭载公司自主研发第五代自动驾驶系统 PonyAlphaX 的雷克萨斯 RX-450h 车型在南沙区面向公众提供的城市客运服务，该车型为五座乘用车。示范运营范围覆盖南沙区全域 803 平方公里，示范运营区域内共设立超 1000 个站点，覆盖地铁站、商业广场、地标酒店、住宅小区、办公大楼、体育中心等多个出行需求集中点。典型场景包括机非混行道路、单车道窄路、主辅路等，天气覆盖高温、台风暴雨等具有挑战性等场景。运营时段为每天 08:00—22:30，覆盖早晚高峰。车辆根据行驶道路的限速要求以及路况自由调配车速，城市道路下的最高时速为 80 公里。周边居民及示范区访客在完成账户注册后，可以使用"PonyPilot + App"预约打车。车辆服务定价参照南沙区出租汽车统一定价，见图 24-4。

自开启城市客运服务收费的半年时间内，小马智行在广州南沙区商业化运营里程已超过 100 万公里。用户对收费出行服务的评分依然保持在 4.9 分（5 分制），用户复购率与收费前的水准保持基本一致，超过 60%。

图 24-4　乘客通过手机预约小马智行自动驾驶车辆

四、经验借鉴

（一）成熟技术保障下的示范应用塑造用户粘性

面向公众对出行服务收费之前，小马智行在广州南沙区开展大规模常态化示范应用超过两年时间，服务大幅提升了区内公共交通效率。乘客打车需求强烈，早晚高峰排队候车 20 人以上为常态，随着技术不断成熟，乘客对自动驾驶车辆的态度从最初的尝鲜转向以此作为日常出行的主要交通工具，并不断通过反馈意见和建议帮助企业改进技术和服务。2021 年 4 月，小马智行在广州南沙区扩大自动驾驶出行服务规模，自此 100 天内收到近 3000 条用户反馈，其中 22.8% 的用户认为驾驶平稳，20.1% 的用户认为车内外整洁，20% 的用户认为物体识别正确，18.5% 的用户认为地图精确匹配，18.5% 的用户认为路线规划合理。这些为后续对出行服务收费打下坚实用户基础。

（二）社会需求推动场景落地

广州市南沙区全区总面积约 803 平方公里，2022 年常住人口约 93 万人，目前衔接区内重大区域的轨道交通等大中运量城市公交仍在规划建设中，区内公共交通需要依赖一定规模的出租汽车运力予以补充。规模化地运营区域性出租汽车服务对于承运企业的管理能力以及本地投入决心提出较高要求。在强烈的自动驾驶打车氛围下，广州市南沙区按原定计划对出租汽车服务进行公开招标。小马智行凭借有说服力的方案竞标成功，一方面反映了自动驾驶企业在看到用户认可后，对于长期加强投入运营的决心，另一方面也反映了城市客运主管部门对自动驾驶企业能够运营好区内城市客运服务的信心。

五、未来展望

小马智行 2022 年中标的南沙区出租汽车运力指标覆盖 5 年内共计 100 个运力指标，初期将投入 50 辆自动驾驶出租汽车提供出行服务，随后将与各方一同努力投入更多搭载更为先进的自动驾驶系统的车型，逐步扩大至百辆规模。2022 年 12 月 28 日，经过层层检测和认定，搭载小马智行第六代自动驾驶软硬件系统的广汽埃安 AION LX Plus 车型，入选广州市智能网联汽车第二批车型目录。该车型系是小马智行与广汽集团旗下的移动出行平台如祺出行合作推出的，是基于广汽研究院、广汽埃安在整车和车辆线控底盘上的最新技术，打造的全新 RoboTaxi 车型系统，也是混行车型目录中首款搭载车规级激光雷达的自动驾驶软硬件系统。

小马智行在广州市南沙区开展的自动驾驶城市客运实现了市政部门、自动驾驶企业、公众的多方共赢。对于市政部门来说，自动驾驶车辆运力能够有效解决南沙区交通需求问题；对于自动驾驶企业来说，能够在提供自动驾驶出行服务的过程中收获第一手的反馈信息用于自动驾驶技术和服务能力提升，补贴自动驾驶研发开销；对于公众来说，可以优先尝试自动驾驶出行服务。

25 蘑菇车联"车路云一体化"自动驾驶系统框架及应用示范

万 如[1] 郭杏荣[2]

一、项目背景

"十四五"时期,是加快交通强国建设的关键阶段,更是智慧交通跨越发展期。《中华人民共和国国民经济和社会发展第十四个五年规划和2035年远景目标纲要》明确提出要加强泛在感知、终端联网、智能调度体系建设;发展自动驾驶和车路协同的出行服务;推广公路智能管理、交通信号联动、公交优先通行控制等重点内容。

近年来,湖南持续发力智能交通系统研发与建设,尤其在智慧高速公路和城市智能交通系统建设方面加大投入,取得了良好效果,并且在2022年发布了《"数字新基建"100个标志性项目》。衡阳市智能交通项目作为国内首个城市级智慧交通项目成功入选,衡阳市早在2021年便开始与蘑菇车联展开战略合作,多年来加强数字道路建设,实现车辆智能和城市交通云建设,依托蘑菇车联的"车路云一体化"自动驾驶系统方案,以衡州大道、蔡伦大道为主体辐射周边,建设"智慧化"数字道路,建立可靠、高效、稳定的智

---

[1] 万如,蘑菇车联信息科技有限公司,副总裁。
[2] 郭杏荣,蘑菇车联信息科技有限公司,CTO。

慧交通运行体系,大规模落地并示范运营自动驾驶在城市公交、清扫巡逻等公共出行和公共服务场景中的应用,构建智能网联汽车产业生态高地,项目总投资额约 5 亿元人民币,将逐步覆盖 200 公里的城市主干道,见图 25-1。

图 25-1　蘑菇车联自动驾驶车辆在衡阳

云南省在其规划中也明确提出"十四五"时期以促进交通、电子、通信、汽车等产业转型升级为目标,建设车路协同的道路基础设施和自动驾驶应用场景;2022 年 7 月,云南省工业和信息化厅、省交通运输厅等四部门联合印发《关于"十四五"推进云南省车路协同自动驾驶试点示范建设的指导意见》,提出将在大理洱海生态廊道等 5 个路段建设第一批车路协同自动驾驶试点示范。大理洱海生态廊道项目总投资达 10 亿元,蘑菇车联将对环洱海生态廊道全路段(136 公里)进行智能网联及车路协同新型基础设施升级与建设,并在建设期内陆续投放自动驾驶游客观光车、接驳车、垃圾清扫车、巡逻车等相关自动驾驶车辆,打造包含道路信息感知、车路信息交互、路云信息传输等功能的"车路云一体化"系统。项目计划将环洱海智慧交通生态旅游示范区打造成西南地区首个"智能网联+智慧旅游"生态示范区,见图 25-2。

图 25-2　蘑菇车联自动驾驶车辆在大理

二、"车路云一体化"示范及应用场景

秉持高科技服务民生的行动理念,构建适用于中国城市道路交通特点的智慧交通管理和服务体系,蘑菇车联"车路云一体化"自动驾驶系统开发的车辆涵盖 RoboTaxi、RoboBus、RoboSweeper 等多类型城市公共服务车辆,包括清扫车、巡逻车、售卖车等小型无人驾驶功能车。基于全场景车辆的研发和生产能力,以及成熟的车队运营经验,蘑菇车联在城市开放道路、景区、园区、高速、机场等场景开展多样化的智能网联运营业务,为用户和客户提供自动驾驶网约车、公交、接驳/环游、无人环卫、无人巡逻、无人物流等城市公共出行和公共服务,让智慧交通大规模融入生产、走入生活,用更高效、安全、环保的出行体验,切实提升城市居民的生活幸福感,见图 25-3。

MOGO T1:
第一代RoboTaxi,搭载蘑菇第一款ADCU。

MOGO T2:
第二代RoboTaxi,搭载蘑菇大脑1.0。

入门级 | 高性价比 | 车路协同 | 规模营运　　豪华级 | 极致体验 | 车路协同 | 商务接待

MOGO B1:
第一代RoboBus,搭载蘑菇第一款ADCU。

MOGO B2:
第二代RoboBus,搭载蘑菇大脑1.0。

多场景 | 高性价比 | 车路协同 | 规模营运　　一体化 | 自主设计 | 前装定制 | 未来科技

MOGO M1:
第一代Mini RoboBus,搭载蘑菇大脑1.5。

全无人 | 自主设计 | 全栈自研 | 娱乐空间

图 25-3　蘑菇车联自动驾驶车辆矩阵

截止目前，衡阳一期工程已落地，涵盖38公里道路智慧化升级以及智慧交通云平台建设，并实现近百辆自动驾驶公共服务车辆的试运行。衡阳智能运营中心也已投入使用，支持1500+辆自动驾驶车辆大规模示范运营，见图25-4。

图25-4　衡阳智能运营中心

大理项目一期自动驾驶巴士、环卫车、巡逻车已驶入洱海生态廊道，进行测试、试运行，自动驾驶观光服务开放在即；同时，在环洱海生态廊道建设的支持L4级自动驾驶的车路协同智能网联基础设施也在加紧部署，此次还将首次落地示范运营蘑菇车联发布的全球首款搭载"车路云一体化"系统的L4级自动驾驶前装量产巴士，见图25-5。

图25-5　全球首款搭载"车路云一体化"系统的L4级自动驾驶前装量产巴士

三、"车路云一体化"系统框架及关键技术

与以往在城市新区进行的自动驾驶测试不同，城市核心路段的交通复杂性极高。比如，衡阳市地处我国中南部重要的交通枢纽，多条重要公路、铁路干线在此交汇，项目又是在城市主干道，穿越市中心，并涉及隧道、立交桥、无标线的乡村道路等实际复杂路况。为此，蘑菇车联打造了一套标准化产品包（MOGO Package），构建了AI数字道路的基础设施标准化产品以及全业态、全品类、全车型标准化产品，通过城市级智慧交通AI云平台，实现智能网联汽车和数字基础设施的有效衔接，构建数据要素闭环；此系统主要是通过公司

自主研发的支持 L4 级自动驾驶的路侧数字基站,以及结合项目具体需求的设施形成整体的解决方案,设施包括旧标准电警杆、新建城市综合智能杆、景区生态杆等;该系统应用融合感知、融合决策控制、高精度地图、高精定位、仿真系统、云计算、大数据等前沿技术,深度融合自动驾驶 + 车路协同 + AI 云平台三大板块,打破单车智能感知瓶颈,大幅提升了 L4 级自动驾驶技术规模化应用的安全性,满足不同场景、不同车型的需求。感知层通过路侧和云端辅助单车感知,使车辆获取全局道路交通元素实时动态信息,实现超视距感知和极端场景感知,提高自动驾驶的安全性。决策层通过路侧边缘计算节点与城市数据中心协同决策,为车端提供算力补足。控制层通过云端汇聚车端、路端实时上传的城市交通全局信息,指挥调度车辆、调控红绿灯等交通设施,从城市交通全局维度提高交通效率和交通安全水平。"车路云一体化"系统架构见图 25-6。

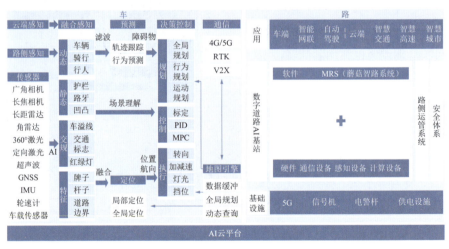

图 25-6 "车路云一体化"系统架构

四、应用示范效果

(一)对城市的安全效益

极端天气(雨、雪和大雾)、不利照明、视野受遮挡条件下,"车路云一体化"通过路侧感知,为单车智能车辆提供多源感知数据,解决单车感知失灵、精准度不高、信息盲区等问题(图 25-7),具体功能如下:

(1)单车智能车辆难以发现大货车后的行人,路侧感知设备为车辆感知提供补充。

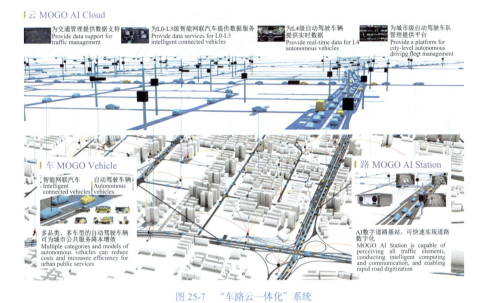

图 25-7 "车路云一体化"系统

(2)斑马线前行人被树木、建筑遮挡,路侧感知数据有效弥补单车感知不足。

(3)前方发生连环追尾事故或因建筑物遮挡,"车路云一体化"通过路侧感知,提前将信息同步给自动驾驶车辆,避免二次事故。

(4)隧道内出现突发事件或远距离发生交通事故,"车路云一体化"通过路侧感知上传突发事件信息至云端,云端提前 1~10 公里将前方路障/临时停车/临时管制禁行等道路信息发送给车辆,便于车辆提前做出规划,防止二次事故发生。

(5)遇路口异形信号灯,"车路云一体化"通过路侧感知,将红绿灯信息直接同步给车端,获取精准的红绿灯灯态和计时信息,避免车辆误识别红绿灯状态。

（6）遇无信号灯、路况复杂的十字路口，"车路云一体化"通过车-车协同，每辆车均可实时获知其他方向来车的轨迹意图。

（二）对城市的社会和经济效益

在自动驾驶单车智能的技术路线下，车与路是相对割裂的个体，车是车、路是路，虽然其有可能交互，但是所作决策都是从个体出发。"车路云一体化"系统则是从"车、路"等交通要素整体出发，从成本、效率、安全性等多个方面，助力交通的持续升级。其中，道路数字化、智能网联汽车是数字中国和交通强国两大国家战略的交汇点，是5G、大数据、云计算、人工智能等数字技术与交通基础设施的全面融合；自动驾驶车辆制造和运营代表了数字经济和汽车产业的结合，是汽车智能化的核心，是人工智能、高算力芯片、高精传感器等前沿数字技术的典型应用；智能网联数据运营则充分释放交通数据要素红利，推进城市数字化进程。这种跨行业数据的融通和协同，还将加速制造、保险、健康等产业数字化转型升级。

五、发展过程中存在的部分问题

（一）地域间发展不协调，部门间沟通协调难

我国各城市之间由于地理位置差异、城市规模大小、经济发展不均衡等，导致城市在做智慧升级建设的规划上不尽相同。不同城市的道路情况、交通管理、数据开放度不同，如红绿灯设计、道路规划等，这些都导致不同城市之间存在"城市墙"，一座城市的成熟智慧交通体系不可以直接复制到另一座城市，降低了成熟智慧交通方案的可复制性，无形中增加了成本。

与"单车智能"不同的是，"车路云一体化"的跨行业、跨领域属性突出，涉及多个部门，在政策、标准制定、示范试点、数据管理等方面，需要各部门协同推进，且全球范围目前无成熟经验可借鉴，各部门缺乏统一明确的方向、共识，导致跨学科、跨部门缺乏有效协同。

（二）单车智能自动驾驶运营模式下数据利用率低

在政策的大力引导和推动下，各地城市建设投资规模迅速增长，数字新基建、自动驾驶落地项目不断增加，但是当前建设过程中出现重建设、轻运营的问题，缺乏系统、完善的建后运营体系，这也导致城市新基建实际效益水平相对较低、可持续运营能力不足。在建设初期，各市、区政府投入大量物力、财力建设智慧城市项目，由于缺少长期运营机制，对政府财政投入依赖性较大。不健全的运营机制导致难以将城市数据资源进行有效整合，政府不同部门之间存在差异化的数据标准，难以形成数据资源市场交换、流动机制。以公共数据基础设施建设为例，很多数据库的利用率不到20%，只有百分之十几，用得好的也不到40%，而美国的数据库利用率都在40%左右。

六、未来展望

根据联合国经济和社会事务部人口司发布的最新数据，"当今世界一半多的人口，相当于39亿人居住在城镇地区；到2050年，城镇人口将再增加25亿，而且绝大部分增加的城镇人口将集中在亚洲和非洲，预计中国的城市人口将增加2.55亿"[1]。道路如同城市的血管，而车辆就像是流淌的血液，人口的快速增长，势必会带来一系列交通拥堵、城市安全发展问题，这对世界各国的城市管理系统都是巨大的考验。车路云一体化发展的思路将成为全世界城镇化发展、解决城市问题、改善城镇治理水平的重要途径之一。

当前，我国正积极推动交通科技创新成果落地。2023年9月，交通运输部发布了《自动驾驶汽车运输安全服务指南（试行）》，鼓励在特定场景下使用自动驾驶汽车从事出租汽车和公交车客运；北京、云南、四川、江苏等地均积极推进车路协同自动驾驶。产业界也探索了城市级创新自动驾驶公共服务、新型交通信息服务等新模式、新业态。

未来，各方应进一步加强产学研用结合，加强城市交通数字底座建设应

---

[1]《2018年版世界城镇化展望》报告发布[J]. 上海城市规划, 2018(03): 129。

用，切实提升交通安全与效率；把握好交通作为经济社会发展"先行官"的定位，前瞻部署融合区域特色的创新应用场景，带动智慧城市升级。在各界联合推动下，智慧交通、数字道路、车路云一体化、自动驾驶等技术和方案将持续助力城市数字化、智能化发展，壮大经济社会发展新动能。

26 国外客运自动驾驶发展现状与应用案例

姚振兴[1] 周红媚[2]

一、美国客运自动驾驶现状及应用案例

（一）概述

随着城市机动车保有量的快速增长，交通拥堵、交通事故、环境污染等交通问题愈演愈烈，给城市交通治理带来了巨大的挑战。在城市用地日益紧缺的背景下，仅依靠增加道路设施供给已无法解决复杂城市交通问题。工业4.0时代，人工智能、自动驾驶等技术逐渐进入大众视角，自动驾驶技术具备高度智能、自主、协同运行优点，其运输效率更高、能耗污染更小，为城市交通问题治理带来了新思路，行业应用前景广泛。

近年来，世界各国高度重视城市客运自动驾驶系统的布局与发展。美国作为较早探索自动驾驶领域的国家，从20世纪末就开始了自动驾驶产业的探索与技术攻关，自2010年以来，先后发布了《关于自动驾驶汽车的初步政策》《联邦自动驾驶汽车政策》及《自动驾驶2.0-4.0》等激励政策，从自动驾驶标准、功能研发、协作与数据开放等方面提出新的发展要求，同时各州也

---

[1] 姚振兴，长安大学，副教授。
[2] 周红媚，大连理工大学，副教授。

注重自动驾驶法律地位的确立工作,在纽约、加州、内华达州等地先后建立了 80 多处自动驾驶试验基地,积累了良好的研究基础和丰富的自动驾驶应用经验。

纵观美国自动驾驶技术 40 年内取得的发展,可以归纳为 3 个阶段:

(1) 基础技术积累与研发阶段(20 世纪 80—90 年代),系统开展了自动驾驶环境感知与车辆控制技术研究,制定了自动驾驶等级标准(L0~L5),为后期自动驾驶系统建设奠定了重要基础。

(2) 关键技术攻关阶段(20 世纪 90 年代—21 世纪初),随着自动驾驶的试验与商用需求,政府和企业高度重视自动驾驶关键技术攻关,开展了智能感知、高精定位和实时控制等技术研发,实现了自动驾驶重点技术的突破。

(3) 商用阶段(21 世纪初—21 世纪中叶),纽约州,密歇根州、加州等多地政府联合 GOOGLE、特斯拉等企业致力于推进自动驾驶的商业化应用,依托封闭/开发试验场积累了大量自动驾驶数据并反馈优化系统。

(二)典型案例

1. 加利福尼亚州

2022 年 2 月 28 日,加州公共事业委员会(CPUC)向通用汽车旗下的自动驾驶部门 Cruise 和 Alphabet 旗下自动驾驶部门 Waymo 发放了自动驾驶客运服务(包括拼车服务)许可证,允许他们在安全驾驶员在场的情况下使用自动驾驶汽车提供客运服务并收取费用。同年 6 月,加州监管机构批准 Cruise 在旧金山提供无人驾驶出租汽车收费服务,这是该州批准的首个无人驾驶的出租汽车收费服务,自动驾驶商业化落地实现里程碑式跨越。Cruise 选用雪佛兰 Bolt 自动驾驶出租汽车(图 26-1),该车为无人、无脚踏板、无转向盘的完全自动驾驶车辆,拥有强大的软件系统以及算法能力。技术方案由多种传感器(5 个激光雷达,14 个摄像头,3 个广角雷达,8 个长距雷达,10 个超声波)+ 高精度地图 + AI 处理器构成,其传感器拥有 360 度全景视角,能为车辆提供附近所有的事物信息,包括行人、其他车辆、建筑、道路状况等,感知距离能达到百米之外。Cruise 无人驾驶车辆收费标准为 4.36 美元/公里,其中车程费为每公里 0.5 美元、每分钟耗时费 0.4 美元、基础费用 5 美元以及 1.5% 的城市税。加州政府为保证安全性对车辆做了一定限制，其运营时间为每天晚上 22:00 至次日早上 6:00，时速不得超过 30 英里，在大雾和大雨天气条件下不得运行，每辆车每次最多两人乘坐，只能在旧金山近三分之一区域内运行，允许提供自动驾驶出租服务的车辆只有 30 辆。但该项目运营开始不久，10 多辆 Cruise 自动驾驶汽车在旧金山导致交通堵塞数小时，直到驾驶员将这些车辆移开之后问题才得以解决。2022 年 12 月，美国高速公路交通安全管理局（NHTSA）收到了涉及通用旗下自动驾驶汽车部门 Cruise 多起事件的警报，决定对 Cruise 自动驾驶出租汽车系统展开正式调查。

图 26-1　加州 Cruise 自动驾驶汽车

2. 底特律

2016 年 12 月，美国密歇根州出台了首部无人驾驶汽车法规，设立了无人驾驶汽车测试、使用及销售全面管理条例，成为美国颁布自动驾驶汽车综合性法规的第一个州。2018 年 6 月，May Mobility 在底特律推出了首个商业自动驾驶电动班车服务，见图 26-2，该服务由 May Mobility 与 Bedrock 合作推出，为 Bedrock 公司员工提供出行服务。May Mobility 运营的每辆无人驾驶电动班车都配备一套先进的传感器系统，将多个激光定位器、雷达及摄像头结合在一起，突出每种传感器的优势，为班车提供周围 360 度的全景信息，可对周围交通运行态势实现动态、精确感知。May Mobility 还增加了对车辆沿线交通信号灯等设施的感应系统，充分保障车辆与基础设施的信息交互。该车辆配备了先进的多策略决策系统（Multi-policy Decision Making，MPDM），该系统将车辆驾驶视为一种社会活动，可以毫秒级模拟主体对环境中不同物体的反应与决策，从而保障乘客安全性、能源可持续性和交通便利性。该项目拥有5辆自动驾驶班车，每辆车可乘座6人，最高时速为25英里，并且有安全驾驶员实时在场以保障科学处理突发状况。班车在Bricktown停车场和底特律市中心的封闭道路上来回运行，并取消了该线路上运行的普通柴油巴士，旨在促进自动驾驶技术融入居民日常生活。May Mobility公司同时提供了完善的商业化服务模式，自动驾驶、车辆维修、现场操作人员均由该公司提供。

图26-2 底特律May Mobility自动驾驶电动班车

3. 拉斯维加斯

早在2011年，美国内华达州政府就通过了无人驾驶汽车行驶合法化法案，走在了各州的前列，之后内华达州成为了各大车企无人驾驶汽车实验的优先考虑地之一。2017年Navya和Keolis在拉斯维加斯市中心环路上试运营了全国首个混合路权的公交自动驾驶项目，拉斯维加斯也成为了最早提供自动驾驶公交服务的美国城市之一。在该项目中，一款Navya Arma低速自动化车辆为居民和拉斯维加斯游客提供自动驾驶公交服务（图26-3），车辆可以运载15名乘客以每小时30英里的最高速度行驶。面对复杂的环境，车载光学雷达、立体视觉系统可以快速侦测和识别障碍物，车辆智能决策与控制引擎能够实时判断如何避让或停车，同时车辆配置了乘客停车紧急按钮以保证突发事件行车安全。该项目运营过程中，乘客使用自动驾驶公交 App 实现叫车服务，上车后选择输入目的地，Arma 便可通过综合计算来确定行驶最优路线。拉斯维加斯政府部门相关人士对该自动驾驶公交进行了评估，Aram 自动驾驶公交的年运营成本只有 12 万美元，相较于传统公交每辆车 100 万美元的成本可以极大地节省政府投入，该公交使用纯电作为动力，在环保方面也具有较大优势。试运行阶段，该车辆行驶最高限速为 15 英里/时，车辆运行时间为 10:00—18:00，免费为市民提供服务，共运行了 1515 小时，服务乘客总量达 32827 人次。该项目的实施有助于衡量公众对自动化车辆的满意度和接受度，并且可以收集服务本身相关问题。在试运营早期，Arma 无人巴士发生了与货车的碰撞事故，尽管 Aram 在事故中不负主要责任，但仍然给民众对无人巴士的接受度和对无人巴士安全的信赖产生了不利影响。

图 26-3　拉斯维加斯自动驾驶巴士

4. 凤凰城

2018 年美国亚利桑那州州长签署了允许无人驾驶进行上路测试的行政令，同年，Waymo 公司获得亚利桑那州交通部批准，拿到美国首个商业自动驾驶打车服务执照，并在凤凰城正式推出自动驾驶首个用于服务乘客的商业叫车服务 Waymo One，在该州率先开启自动驾驶技术的商业化进程。从最初仅在凤凰城东北部郊区试运营没有安全员的 RoboTaxi，到 2022 年在凤凰城市中心运营的自动驾驶出租汽车，凤凰城已实现了自动驾驶的规模化运营（图 26-4）。该项目使用第五代 Waymo Driver 自动驾驶车辆，配备有车顶激光雷达、车身激光雷达、毫米波雷达以及远程摄像头等多种高性能、互补传感器组成的智能感知系统，车顶激光雷达的有效测距范围可达到 300 米，可为车辆在复杂城市环境中安全高效运行提供有效支撑。该项目中，Waymo 公司向凤凰城用户提供 24 小时无人驾驶网约车服务，车辆每行驶 5 英里的车程大约需要 14 分钟，每分钟的费用约为 1 美元。根据 Waymo 无人驾驶出租汽车运营调查数据显示，部分乘客反映 Waymo 网约车存在开错目的地、绕路、驾驶不稳等问题，未来在服务提升方面还需要进一步优化。

图 26-4　凤凰城自动驾驶出租汽车

（三）经验与启示

1. 美国城市客运自动驾驶的先进性

1）自动驾驶汽车相关政策更完善、更灵活

美国将自动驾驶技术作为交通领域的重点发展方向，并从国家层面进行战略布局。2013 年，美国国家公路交通安全管理局（NHTSA）首次发布指导性文件《关于自动驾驶汽车的初步政策》，制定了自动驾驶测试相关标准，提出了对各州自动驾驶汽车立法的建议，用于支持自动驾驶技术的发展和推广。2020 年 1 月，美国正式发布新版自动驾驶汽车指导文件《确保美国在自动驾驶技术领域的领先地位：自动驾驶 4.0》，确立了联邦层面自动驾驶汽车开发和集成指导方针。在州层面,各州积极推动自动驾驶立法,目前已有 30 多个州及华盛顿特区颁布了自动驾驶法案。加利福尼亚州于 2012 年便出台了宽松的自动驾驶汽车法规,确立了"促进和保障无人驾驶汽车安全"的立法理念,力争为自动驾驶技术的发展建立支撑。NHTSA 逐年更新的政策既界定了联邦和州政府各自对自动驾驶汽车的管理权限,也指导和帮助了州的立法实践,而州的法律又具体规范了自动驾驶汽车测试与运营,推动美国自动驾驶技术和人工智能产业的发展。

2)自动驾驶技术积累深厚

自动驾驶关键技术的突破是实现自动驾驶推广应用的核心基础,智能感知技术是重中之重。美国当前智慧感知主流技术分为以特斯拉为代表的以摄像头为主导的多传感器融合技术和以谷歌为代表的以激光雷达为主导,其他传感器为辅助的感知技术。同时,自动驾驶技术的进步依赖于人工智能技术发展,当前美国人工智能技术相关的硬件研究分别由 NVIDIA、INTEL 和 IBM 等公司引领,在无人驾驶计算平台、人工智能产品以及计算机芯片等方面的研究走在世界前列。谷歌在人工智能相关的软件研究方面深耕多年,拥有领先世界的 AI 技术,正是得益于此,旗下的自动驾驶部门 Waymo 率先开始了自动驾驶客运商业化进程。

3)注重自动驾驶道路测试和示范区建设

美国对自动驾驶汽车的支持不仅局限于政策研究、技术开发等方面,也非常注重道路测试和示范区建设。一方面在示范区模拟多种道路和场景,提供自动驾驶运行环境,另一方面通过真实道路测试,帮助自动驾驶汽车在实操中发现问题、积累经验,不断优化性能,推动技术创新。根据美国交通部的统计数据,截至 2020 年 3 月,美国共有 Waymo、Cruise 等 80 多家自动驾驶公司,超过 1400 辆自动驾驶测试车辆,在 36 个州的开放道路上进行自动驾驶测试。根据加州 2021 年 DMV 自动驾驶测试数据,在加州进行自动驾驶测试的 28 家公司 1180 辆自动驾驶车辆的测试里程已达到 410 万英里,比 2020 年增长近两倍。

2. 不足之处

1）感知、决策技术仍需完善

当前美国自动驾驶汽车多应用基础传感器技术，如摄像头、雷达等，在常规运行和部分场景紧急制动等方面应用广泛，但要实现更高级别的自动驾驶，智能感知技术还需要进一步升级。面对起伏较大地形、错综复杂的路网、更密集多变的人/车流等环境时，车辆在感知、预测、规划各个环节中面临的困难会大幅提升，各种环境下车辆如何做出最优决策还需进一步研究。此外，当服务对象要求更便捷、灵活的服务能力时，现有的自动驾驶系统和决策控制平台，仍然比不上一位能够及时接管的人类驾驶员。

2）交通安全未能充分保证

随着美国自动驾驶测试和运营车辆的不断增多，事故数量也在上升，乘客安全等问题也逐渐暴露出来，自动驾驶领域安全问题仍然是公众最为担忧的问题。2022年6月，美国高速公路安全管理局（NHTSA）发布了L2级自动驾驶事故数据报告：2021年7月1日至2022年5月15日的10个月内，有392起事故与L2级辅助驾驶系统有关。美联社2022年10月报道，根据美国政府最新公布的数据，从2022年5月中旬到9月，美国发生涉及使用自动驾驶系统车辆的事故中，有11起致死事故。自动驾驶面临的安全问题依然存在，应继续寻求有效的解决方案。

3）民众对自动驾驶的选择与信任感不足

近年来无人驾驶车辆肇事事件时有发生，诸多知名无人驾驶技术公司的测试车屡出事故，轻则驾驶员受伤，重则造成人员死亡，美国民众对自动驾驶的选择与信任感下降。2018年受Uber和特斯拉等一系列自动驾驶事故影响，近半数的美国民众表示将不会购买L5级别的完全自动驾驶汽车。2020年Partners for Automated Vehicle Education（PAVE）在2020年2月底到3月初之间对1200名受访者展开了调查，结果发现，大多数美国人对自动驾驶汽车这个概念并不太感兴趣，近四分之三的美国人认为自动驾驶汽车还没有为迎接黄金时代做好准备。受访者中有48%的人表示他们永远不会乘坐自动驾驶出租汽车，20%的人认为这项技术永远都是不安全的。由此可见，民众对自动驾驶的选择与信任感还需进一步提升。

二、欧洲客运自动驾驶现状及应用案例

（一）概述

自动驾驶汽车的出现为城市交通变革提供了机会与挑战。将自动驾驶车辆集成到公共交通网络中，替代传统公交或通过提供按需服务接入公共交通干线，可以有效解决出行第一/最后一公里问题。此外，自动驾驶公交与MaaS（出行即服务）的有机融合将大幅减少道路上的汽车数量，促进城市交通的可持续发展。欧洲各国高度重视在公共交通出行领域实现自动驾驶。欧盟资助的CityMobil2项目从2014年到2016年在包括法国拉罗谢尔、瑞士洛桑、芬兰万塔、希腊特里卡拉等在内的欧洲7个城市开展自动驾驶示范运营，实现城市道路环境中自动驾驶穿梭巴士低速运行。AVENUE是欧盟"地平线2020"计划资助项目，该项目于2018年5月启动，持续4年时间，已在欧洲4个城市的中低需求地区部署自动驾驶小型巴士车队，开展城市交通自动驾驶试点。欧盟"地平线2020"计划资助的另一个项目SHOW是迄今为止欧洲规模最大、最全面的在真实城市环境下的网联自动驾驶示范项目，该项目将自动驾驶需求响应式交通与MaaS进行集成试点，持续时间从2020年1月至2024年1月，预算3000万欧元。除了欧盟资助的一些大规模示范项目外，很多其他城市也出现了自动驾驶巴士路线的试点运营，例如，布鲁塞尔机场至市中心线路，维也纳实施的自动驾驶巴士线路等。

（二）AVENUE项目

1. 项目概况

在AVENUE对未来城市及郊区公共交通的愿景中，自动驾驶汽车将彻底改变人们使用公共交通的方式，人们不再需要按照固定站点和时刻表，而是

可以随时随地乘坐，车辆从请求的地点接乘客，并将他们送至目的地或附近地点。为了实现这一愿景，AVENUE在欧洲的4个城市（日内瓦、里昂、哥本哈根和卢森堡）开展试点，验证将自动驾驶技术应用于公共交通的优势。自动驾驶车辆与新的客运模式相结合，为居民提供按需和门到门服务，将成为未来公共交通的解决方案。项目概况如表26-1所示。

项目概况　　　　　　　　　　　　　　　　　　　　　表26-1

项目目标	提供经济环保、高度个性化、安全可靠的门到门服务
持续时间	2018.5—2022.5
项目规模	4个示范城市，后续将增加3个城市
使用车辆	采用包含不同尺寸的NAVYA小型电动巴士
应用地区	中低需求和中低可达性的城市及城郊
目标用户	所有居民，特别考虑老年人、残疾人/行动不便者、弱势群体
相关技术	I2V、V2I、V2V通信，物联网，数据融合，数据和视觉分析

2. 典型案例

1）法国-里昂

里昂是法国第二大城市，人口220多万。里昂的公共交通包括地铁、电车和公共汽车，由Keolis运营。里昂的示范点位于里昂市中心的萨翁河和罗纳河交汇处，占地150公顷。该地区没有公共汽车，只在查理曼火车站附近大街上有一个有轨电车站Décines Grand Large。项目示范期间，Keolis和Navya合作，使用两辆自动穿梭巴士（图26-5）为查理曼的有轨电车站提供第一/最后一英里的服务，将有轨电车站和Groupama体育场连接起来。示范期间采用按需服务模式，用户可以在特定条件下（例如非高峰时段）通过一个移动应用程序进行预定，应用程序上能够看到穿梭巴士在路线上的位置以及到达每个车站的时间，从而为用户提供更好的服务。体育场周边区域有办公楼、餐馆、酒店、娱乐中心和医疗中心等，这些不同类型的活动场所会产生全天候的小流量乘客需求，自动驾驶穿梭巴士可以服务这些乘客。自动驾驶穿梭巴士路线单程1.3公里，包含可实现V2X通信的3个十字形交叉口和1个环形交叉口。车辆在开放道路及混合交通环境下运行，路线途经学校，附近行人流量大，车辆需经受行人的影响。

图 26-5　里昂自动驾驶穿梭巴士

2）丹麦-哥本哈根

大哥本哈根地区人口有 130 多万，是丹麦人口最多的地区，其交通系统由公共汽车、铁路、地铁和港口班船组成。哥本哈根的示范点位于该市的诺德哈文工业港。该区正在改造为哥本哈根国际海滨区，是哥本哈根迄今为止规模最大的城市开发项目，改造完成后将容纳 8 万多居民及员工。目前，诺德哈文地区附近有铁路、地铁以及公共汽车提供交通服务，但是该地区内部没有公共汽车或火车直接行驶。因此，自动驾驶穿梭巴士作为一种新的公共交通解决方案，将使该地区的出行更加方便。自动驾驶穿梭巴士提供按需服务，可满足"门到门"的出行需求，其路线涵盖居民区、商业区（超市、餐馆、咖啡馆等）、运动场所、广场、海港长廊等。

自动驾驶车辆在包含汽车、行人和自行车的混合交通环境中运行。该地区车辆运行速度较低，道路限速为 20～50 公里/时。即使在 50 公里/时的限速区，自动驾驶车辆的建议运行速度也仅为 30 公里/时。2 辆自动驾驶穿梭巴士（图 26-6）工作日 10:00—18:00 在环形路线上行驶，主要用户为诺德哈文的居民、在诺德哈文工作的通勤者以及游客。项目试点期间乘坐免费，用户可以在移动应用程序中查看车辆的实时位置。

图 26-6　哥本哈根自动驾驶穿梭巴士

3）经验和启示

AVENUE 通过大规模的示范项目，在城市及城郊环境中提供基于自动驾驶车辆的新型公共交通服务，通过这些项目评估不同公共交通模式下使用自动驾驶公共交通工具的成本效益、社会经济和环境影响，同时从用户角度评估自动驾驶公共交通车辆的安全性和可靠性。这些评估结果可以为大规模部署自动驾驶公共交通路线图和商业计划提供依据。

项目分析了在公共交通服务中引入自动驾驶汽车存在的一些问题和障碍。例如，乘客对自动驾驶车辆的安全性和效率仍存疑虑，一些群体出于经济或其他原因（如担心失业、个人隐私安全等）而反对自动驾驶。为了激发用户的兴趣，提高自动驾驶车辆的社会接受度，必须重点关注潜在用户的自身利益，首先在运营模式上响应用户的需求，并通过项目试点运营消除他们可能存在的疑虑。

（三）SHOW 项目

1. 项目概况

SHOW 项目在欧洲开展网联自动驾驶运营试点，对网联自动驾驶的技术解决方案、商业模式和优先场景开展评估，为城市交通可持续发展提供支持。该项目在试点城市部署了总计 70 多辆 L4/L5 级自动驾驶车辆，这些车辆可在专用车道和混合交通环境下运行，提供客运、货运和混合运输服务，运行速度为18～50公里/时，车辆可与各类基础设施连接（包括5G、G5、IoT 等），涵盖了城市自动驾驶交通出行需求的所有类型，预计运送乘客超过150万人。

该项目联合了32个产业实体（包括原始设备制造商OEM、运营商、供应商等）、37个社会相关实体（包括政府部门和相关协会）以及24个研究机构。在项目示范城市，通过PPP（政府和社会资本合作）模式，一个或多个原始设备制造商/运营商与政府相关部门合作，保证在项目实施过程中包含自动驾驶公共交通出行服务链上的所有关键参与者。

2. 典型案例

SHOW 项目包括5个大型试点（每个大型试点包含同一国家的多个城市或地区）、5个卫星试点城市和3个后续试点城市。这些试点城市和地区涵盖了不同地理区域、城市规模、天气条件、社会经济和文化背景，旨在探索采用不同的技术手段和商业模式来解决地区差异性的问题。项目使用的自动驾驶车辆主要来自 EasyMile、NAVYA 以及 Sensible4，车辆在各种不同的交通环境中运行，如城市、郊区，以及大学校园、医院、商业区、交通枢纽等。考虑了所有居民的出行需求，特别是通勤者、老年人、行动不便人士、学生等。

1）瑞典林克平市

林克平市位于斯德哥尔摩以南约200公里处，是瑞典第五大城市，也是瑞典发展最快的城市之一，2021年初人口为15.7万人。林克平市建立的自动驾驶示范点位于林克平大学的瓦拉校区，该校毗邻林克平科学公园，有27000多名学生。该示范点旨在为用户提供更好的出行体验以及检验第一/最后一英里的自动驾驶解决方案。此外，该项目由瑞典国家道路与运输研究所（VTI）、林克平大学、Transdev（交通运营商）、Rise、林克平市、林克平科学公园等多家实体和部门共同参与实施，基于试点对多个利益相关体合作模式进行评估也是本项目的实施目标之一。

项目试点区域由两部分组成，第一部分是林克平大学校园周边，既有与其他车辆交互的区域，也有仅与行人和骑乘者进行交互的区域。第二部分包括与校园相连的一个住宅区，在路线终点处有一所学校和一所养老院。该示范点共有 3 辆自动驾驶穿梭巴士（图 26-7），行驶速度限制在 20 公里/时以下，车上配有安全操作员。

图 26-7　瑞典林克平市试点区域车辆与站点

2）芬兰坦佩雷市

芬兰坦佩雷市开展的自动驾驶试点旨在解决与共享出行、第一/最后一英里服务以及无缝连接公共交通系统等相关的问题，从而吸引更多的私家车用户自愿使用更加环保的交通出行方式。试点路线提供从赫万塔郊区至有轨电车站的自动驾驶接驳服务，路线长 3.5 公里，包括 10 个停靠站点。沿线道路上有交通信号灯和环岛，自动驾驶车辆与其他车辆混合运行。试点初期采用固定线路，试点期间将进行需求响应式服务（DRT）的开发，实现车队管理和监控、订单管理、预约需求和实时需求响应等。项目采用两辆丰田 Proace L4 级车辆（图 26-8），前、后和侧向配备激光雷达、毫米波雷达和摄像头作为传感器，以及 Sensible 4 自动驾驶配件。车辆为 6 座，车上配有安全驾驶员，在疫情期间根据相关法规，每辆车可搭载 4 名乘客。车辆以 30 公里/时的最高速度行驶，在平峰和高峰时段的交通环境下，以及晴天到雨雪的各种天气条件下进行了测试。

该试点包含 10 个基站的 5G 测试网络和 ITS 5G 单元，可提供先进远程操作所需的技术。后期还将增加 4 辆自动驾驶穿梭巴士，在远程控制中心的监控下运行，控制中心可以实时跟踪自动驾驶穿梭巴士的位置和状态。此外，RSU 可以检测到所有类型的弱势道路使用者（行人、骑乘者等）以及其他汽车，并将数据发送给车辆。

图 26-8　芬兰坦佩雷市丰田 Proace 迷你巴士

坦佩雷和其他试点城市的不同之处还体现在其冬季条件非常恶劣，对自动驾驶车辆运行极具挑战性，例如，暴风雪和极端寒冷的天气条件下，气温不时降至 −20℃以下，冰雪覆盖导致道路湿滑，车道标线被雪覆盖而不可见等。从 2022 年 1 月 3 日至 3 月 10 日（工作日）期间，车辆共计行驶 560 小时、5569 公里，运送 1663 名乘客，车辆和软件表现良好，在此期间收集到了极端条件下的重要测试数据，积累了应对恶劣天气的经验。

3. 经验和启示

项目管理方面，SHOW 具有强大且经验丰富的团队，组成了包含合作伙伴以及第三方在内的利益相关者联盟，将不同的设备制造商、运营商、行业及企业等共同纳入到一个开放的平台中。在项目示范点，利益者联盟与当地共同开发和实施解决方案，验证并优化自动驾驶车辆部署商业模式，以适应社会经济、基础设施和运营环境的差异，为不同城市和服务类型提供最佳模型。

运营模式方面，将自动驾驶公共交通与需求响应式交通以及 MaaS 进行整合，形成多模式自动驾驶出行链，特别关注运营的可行性。一方面通过技术解决方案提升服务质量，吸引更广泛的用户群体，包括在复杂环境和混合交通条件下实现更高的速度运行，采用人工智能和大数据分析来开发增值服务和相关的自动驾驶支持市场等。另一方面通过分析不同交通方式的成本效益结构，找出最适合市场营销的策略。

SHOW项目还制定了系统全面的评估体系，用以评估城市大规模自动驾驶在安全、公众接受度、交通效率、能源、成本等方面的影响。除了从系统的角度进行评估，还特别关注从出行者的角度，对相关技术和措施进行评估，提高出行者（包括自动驾驶车辆乘客和其他交通参与者）的体验，加强出行者的感知安全和实际安全水平。

在项目实施过程中也发现一些问题有待解决。首先，由于原始设备制造商、运营商以及不同企业之间的竞争和对各自知识产权的保护，导致缺乏关键性的开放数据；同时，缺乏统一的法规和准则，这些都将影响网联自动驾驶车辆实现真正的跨境应用。此外，技术层面上，由于使用的通信基础设施和协议高度多样性，导致系统实现互用性和构建通用架构较为困难。

三、日本客运自动驾驶现状及应用案例

（一）概述

日本一直致力于联合产业界、学术界、政府以及其他民间机构，官学民一体合力推进自动驾驶技术研发和应用。以国土交通省汽车局和经济产业省制造产业局为中心，支持汽车制造商、供应商等民间机构的研究开发，达成产业和学界的深度合作，从学术研究、实证示范、政策法规的制定等全方位为自动驾驶的商业化提供支持。

日本自动驾驶的商业应用更多地落在公共属性更强的场景，重点关注最后一英里的自动驾驶服务。日本政府在《增长战略跟进》中提出在2020年实现限定地区的无人自动驾驶出行服务，为实现这一目标，国土交通省一直在推进车辆技术开发与示范等工作。其中，福井县永平寺町和冲绳县北谷町的小型自动驾驶车辆和茨城县的自动驾驶巴士等十分具有代表性。自动驾驶巴士试点在日本快速落地，部分地区甚至已经开启了付费运营，除固定线路外，也逐步开始进行按需出行的规划。

在政策法规方面，国土交通省于 2016 年 12 月设立自动驾驶战略本部，研究制定有关车辆的国际技术标准和自动驾驶汽车事故赔偿规则等，促进自动驾驶技术的开发和普及。日本政府修改了《道路运输车辆法》和《公路法》，增加了有关自动驾驶方面的内容；制定《自动驾驶汽车安全技术指南》，明确了自动驾驶车辆引入初期应满足的安全要求；发布《无人自动驾驶出行服务落地指南》，针对在特定地区推出无人自动驾驶出行服务的经营者，提出了确保安全的基本思路；还发布了《最后一英里自动驾驶车辆系统基本设计书》，旨在促进和普及最后一英里自动驾驶车辆的开发与实际应用。

目前，日本已经在多地开展自动驾驶示范项目，下面以茨城县和北海道为例对日本自动驾驶公交实证案例进行介绍。

（二）典型案例

1. 茨城县

1）运行线路

2020 年 11 月，软银公司旗下子公司 Boldly 在日本茨城县境町的公共道路上推出日本首个自动驾驶巴士服务。初始运行线路全长 5 公里，每天往返 4 次。经过数月的稳定运行，自动驾驶巴士的行驶路线增至约 20 公里，新增连接境町高速巴士总站和道之驿往返约 8 公里的定时班次路线，并将辛帕西大厅到河岸驿的路线扩充到道之驿，并致力于将路线延伸至全境。新增线路之后，从东京站乘坐高速巴士前往境町的游客等可以顺利换乘自动驾驶巴士，同时，私家车出行较多的旅游景点"道之驿"，以及巴士枢纽"河岸驿"和境町高速巴士枢纽三个交通节点通过自动驾驶巴士连接起来，提升了出行便利性。扩充后自动驾驶巴士可到达的主要地点如表 26-2 所示。

自动驾驶巴士可到达的主要地点　　表 26-2

休闲设施	道之驿、河岸驿、公园、儿童之家、樱花森林公园、咖啡馆、S-startup、黑山会馆
医疗设施	西南医疗中心、赤木整形外科诊所、眼科诊所、牙科诊所、池田妇产科诊所、优心会诊所
交通节点	道之驿、河岸驿、高速巴士总站
居住点	艾瑞特之家樱花馆

2）运营模式

每辆自动驾驶巴士可乘坐9人，运行速度20公里/时，最初采用固定班次在工作日运行，应居民要求，从2021年8月起，周末和节假日也开通运行。除固定班次运行外，从2021年夏季开始，自动驾驶巴士还可以根据预约进行按需运行，为乘客提供更加便利的服务。按需运行新增10个公交车站，共计26个站点可上下乘客。町内居民可通过社交软件"LINE"预约巴士，BOLDLY的自动驾驶车辆运行平台"Dispatcher"接收LINE的预约信息进行处理后，向车辆发送运行指示。为方便没有智能手机的人使用，还计划在多个公交车站安装可以呼叫自动驾驶巴士的设备。此外，对于使用频率较高的公交车站将考虑增加到定时班次的运行路线中。

3）运营效果

2020年11月至2021年11月，茨城县境町自动驾驶巴士实现了一年的稳定运行，相关运营数据见表26-3。茨城县境町和BOLDLY将继续合作，加速自动驾驶巴士服务的商业化，使其能够顺利地推广到更多的城市和区域。

2020年11月—2021年11月运营数据　　　表26-3

运行班次	4756班
运行距离	14525公里
乘车人数	5292人
考察次数	103次（388人）

2. 北海道

1）运行阶段

图26-9　上士幌町的Navya Arma自动驾驶巴士

北海道的上士幌町引进Navya Arma自动驾驶巴士（图26-9），自2022年12月1日开始稳定运行。运行分为两个阶段，阶段1从2022年12月开始，车辆在自动驾驶L2级的条件下运行；阶段2预计在2023年过渡到自动驾驶 L4 级（表 26-4）。在人口减少等背景下，维持现有的公共交通变得困难，自动驾驶巴士作为町内循环巴士运行，不仅能为居民外出提供便利，还能促进地区的健康发展，实现公共交通可持续发展。

运行阶段 1 到阶段 2 的提升计划　　　　　　　　　　　表 26-4

指标	阶段 1	阶段 2
自动驾驶水平	L2	L4（初期有信号灯的交叉口以 L2 级运行）
车内配置	操作员 1 人 需要有对应的驾照 必须通过考试及相关培训	自动运行主任 1 人 不需要驾照 需要参加相关培训
远程监控机制	远程监控者 1 人	
线路长度及班次	3.5 公里，一天 4 班	扩大线路、增加班次

在稳定运行之前，上士幌町进行了 4 次自动驾驶巴士的测试。其中，2021 年 12 月实施的冬季运行测试确认了车辆即使在降雪和零下环境下也能安全运行。

2）运行路线

冬季运行测试的运行线路经过町内的共享办公场所，酒店，车站和交通枢纽，单程 3.2 公里，共 6 个站点（图 26-10）。一辆自动驾驶巴士每天运行 20 个班次，运行速度小于 20 公里/时。

图 26-10　冬季运行示范路线

稳定运行阶段 1 每天运行 4 班自动驾驶巴士，路线全长约 3.5 公里，运行一次约 30 分钟，居民可以通过社交软件"LINE"进行预约乘坐。线路连接町公所，医院，车站和交通枢纽等主要设施，共 12 个站点，未来将持续扩大自动驾驶巴士的运营范围。此外，自动驾驶巴士与町内外现有公交接驳，基于运营时刻表和共用站点可以实现公交之间的顺畅换乘。

上士幌町正在推进以町公所为半径 1 公里以内主要设施和住宅密集的紧凑型城镇建设。通过引入自动驾驶巴士，对现有的社区巴士进行补充，不仅提高了民众出行的便利性，还有助于解决地区公共交通的相关问题。

3）应对冰雪天气

为了在路面积雪和结冰的环境下保证安全稳定运行，自动驾驶巴士运营方与政府部门合作，通过除雪和喷洒防冻剂等改善道路环境，同时通过远程监控实时记录和掌握自动驾驶巴士的运营状况。

除雪工作对于为自动驾驶巴士创造安全行驶的环境至关重要。在上士幌町，以 10 厘米的积雪为标准，在上午 8 点 30 分之前进行除雪作业，除雪至自动驾驶巴士行驶道路的路肩白线。同时，在交叉口及停止线附近撒上防冻剂，防止路面结冰。此外，需要检测和确认积雪引起的周边环境的变化，降雪对自动驾驶巴士传感器的影响，以及零下环境对车辆和车辆行驶的影响（表 26-5）。

冰雪和零下环境下自动驾驶巴士安全运行检测内容　　　　表 26-5

环境	检测内容
积雪	在自动驾驶巴士运行的前提下进行适当的除雪作业 掌握因积雪等引起的周边环境变化对自动驾驶巴士传感器功能的影响程度
降雪	掌握自动驾驶巴士的传感器将积雪等检测为障碍物的程度
零下	确认车辆在零下的基本运行性能（Navya ARMA 的运行条件为气温零下 10 摄氏度以上，上士幌町 12 月平均气温为零下 4.8 摄氏度）
道路结冰	确认无钉轮胎的安全性 确认防冻剂防滑的有效性

（三）经验与启示

日本积极探索自动驾驶带来的可能性，自动驾驶不仅是其智能交通战略的核心组成部分,更事关经济民生。通过各地开展的实证示范,在实施自动驾驶巴士服务方面获得了较为丰富的经验,可为政策制定者、公共交通运营商和其他利益相关者提供借鉴。

为推动自动驾驶的商业应用,日本政府、产业界、学界形成合力,政府通过相关政策、法律和标准的制定,促进自动驾驶出行服务的应用实施,产业界与高校、科研机构积极开展合作,推动自动驾驶技术的开发和成果转化。官学民一体推进的模式使得自动驾驶出行服务在日本快速落地。

在商业应用场景上,重点关注解决最后一公里出行的自动驾驶巴士服务。除固定线路外,也逐步开始进行按需出行的规划,提高出行的灵活性和质量,并考虑未来与 MaaS 系统的融合,实现自动驾驶巴士/出租汽车、小型汽车、共享自行车等各种交通模式的无缝连接。在实证示范期间,自动驾驶巴士首先以 L2 级自动驾驶来运行,积累自动驾驶运营方面的经验,总结地区、速度和天气等因素对自动驾驶运行的影响,为后续开展 L4 级自动驾驶运营提供支持。

此外,考虑到人们对新技术可能存在的担忧,通过举办试乘会等方式,邀请更多的人乘坐自动驾驶巴士,使他们了解相关的技术成果,体验乘坐的安全性和舒适感,打消其使用自动驾驶巴士的顾虑。

四、总结

城市交通拥堵、事故、污染等问题日益严峻,自动驾驶为缓解城市交通问题带来良好前景。本文研究了美国、欧洲和日本城市客运自动驾驶发展战略、路径与技术保障,基于应用案例分析总结了发达国家在客运自动驾驶领域取得的成果和发展经验。研究表明:(1)完善、灵活的自动驾驶领域相关政策为自动驾驶系统发展提供了政策指引和法律保障,是客运自动驾驶实现商用化的前提条件。(2)各国在发展自动驾驶的过程中,注重关键技术突破的同时,高度重视自动驾驶试验场和示范区建设,通过真实道路测试推动技术和应用创新。(3)各国积极开展客运自动驾驶试点/示范运营,积累了较为丰富的自动驾驶运营经验,深入研究了地区差异、恶劣天气等因素对运营的影响作用及解决方案,为后续 L4 级自动驾驶客运的商业化奠定基础。(4)公众对自动驾驶的信任度有待提高。在推动自动驾驶客运应用的过程中,应重点关注自动驾驶客运的用户需求和乘坐体验,以提高自动驾驶出行的社会接受度。本研究能够为我国自动驾驶行业发展提供参考和经验借鉴。

第五篇

专家观点

27

关于我国机动车辆立法的思考与建议

张柱庭[1]

当前,随着我国自动驾驶、智能网联汽车的发展,机动车辆的立法也被提上议事日程。针对我国机动车辆的立法问题,主要有"四、三、二、一"四点思考与建议,供决策参考。

一、对当前社会关注的"四个问题"的研究

部分企业、专家认为,现行的道路交通安全、道路运输等法律法规是自动驾驶、智能网联汽车发展的"障碍",我的观点如下:

(1)机动车辆要上路,登记是必要程序。

《中华人民共和国道路交通安全法》第九条规定了机动车登记制度:"申请机动车登记,应当提交以下证明、凭证:(一)机动车所有人的身份证明;(二)机动车来历证明;(三)机动车整车出厂合格证明或者进口机动车进口凭证;(四)车辆购置税的完税证明或者免税凭证;(五)法律、行政法规规定应当在机动车登记时提交的其他证明、凭证。公安机关交通管理部门应当自受理申请之日起五个工作日内完成机动车登记审查工作,对符合前款规定

---

[1] 张柱庭,交通运输部管理干部学院,教授。

条件的，应当发放机动车登记证书、号牌和行驶证；对不符合前款规定条件的，应当向申请人说明不予登记的理由。公安机关交通管理部门以外的任何单位或者个人不得发放机动车号牌或者要求机动车悬挂其他号牌，本法另有规定的除外。机动车登记证书、号牌、行驶证的式样由国务院公安部门规定并监制。"此条文未规定不允许自动驾驶车辆、智能网联车辆登记，对机动车本身的只要求"机动车整车出厂合格证明或者进口机动车进口凭证"。因此，《中华人民共和国道路交通安全法》不是自动驾驶车辆、智能网联车辆上路的法律障碍，高级别的自动驾驶、智能网联汽车应当先解决能否拿到"机动车整车出厂合格证明"，而不是跳过"机动车整车出厂合格证明"直接取得上路许可。

（2）机动车辆要经营，需要满足相关法律规章对车辆的要求。

以道路客运货运为例，《中华人民共和国道路运输条例》规定申请从事客货运经营的条件之一是有与其经营业务相适应并经检测合格的车辆，但使用总质量4500千克及以下普通货运车辆从事普通货运经营的，无需按照本条规定申请取得道路运输经营许可证及车辆营运证。针对"经检测合格的车辆"，首先要有车辆登记，即有机动车牌照；其次是符合交通运输部规章规定的国家标准和行业标准。出租汽车和城市公共汽电车客运也只规定需有检测合格的车辆。从这些法律规章条文看，未规定不允许自动驾驶汽车、智能网联汽车进入经营性运输。因此，《中华人民共和国道路运输条例》以及相应的规章制度不是自动驾驶、智能网联汽车用于运输经营的障碍，而矛盾的焦点是高级别的自动驾驶、智能网联汽车能否登记。

（3）自动驾驶、智能网联汽车发生事故后依法定责的法律要求是清晰的。《中华人民共和国产品质量法》第二十六条规定"生产者应当对其生产的产品质量负责。产品质量应当符合下列要求：（一）不存在危及人身、财产安全的不合理的危险，有保障人体健康和人身、财产安全的国家标准、行业标准的，应当符合该标准；（二）具备产品应当具备的使用性能，但是，对产品存在使用性能的瑕疵作出说明的除外；（三）符合在产品或者其包装上注明采用的产品标准，符合以产品说明、实物样品等方式表明的质量状况。"第四十一条规定"因产品存在缺陷造成人身、缺陷产品以外的其他财产损害的，生产者应当承担赔偿责任。"特别是《中华人民共和国民法典》在侵权责任中列出产品责任专章，第一千二百零二条规定"因产品存在缺陷造成他人损害的，生产者应当承担侵权责任。"第一千二百零七条规定"明知产品存在缺陷仍然生产、销售，或者没有依据前条规定采取有效补救措施，造成他人死亡或者健康严重损害的，被侵权人有权请求相应的惩罚性赔偿。"这些法律条款适用于机动车辆。因此，自动驾驶、智能网联汽车发生事故后依法定责，特别是对受害人赔偿的法律是清晰的，需要明确的是"无人驾驶"是个"口头语"或者是"语言噱头"。从航空器、船舶、列车自动驾驶发展历程看，技术上实现高级别驾驶水平要快于机动车辆，但依然要求有驾驶员随时应急接管，这对应对更复杂的道路状况的高级别自动驾驶、智能网联汽车的发展具有可借鉴性。

（4）应尽快推动《中华人民共和国机动车辆法》的立法，将高级别自动驾驶、智能网联汽车问题在这部法律中予以引领和规范。

"为科学立法"和"科学立法"是两个不同的概念，自动驾驶、智能网联汽车是科学，应当给这些机动车辆的科学技术立法，但这不等于是"科学立法"。科学立法要回答的是为什么要单独给高级别的自动驾驶、智能网联汽车立法。根据公开的相关统计数据，2022年全国机动车保有量达4.17亿辆，其中汽车3.19亿辆，占机动车总量76.59%，摩托车保有量达8072万辆，占机动车总量19.38%。我们应当要回答：全国4.17亿辆机动车辆尚未制定专门的法律，为什么要单独给自动驾驶、智能网联汽车单独立法？"科学立法"应当要关注《中华人民共和国机动车辆法》的立法，而非单独给高级别的自动驾驶、智能网联汽车的立法解禁问题。因此，应尽快推动《中华人民共和国机动车辆法》的立法，将高级别自动驾驶、智能网联汽车问题在这部法律中予以引领和规范。

二、区分政策、标准、法律三个工具的功能

为使机动车辆研究的各种观点能很好的理解和解读，需要对政策、标准、法律三个工具的功能进行区别。

（1）政策。

政策包括地方人民政府、地方人民政府有关部门发布的规范性文件以及部委、国务院发布的规范性文件，这些政策属于地方部门政策、地方政府政策、部门政策、国务院政策。政策在引领作用方面更侧重于对方向的引领，在内容上更多的体现行政补助、行政规划等，在时效上更多的体现阶段性特点，如国务院对新能源汽车的推广多是依靠政策。目前，无论是地方还是国家层面出台的政策，数量较多、质量较高，对机动车辆的发展起到了积极作用，但也存在一些妨碍了机动车辆发展。此外，政策发布部门数量多、比重大、碎片化，应对政策进一步完善，并提升规格。

（2）标准。

标准包括国家标准、行业标准和地方标准。标准在稳定技术成果、统一技术标准方面起着政策和法律不可替代的作用。传统机动车辆的技术标准建设相对完备，但自动驾驶、智能网联汽车等方面标准建设刚刚起步，差距依然很大，也存在着突出的问题：用场景化去适应复杂化道路交通、用单一先进技术去适应通用性的道路交通。此外，出台全国性的行业标准、国家标准周期长，虽然现在出台了"沙盒监管"办法，但仍不能较快的适用新技术的发展。

（3）法律。

全国人大常委会通过的是法律，如《中华人民共和国道路交通安全法》；国务院总理令发布的是行政法规，如《缺陷汽车产品召回管理条例》《中华人民共和国道路运输条例》；部委令发布的是规章。法律能够固定标准、提升政策并将政策赋予强制性，具有规范性特征。目前，由于国家层面对调整机动

车辆有关的法律尚属空白，也导致国内地方立法积极性较高，选择性推介国外立法情况也较多。

三、从两个方面说明立法的必要性

推动《中华人民共和国机动车辆法》立法的必要性主要有以下两个方面。

（1）法律的引领性。

过去法律界很多人认为法律是对已有经验的固定，因此必然是相对滞后的，这一观点有一定的道理，但忽视了法律的引领性。党的十八届四中全会通过的《中共中央关于全面推进依法治国若干重大问题的决定》提出"必须更好发挥法治的引领和规范作用"之后，法律界更多的人开始重视法律的引领性作用。通过《中华人民共和国机动车辆法》的制定，确定机动车辆作为国民经济支柱产业地位，引领机动车辆关联的传统能源、新能源等行业的发展；通过确定机动车辆技术创新地位，引领机动车辆相关钢铁、电子、机械、化工、能源、卫星、交通等行业的技术创新；特别是随着自动驾驶技术的不断迭代进步，智能网联汽车的不断融合发展，其引领作用将越来越明显。

（2）法律的规范性。

目前，部分地方出台了对汽车登记限制的政策，影响了汽车产业的销售。从这些案例看，实际就是地方人大的立法、地方政府规章、地方政府规范性文件和国家法律的层级关系。鼓励汽车销售的多数是部委的规范性文件，而限制汽车登记的多数是地方法规和地方政府规范性文件，很难说部委规范性文件效力就高于地方法规和地方政府规范性文件效力。但如果有《中华人民共和国机动车辆法》，规定机动车辆市场不得限制的原则，地方法规、地方规章不能和法律抵触，这是法律的规范性。因此，通过《中华人民共和国机动车辆法》的制定，规范涉及机动车辆权生命周期各个环节之间的关系，规范整车和配件的关系，规范相关地方人民政府、行政管理部门、司法部门的行为，规范法律、行政法规、规章及规范性文件之间的关系，实现机动车辆产业高质量发展。

四、《中华人民共和国机动车辆法》的立法框架建议

建议国务院有关部委、国务院立法部门、全国人大法制工作委员会开展研究《中华人民共和国机动车辆法》的立项，规范机动车辆的发展。建议《中华人民共和国机动车辆法》的立法框架为：

第一章 总则，主要规定立法目的、适用范围、机动车辆的定义、机动车产业在国民经济社会发展中的地位、国家对机动车辆发展的基本原则、机动车辆产业链条的关系、涉及机动车辆管理有关主管部门职责分工等。

第二章 机动车辆的研发，主要规定机动车辆的研究、测试场测试、道路测试、成果应用、研发新业态政策。

第三章 机动车辆的制造，主要规定机动车辆的设计资质、型式认可、车用产品检验认证、制造资质、整车检验等。

第四章 机动车的销售，主要规定机动车辆的销售资质、市场管理、不公平竞争的审查、旧车交易等。

第五章 机动车辆的登记与检验，主要规定机动车辆上路许可、机动车辆运输经营许可、非道路使用、机动车辆的检验等。

第六章 机动车辆的售后服务，主要规定机动车辆的保养、机动车辆的维修、机动车辆配件的销售等。

第七章 机动车辆的报废，主要规定机动车辆的报废与强制报废、机动车辆的回收、机动车辆报废后的再生利用等。

第八章 机动车辆的安全，主要规定道路交通安全、非道路交通安全、数据安全、网络安全、个人信息安全、产业链安全等。

第九章 监督检查，主要规定行政机关的监督检查及部门分工与合作、监督检查的行政强制措施、社会监督等

第十章 法律责任，主要规定产品缺陷责任、产品缺陷责任的追偿、道路交通事故中产品缺陷的认定、以及违反本法的行政处罚等。

28

自动驾驶该如何分级？

苏 奎[1]

2014年1月16日，自动驾驶分级由美国汽车工程师学会（SAE）制定的《道路机动车辆驾驶自动化系统分级和相关术语定义》（J3016）首先进行了界定，这个规范最早定义了自动驾驶分为6个级别，就是我们经常听到的L0～L5驾驶级别。规范规定L0～L2级别为辅助驾驶，L3级别以上才能称之为自动驾驶。这个规范在2021年4月30日又更新了第四版。

2021年9月，国家市场监管总局标准委员会发布了针对自动驾驶功能的国家推荐标准《汽车驾驶自动化分级》（GB/T 40429—2021），该标准于2022年3月1日正式实施。标准的发布，意味着中国将正式拥有自己的自动驾驶汽车分级标准，将对中国自动驾驶产业的发展以及后续相关法规的制定起到积极作用。

整体来看，我国标准与美国标准规定的自动驾驶等级基本一致，没有根本性的区别，当然，这也是考虑到汽车行业是一个高度国际化的行业，相似的分级标准更有利于中国智能汽车行业走向世界。因此，这样与国际接轨的划分也是可以理解的。具体而言，两者都是将"汽车的自动化程度"通过几项关键指标来进行界定，再根据系统是否满足该指标要求，对汽车的自动化

---

[1] 苏奎，广州市交通运输局，公共交通处处长。

级别进行判定，以完成对自动驾驶汽车的最终级别划定。

根据《汽车驾驶自动化分级》，汽车的自动驾驶等级将基于以下6个要素进行划分：

（1）驾驶自动化系统是否持续执行动态驾驶任务中的目标和事件探测与响应；

（2）驾驶自动化系统是否持续执行动态驾驶任务中的车辆横向或纵向运动控制；

（3）驾驶自动化系统是否同时持续执行动态驾驶任务中的车辆横向和纵向运动控制；

（4）驾驶自动化系统是否持续执行全部动态驾驶任务；

（5）驾驶自动化系统是否自动执行最小风险策略；

（6）驾驶自动化系统是否存在设计运行范围限制。

基于这6要素，国家标准再将驾驶自动化系统划分为0级（应急辅助）、1级（部分驾驶辅助）、2级（组合驾驶辅助）、3级（有条件自动驾驶）、4级（高度自动驾驶）、5级（完全自动驾驶）共6个等级。0~2级为不同程度的辅助驾驶，3~5级为不同程度的自动驾驶。

国家标准和美国SAE自动驾驶分级标准之间，也有些许差异。其中最主要的，就是国家标准针对0~2级自动驾驶，规定了"目标和事件探测与响应"是由驾驶员及系统共同完成。相反，SAE则要求，L0~L2自动驾驶汽车的目标、事件和决策任务，全部由驾驶人完成。两者的差异可以说是形式上的，因为只要明确驾驶人是驾驶任务的责任主体，系统作为辅助工具的地位的定位就是确定的，辅助性工作全部由驾驶人完成，还是两者共同完成，就没有本质的差别，当然不同的标准对于法律责任的判定可能会带来不同的复杂性。

任何分类方法都是基于其视野角度。无论是美国的SAE的标准，还是中国的国家标准，本质上都是从驾驶人和汽车厂家的角度在进行分级。对于驾驶人来说，不同程度的辅助驾驶其实是不同程度地减轻驾驶人的劳动强度，有条件的自动驾驶与之相比,就驾驶人的角度而言,也没有根本上的不同,当然,从法律责任而言,则有显著的区别。换句话说,0~3级别的自动驾驶,与自动挡技术的应用没有本质上的不同,都是显著减轻了驾驶人的劳动强度,使得驾驶成为不那么劳累的工作。这些技术的普及应用,将使得原来不愿意驾驶的人,加入驾驶人队伍。同样如导航系统的普及,也使得驾驶人的专业门槛下降,增加了汽车的普及水平。

此外,从汽车厂家的角度看,新的技术的普遍应用,将改变消费者对汽车技术的关注点,增加新的卖点或者市场竞争力,使得汽车市场势力重组,从而寻找到新的市场机会。自动驾驶根据技术能力予以分级,有利于行业公平竞争,防止误导甚至欺骗消费者。但需要我们注意的是,自动驾驶技术的发展日新月异,我们并不具有预测技术的能力,技术的发展并不必然是线性的,技术的发展也是多路径的,过度关注技术细节,可能使得这种线性分级的技术标准与市场技术发展并不契合,甚至阻碍发展。

事实上,从社会经济的角度而言,这样的划分并不能使人满意。交通运输,对社会而言,是社会资源配置的重要因素。社会资源是在空间上分布的,运输的时间和成本则在很大程度上影响社会资源如何在空间上进行配置。如经济圈的大小,或者说核心城市的辐射范围是由交通运输成本决定的,交通越方便,成本越低,经济圈越大,资源配置的空间也就越大,可以优化的空间也越大,社会经济的整体效率就越高。

道路运输是一个高度的劳动密集型产业,每一辆车需要一个驾驶人,而人工成本会随着社会的发展,成本越来越高,而不是如资本与技术密集型工业品一般随着社会生产技术的发展和规模的扩大,成本越来越低。随着社会经济的发展,二者的背离越来越严重,如公交行业人工成本从30%不断上升到60%以上,发达国家甚至高达80%。可以比较的是,制造业人工成本占比一般在15%左右,铁路运输一般在20%左右。这使得道路运输在一定程度上阻碍了社会资源达到最优配置。因此,道路运输只有从劳动密集型行业转变为资本和技术密集型行业,使得运输行业重生,才能更大程度促进社会经济的发展，而关键就在驾驶人的配置水平，这就是从社会经济的角度关注的根本问题，也是自动驾驶最让人激动和向往之处。

因此，从社会经济的角度，减轻驾驶人劳动强度的技术应用与普及当然是好事，有利于提高交通安全水平，但更重要的是降低驾驶人的配置水平，只有将驾驶人的配置水平大幅度降低，才能将运输行业从高度劳动密集型行业转变为资本密集型行业，从而大幅度提高运输行业对社会资源配置的优化能力。更重要的是，运输行业难就难在人的管理，很多创新的管理或者产品，由于人的制约不能实现，当运输行业成为工厂式的生产时，道路运输行业从狭义的服务行业蜕变为制产品行业，行业的创新空间将扩大很多。

简单来说，从社会经济的角度看，驾驶人的配置水平是更重要的分级标准。因此，自动驾驶的分级（从商业应用的角度）或许更应该按这样来划分：

（1）有人驾驶：L3 及以下，驾驶人与车辆配比为 1∶1。

（2）远程与编队驾驶：L4（远程驾驶）+ L3（编队驾驶），驾驶人与车辆配比为 1∶N（N>1）。

（3）无人驾驶：L4(特定空间环境应用)+ L5，驾驶人与车辆配比为 0∶1。

按上述划分标准，有条件自动驾驶（L3 级）即使大幅度减轻了驾驶人的劳动，甚至技能要求，但同样需要一个专门的驾驶人，这与其他传统车辆技术进步带来的价值没有根本区别，也不会带来交通运输行业革命性的变化，在这个意义上，L3 与 L0 没有区别。只有驾驶人（或者称安全员）与车辆的配比大幅度下降，直至最后取消配置驾驶人，才能为社会带来根本的变革。

2021 年 6 月 1 日，自动驾驶行业头部企业 Waymo 公司 CEO 克拉富西克（John Krafcik）在接受记者采访时说："当我们在 2015 年曾经设想，无人驾驶服务在 2020 年前将会广泛使用。现在看来，这是一个疯狂的想法……，如果不算是无知，我得说这是缺乏信息和经验的看法……最近 5 年，我们对此已经非常谦卑"。事实上，克拉富西克之前甚至还说过，自动驾驶技术总是有一些局限，实现完全无人驾驶真的很难。他甚至预言，自动驾驶的广泛使用还需要数十年。

克拉富西克的水晶球并不一定正确，但作为头部企业的领导人，对于自动驾驶技术的复杂性和艰巨性，应该有比我们大多数人有更深刻的洞察。也就是说，完全取消驾驶人，或者说将驾驶人与车辆的配比完全降到 0，至少在近期并不现实。

自动驾驶只有将驾驶人移出汽车对于运输行业才有真正的商业价值，将汽车驾驶人从 1 变为 0 是发展自动驾驶的最终目标。然而，我们并不是只有 1 和 0 两种选择，1 和 0 之间的数都可能是我们的选择，将驾驶人移出汽车使之成为多辆车的远程应急是一个选择，编队驾驶则是另外一个选择。或许不完美，但对于运输企业来说，具有成本优势的成熟技术就是好的技术，就是值得应用的技术。如果能将 1 变为 0.2，这不仅是巨大的技术进步，更将彻底改变这个行业。

自动驾驶的分级标准不只是我们对不同技术阶段贴标签，更重要的是将影响和指导我们如何发展、应用和管理自动驾驶技术，不同的分类方法背后其实是不同的发展思路。当我们确定了将人车配比作为自动驾驶分类的重要标准，那我们其实是确定了一个新的发展方向，我们的制度建构也就有了不同的路径。

29 城市客运自动驾驶应用阶段划分与进阶路径

吴忠宜[1]

一、阶段划分现状

2018年4月，工业和信息化部、公安部、交通运输部联合印发的《智能网联汽车道路测试管理规范（试行）》，首次规定了自动驾驶道路测试的有关要求。2021年7月，工业和信息化部、公安部、交通运输部联合发布的《智能网联汽车道路测试与示范应用管理规范（试行）》，进一步明确了道路测试和示范应用两个阶段的定义和适用条件。根据上述两个文件明确了以下事项：

（1）道路测试是指在公路（包括高速公路）、城市道路、区域范围内等用于社会机动车通行的各类道路指定的路段进行的智能网联汽车自动驾驶功能测试活动。

（2）示范应用是指在公路（包括高速公路）、城市道路、区域范围内等用于社会机动车通行的各类道路指定的路段进行的具有试点、试行效果的智能网联汽车载人载物运行活动。

工业和信息化部、公安部、交通运输部（以下简称"三部委"）联合印发的文件对道路测试和示范应用提出了以下四点要求：一是进行道路测试前，

---

[1] 吴忠宜，交通运输部科学研究院，研究员。

测试车辆在测试区（场）等特定区域进行充分的实车测试；二是道路测试为示范应用的前提，示范应用车辆应以自动驾驶模式在拟进行示范应用的路段和区域进行过合计不少于 240 小时或 1000 公里的道路测试；三是道路测试和示范应用均申领机动车临时行驶车号牌；四是道路测试和示范应用均不得非法从事道路运输经营活动。

随后，各地陆续出台了对应的指导意见和管理实施细则，部分地区以三部委发布的文件为基础做了进一步的创新突破，形成了具有地方特色的政策管理体系，比较有代表性的城市为北京、上海、广州、重庆等。

（1）北京：依据《北京市智能网联汽车政策先行区道路测试与示范应用管理实施细则（试行）》《北京市智能网联汽车政策先行区自动驾驶出行服务商业化试点管理实施细则（试行）》等文件，将自动驾驶的应用落地阶段划分为道路测试、示范应用与商业化试点三个阶段。道路测试与示范应用阶段与三部委的文件要求一致。在商业化试点阶段，车辆申领机动车临时行驶车号牌，允许开展自动驾驶出行服务商业化试点，允许企业向乘客提供自动驾驶出行收费服务。

（2）上海：依据《上海市智能网联汽车测试与应用管理办法》，上海将自动驾驶应用落地划分为道路测试、示范应用、示范运营、商业化运营四个阶段。道路测试及示范应用与三部委文件的要求一致。文件明确示范运营是智能网联汽车开展载人、载货或者特种作业的商业试运营活动，车辆申领机动车临时行驶车号牌。商业化运营要求运营主体依法取得道路运输经营资质，车辆申领机动车正式号牌。

（3）广州：根据广州市智能网联汽车"1＋1＋N"混行试点政策体系，将自动驾驶应用落地分为道路测试、示范应用和示范运营三个阶段。其中，道路测试阶段对应三部委文件规定的道路测试和示范应用阶段，车辆申领机动车临时行驶车号牌，不允许收费；应用示范阶段的车辆申领机动车临时行驶车号牌，但允许试点收费；示范运营阶段的车辆申领机动车正式号牌，允许收费，见图 29-1。在各阶段的进阶路径上，示范应用和示范运营均从道路测试阶段进阶而来，区别在于申请示范运营的车辆必须通过车型认定评审。

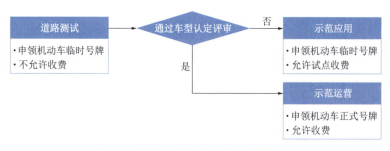

图 29-1　广州市自动驾驶应用落地政策体系划分

（4）重庆：依据《重庆市智能网联汽车道路测试与应用管理试行办法》《重庆市永川区智能网联汽车政策先行区道路测试与应用管理试行办法》，重庆永川开放了道路测试、示范应用、示范运营等三个阶段，并规定了三个阶段的进阶条件。道路测试与示范应用阶段的定义和要求与三部委文件一致，示范运营则要求车辆申领机动车临时行驶车号牌，在完成道路测试和示范应用后方可申请进阶，同时要求运营主体具备运营资质，允许试点收费。

总体而言，各地对封闭场区测试和开放道路测试的定义、范围、适用条件等基本一致，但对示范应用以及更高阶的商业化运营的理解存在明显的差异，对于自动驾驶应用的阶段划分、定义及进阶要求也各不相同。很显然，这种情况不利于城市客运自动驾驶的商业化运营，需要进一步规范。

二、他山之石：城市轨道交通建设运营阶段划分

与城市轨道交通相似，运营安全也是城市客运自动驾驶最引人关注的问题之一，城市客运自动驾驶从"道路测试"演进至"示范应用"并走向最终的"商业化运营"，同样需要经历类似的"试运行、初期运营与正式运营"等阶段。城市客运自动驾驶应用阶段的划分与进阶路径，可充分参考借鉴城市轨道交通的成熟经验。

根据《国务院办公厅关于保障城市轨道交通安全运行的意见》（国办发

〔2018〕13 号）、《城市轨道交通运营管理规定》（交通运输部令 2018 年第 8 号）、《城市轨道交通初期运营前安全评估管理暂行办法》（交运规〔2019〕1 号）等文件，城市轨道交通在正式运营前需要经历项目建设、试运行、初期运营、正式运营等四个阶段，且规定"城市轨道交通工程项目未经竣工验收合格不得开展初期运营前安全评估，未通过初期运营前安全评估不得投入初期运营"，明确了建设与运营之间的接续关系，规范了各阶段的进阶路径。城市轨道交通建设运营阶段划分见图 29-2。

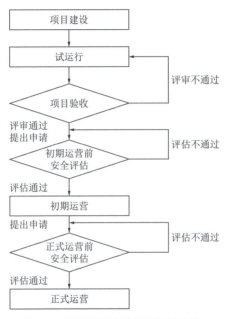

图 29-2　城市轨道交通建设运营阶段划分

三、城市客运自动驾驶：从测试走向商业化运营的三阶段和六过程

结合我国自动驾驶政策法规建设、技术产业发展和实际应用现状，城市客运自动驾驶的应用落地可划分为测试、示范和运营三个大的阶段，并进一步细分为封闭场地测试、开放道路测试、示范应用、示范运营、试运营、正

式运营六个具体过程（图 29-3）。

图 29-3　城市客运自动驾驶应用落地阶段划分

（一）测试阶段：自动驾驶功能测试与验证

根据《智能网联汽车道路测试与示范应用管理规范（试行）》的相关内容，测试阶段可进一步细分为封闭道路测试、开放道路测试。

（1）封闭道路测试是指在进行道路测试前，道路测试主体应确保道路测试车辆在测试区（场）等特定区域进行充分的实车测试，符合国家、行业相关标准规范，省、市级政府相关主管部门发布的测试要求以及道路测试主体的测试评价规程，具备进行开放道路测试的条件。

（2）开放道路测试是指在公路（包括高速公路）、城市道路、区域范围内等用于社会机动车通行的各类道路指定的路段进行的智能网联汽车自动驾驶功能测试活动。

（二）示范阶段：技术验证与能力建设

（1）示范应用是指在公路（包括高速公路）、城市道路、区域范围内等用于社会机动车通行的各类道路指定的路段进行的具有试点、试行效果的智能网联汽车载人载物运行活动。拟进行示范应用的路段或区域不应超出开放道路测试车辆已完成的道路测试路段或区域范围。车辆应申领机动车临时行驶车号牌，不允许从事道路运输经营活动（不收费）。

（2）示范运营是指智能网联汽车开展载客的商业化示范运营活动。示范运营的目的是探索自动驾驶商业化运营解决方案，建设并健全自动化驾驶能力、自动化运营能力和自动化监管能力。拟进行示范运营的路段或区域不应超出车辆已完成的示范应用的路段或区域范围。车辆应申领机动车临时行驶车号牌，可适当收取费用。

（三）运营阶段：迭代优化与规模化应用

（1）试运营是指自动驾驶系统所有设施设备验收合格，整体系统可用性、安全性和可靠性经过示范运营检验合格后，在正式运营前所从事的载客运营活动。拟进行试运营的路段或区域不应超出车辆已完成的示范运营的路段或区域范围。运营主体需依法取得道路运输经营资质，车辆应申领机动车正式号牌，可从事道路运输经营活动（收取费用）。

（2）正式运营是指依法取得道路运输经营资质，利用智能网联汽车从事道路运输经营活动。

按照上述阶段划分，封闭道路测试和开放道路测试属于产品研发过程，示范应用和示范运营属于项目实施过程，试运营和正式运营属于运营服务过程，各阶段特点对比见表29-1。除测试阶段外，示范应用、示范运营、试运营、正式运营之间属于逐步进阶、层层递进的关系。

各阶段特点对比　　　　　　　　　　　表29-1

阶段	牌照	收费	范围	说明
示范应用	测试牌照	不允许收费	指定路段，小规模	载人载物运行活动，技术验证
示范运营	测试牌照	允许适当收费	指定路段，小规模	探索商业化运营解决方案，自动化驾驶能力、运营能力、监管能力建设
试运营	正式牌照	可收费	特定区域	全方位验证，迭代优化
正式运营	正式牌照	收费	特定区域，	规模化商业应用

四、总结

测试阶段、示范阶段和运营阶段是自动驾驶技术落地应用的不同发展阶段，三者之间的区别主要在于目的、实施方式和要求上，三个阶段之间是逐步发展、不断进阶的过程。实际操作中，还需科学合理地界定各阶段进阶的条件和要求。随着技术的不断进步和政策的逐步完善，城市客运领域的自动驾驶将会逐步从测试阶段过渡到示范阶段，再进入运营阶段，最终实现商业化的广泛应用。

附录

附录1：2022—2023年大事记

1. 美国加州批准通用/谷歌提供自动驾驶客运服务

2022年3月3日，加州公共事业委员会（CPUC）向通用汽车和谷歌的自动驾驶部门发放了许可证，允许安全驾驶员在场的情况下使用自动驾驶汽车提供客运服务。通用旗下的Cruise和谷歌旗下的Waymo都获得了商用部署许可证，可以向乘客收取车费，还可以提供拼车服务。从3月7日开始，Cruise可在旧金山的一些公共道路上提供服务，时间为晚上10点到次日早上6点，车速可达30英里/时；Waymo可以在旧金山和圣马特奥的部分地区以65英里/时的车速提供服务。但运营场景仍有限制，两家公司都不被允许在大雾或大雨天气运营。

2. 日本允许特定条件下L4级别自动驾驶车辆上路

2022年3月4日，日本政府阁议通过由警察厅提案的《道路交通法修正案》，允许特定条件下L4级别自动驾驶车辆上路，允许特定条件下无人配送机器人在人行道行驶。开展L4级别自动驾驶无人运输服务必须得到县公安委员会的许可，同时听取国土交通大臣和自动驾驶区域市、街道、村长的意见。服务经营者应配置"特定自动运行负责人"，负责人可以乘车监控运行或远程监控运行车辆，允许一人运行多辆车辆，事故发生时承担和驾驶员同样的救护义务。在L4自动驾驶车辆造成人员伤亡的情况下，不按驾驶致死伤罪处罚，但经营者和责任人有可能按业务过失致死伤罪处罚。

3. 美国首次允许自动驾驶汽车不设转向盘

2022年3月10日，美国交通部国家公路交通安全管理局（NHTSA）发布了《无人驾驶汽车乘客保护规定》，首次明确全自动驾驶汽车不需要配备转向盘、制动或加速踏板等手动控制装置，以满足碰撞中的乘员安全保护标准。新规定明确了针对未配备传统手动控制装置的ADS（自动驾驶系统）车辆的乘员安全保护标准。

4. 五部门联合推进汽车安全沙盒监管

2022年4月1日，国家市场监督管理总局、工业和信息化部、交通运输部、应急管理部、海关总署五部门联合发布《关于试行汽车安全沙盒监管制度的通告》，共同启动汽车安全沙盒监管试点工作。根据通告，汽车安全沙盒监管坚守产品安全底线，采用目录清单制，在部分车型、部分地区试行开展，确保制度适度、安全、可控。沙盒监管的对象是在车辆中使用的环境感知、智能决策、协同控制等前沿技术，或实现各级别自动驾驶、远程升级等新功能新模式。沙盒监管涉及的车辆须通过《道路机动车辆生产企业及产品公告》等市场准入条件，取得强制性认证证书，经营性机动车应当符合营运安全相关标准。

5. 重庆市永川区允许主驾无人自动驾驶车辆上路测试

2022年5月25日，重庆市永川区发放了《智能网联汽车政策先行区（永川区）自动驾驶车辆无人化测试通知书》，百度成为首个在重庆获得"方向盘后无人"自动驾驶车辆测试许可的企业。通知书由重庆市永川区智能网联汽车政策先行区联席工作小组颁发，百度5辆Apollo Moon极狐版车型获准在重庆市永川区85平方公里的开放测试道路上进行无人化自动驾驶测试。

6. 广州市南沙区开展自动驾驶混行试点示范运营

2022年6月30日，广州市智能网联汽车自动驾驶混行试点首发活动在南沙区举行，颁发了南沙区首批《示范运营车辆标志牌》，正式开展自动驾驶示范运营。同日，小马智行在南沙常态化运行三年多的自动驾驶出行服务PonyPilot+正式开启收费运营，采用广州市出租汽车统一定价标准，乘客可使用PonyPilot+ App预约车辆，并通过支付宝或微信支付完成付费。南沙区成为广州市首个智能网联汽车混行试点区，符合南沙区相关资质要求并取得《示范运营资格通知书》的自动驾驶企业，以及取得《示范运营车辆标志牌》的自动驾驶车辆，可在规定区域范围内开展示范运营。

7. 深圳市发布国内首部智能网联汽车管理法规

2022年7月5日，国内首部关于智能网联汽车管理的法规——《深圳经济特区智能网联汽车管理条例》(以下简称《条例》)正式发布,自2022年8月1日起施行。《条例》共九章六十四条,涵盖了从智能网联汽车自动驾驶的定义、市场准入,到权责认定等方面的具体规定和管理办法。《条例》的亮点:一是明确了智能网联汽车自动驾驶的定义;二是可以在车路协同基础设施较为完善的区域开展测试应用;三是在市场准入方面,明确列入产品目录并登记方可上路;四是规定智能网联汽车安全提示规则;五是首次明确交通事故责任划分。《条例》的出台填补了我国智能网联汽车法律空白,为智能网联汽车创新发展提供坚实的法律保障。

8. 北京市开放自动驾驶"主驾无人"出行服务商业化试点

2022年7月20日,北京市高级别自动驾驶示范区工作办公室宣布正式开放国内首个"主驾无人"出行服务商业化试点。百度和小马智行成为首批获许企业,将在经开区核心区60平方公里范围内投入30辆主驾无人车辆,开展常态化收费服务。

9. 自然资源部开展智能网联汽车高精度地图应用试点

2022年8月2日,自然资源部办公厅印发《关于做好智能网联汽车高精度地图应用试点有关工作的通知》(自然资办函〔2022〕1480号,以下简称《通知》),在北京、上海、广州、深圳、杭州、重庆六个城市开展智能网联汽车高精度地图应用试点。《通知》明确,鼓励管理创新、技术创新和服务业态创新,支持不同类型地图面向自动驾驶应用多元化路径探索,支持不同主体就不同技术路线、不同应用场景开展测试验证和应用推广,支持试点城市根据产业实际需求,开展高级辅助驾驶地图城市普通道路、高精度位置导航应用等先行先试和示范应用。

10. 交通运输部公布首批18个智能交通先导应用试点项目

2022年8月22日,交通运输部办公厅印发《关于公布第一批智能交通先导应用试点项目(自动驾驶和智能航运方向)的通知》(交办科技函〔2022〕1253号),同意将"北京城市出行服务与物流自动驾驶先导应用试点"等18个项目作为第一批智能交通先导应用试点项目,主要聚焦自动驾驶、智能航运技术发展与应用，面向公路货物运输、城市出行与物流配送、园区内运输、港口集疏运和码头集装箱运输、沿海及内河智能航行等场景先行先试开展试点示范，探索新一代信息技术与交通运输深度融合的解决方案。

11. 工业和信息化部征求《道路机动车辆生产准入许可管理条例》意见

2022年10月28日，工业和信息化部公布了《道路机动车辆生产准入许可管理条例（征求意见稿）》，要求智能网联汽车生产企业应当建立车辆产品网络安全、数据安全、个人信息保护、车联网卡安全管理、软件升级管理制度，完善安全保障机制，落实安全保障措施，明确责任部门和负责人，落实安全保护责任。

12. 上海市立法推进无驾驶人智能网联汽车应用

2022年11月28日，上海市人民代表大会常务委员会发布《上海市浦东新区促进无驾驶人智能网联汽车创新应用规定》，适用于在浦东新区行政区域内划定的路段、区域开展无驾驶人智能网联汽车道路测试、示范应用、示范运营、商业化运营等创新应用活动以及相关监督管理工作。重点聚焦促进和规范无驾驶人智能网联汽车的创新应用，主要内容包括：明确适用范围和管理体制、完善创新应用流程、加强道路交通安全管理和风险防控、强化网络安全与数据安全保护、明确应急处置要求和相关法律责任、明确无人驾驶装备创新应用要求等。

13. 上海市发布智能网联汽车示范运营实施细则

2022年11月29日，上海市交通委、市经济信息化委、市公安局联合发布《上海市智能网联汽车示范运营实施细则》。《实施细则》共二十二条，包括目的和依据、适用范围、职责分工、申请要求、确认程序、收费管理、工作规则、安全措施等内容。《实施细则》充分衔接了现有智能网联汽车道路测试与示范应用管理体系，明确了管理机制及第三方机构职责，确定了申请主体开展示范运营的范围、路径、流程、条件等，为企业开展示范运营活动提供了具体的操作指引。

14. 深圳市发布智能网联汽车道路测试与示范应用管理细则

2022年11月9日,深圳市交通运输局、市发展改革委、市工业和信息化局、市公安交警局发布《深圳市智能网联汽车道路测试与示范应用管理实施细则》,明确深圳自动驾驶测试道路扩展到包括高速公路在内的公路、城市道路和区域,并允许在深圳市行政区域范围内开展驾驶人不在车辆驾驶位上的无人道路测试与示范应用活动。针对申请无人道路测试、无人示范应用的车辆,分别设置累计30000公里、10000公里的里程门槛,并限定了首次申请车辆数、安全员配置要求等条件,以确保申请车辆具备充足的安全条件。

15. 深圳市印发推进智能网联汽车高质量发展的实施方案

2022年11月14日,深圳市人民政府办公厅印发《深圳市推进智能网联汽车高质量发展实施方案》,明确坚持统筹推进、开放包容、政策引领、试点先行的原则,发挥深圳在粤港澳大湾区国际科技创新中心建设中的主阵地作用,围绕"1套创新的管理制度＋1项高质量发展的服务能力＋N项规模化的特色场景应用＋1个可持续的资金保障体系"的工作路径,推动智能网联汽车规模化商业应用,吸引培育智能网联汽车产业前沿性战略性高端创新资源和要素,强化产业资源空间集聚效应,打造全国智能网联汽车高质量发展先行示范城市标杆,建成具有全球影响力的智能网联汽车创新和应用高地。

16. 北京市颁发"无人化车外远程阶段"道路测试许可

2022年12月30日,北京市智能网联汽车政策先行区颁发"无人化车外远程阶段"道路测试许可,百度、小马智行成为首批获得许可的企业。北京市智能网联汽车政策先行区的"无人化"测试划分为"副驾有人""前排无人,后排有人""车外远程"三个阶段,此次许可的颁布,标志着北京的"无人化"测试已进入"车外远程"的第三阶段。

17. 无锡市发布车联网发展促进条例

2023年2月3日,《无锡市车联网发展促进条例》正式公布,自2023年3月1日起施行。《条例》共7章55条,主要从基础设施建设、推广应用、技术创新与产业发展、安全保障、促进措施等方面作出全面规定。《条例》明确，市人民政府统筹规划并推进全市车联网基础设施建设；鼓励和支持市场主体参与车联网基础设施投资、建设、运营和维护；车路协同基础设施建设纳入新建、改建、扩建道路建设工程，并与道路主体工程同时设计、同时施工、同时投入使用；率先在环卫作业、道路管养等城市管理领域应用智能网联汽车，与智慧城市协同发展。

18. 北京市开放自动驾驶"车内无人"商业化试点

2023年7月7日，北京市高级别自动驾驶示范区工作办公室在2023"协同未来"自动驾驶未来城市嘉年华活动开幕式正式宣布，在京开放智能网联乘用车"车内无人"商业化试点。基于《北京市智能网联汽车政策先行区自动驾驶出行服务商业化试点管理细则（试行）》修订版，企业在达到相应要求后可在示范区面向公众提供常态化的自动驾驶付费出行服务。

19. 美国旧金山允许无人驾驶出租汽车全天候商业化运营

2023年8月11日，美国加州公用事业委员会（CPUC）批准Cruise和Waymo在旧金山提供全天候（每周7天、每天24小时）的无人驾驶出租汽车（车上没有安全员，完全由机器算法操纵车辆）收费服务。

20. 苏州市人大常委会通过智能车联网发展促进条例

2023年8月29日，苏州市十七届人大常委会第九次会议举行了第二次全体会议。会议表决通过了《苏州市智能车联网发展促进条例》和修订的《苏州市公共汽车客运管理条例》。两部法规将报请省人大常委会批准。

21. 自动驾驶汽车安全运行国际标准发布

2023年8月，首个自动驾驶汽车安全运行的国际标准《ISO 34503: 2023 道路车辆—自动驾驶系统测试场景—运行设计域规范》（ISO 34503: 2023 Road Vehicles—Test scenarios for automated driving systems—Specification for operational design domain）正式发布。该标准通过创建一种定义自动驾驶车辆运行条件的通用方法（运行设计域，ODD），为自动驾驶车辆的安全部署奠定了基础。ODD定义的层次分类法和定义格式，能够实现高效的自动驾驶系统场景创建和场景参数化，使得自动驾驶系统制造商能够在其设计中指定、实施和传达最低安全要求，并允许最终用户、运营商和监管机构在其采购中参考 ODD 属性和性能要求的最低集合。

22. 交通运输部征集第二批智能交通先导应用试点

2023 年 9 月 25 日，交通运输部办公厅印发《关于征集第二批智能交通先导应用试点项目（自动驾驶和智能建造方向）的通知》，提出在总结第一批智能交通先导应用试点项目阶段进展和成效的基础上，组织开展第二批智能交通先导应用试点（自动驾驶和智能建造方向）。在自动驾驶方向，支持公路货物运输、城市出行与物流服务、园区内运输、特定场景作业等领域进一步丰富试点场景、扩大试点规模，打造常态化运输服务和全流程自动化作业模式。

23. 四部门联合开展智能网联汽车准入和上路通行试点

2023 年 11 月 17 日，工业和信息化部、公安部、住房和城乡建设部、交通运输部等四部门联合印发《关于开展智能网联汽车准入和上路通行试点工作的通知》。根据通知，在智能网联汽车道路测试与示范应用基础上，四部门将遴选具备量产条件的搭载自动驾驶功能的智能网联汽车产品，开展准入试点；对取得准入的智能网联汽车产品，在限定区域内开展上路通行试点，车辆用于运输经营的需满足交通运输主管部门运营资质和运营管理要求。

24. 国家市场监督管理总局发布首批汽车安全沙盒监管试点名单

2023 年 11 月 10 日，国家市场监督管理总局发布首批汽车安全沙盒监管试点名单，共有 9 个汽车安全沙盒监管试点，分别是比亚迪汽车工业有限公司的智能扭矩控制技术，上海艾拉比智能科技有限公司的整车级高效灵活的软件在线升级（OTA）技术方案，浙江吉利汽车有限公司的领航驾驶辅助（NOA）功能，浙江零跑科技股份有限公司的自动领航辅助（NAP）功能，郑州宇通集团有限公司的商用车用电池管理系统无线通信技术，广汽埃安新能源汽车股份有限公司、孚能科技（赣州）股份有限公司的 750V 高压快充技术，蜂巢能源科技有限公司、长城汽车股份有限公司的无钴电池技术，宁德时代新能源科技股份有限公司的多功能空间重构的电池系统集成技术，浙江零跑科技股份有限公司的无电池包 CTC 电池底盘车身一体化技术。

25. 江苏省通过《关于促进车联网和智能网联汽车发展的决定》

2023 年 11 月 29 日，江苏省十四届人大常委会第六次会议表决通过《关于促进车联网和智能网联汽车发展的决定》（以下简称《决定》），共十九条。《决定》围绕智能网联汽车道路测试、示范应用、商业化应用，从四个方面作出规定：一是明确范围和区域，二是提出认可异地测试号牌，三是提出区域信息公开化，四是明确了监管职责。作为促进车联网和智能网联汽车发展的全国首部省级地方性法规，《决定》将为强化车联网基础设施建设、规范车联网和智能网联汽车示范应用提供有力法治保障。

附录 2：2022—2023 年发布的政策法规清单

2022—2023 年发布的政策法规清单　　　　附表 2-1

序号	层次	发布机构	发布时间	政策法规名称	概要信息
1	国家	国家市场监督管理总局、工业和信息化部、交通运输部、应急部、海关总署等	2022年4月	《关于试行汽车安全沙盒监管制度的通告》	通告规定了在汽车安全领域试行沙盒监管制度的目的意义、范围对象、工作流程、包容审慎监管、组织保障等内容
2		交通运输部	2022年8月	《自动驾驶汽车运输安全服务指南（试行）（征求意见稿）》	为适应自动驾驶技术发展，鼓励和规范自动驾驶汽车在运输服务领域应用，保障运输安全，指南从适用范围、基本原则、发展导向、运输经营者要求、车辆要求、人员要求、安全保障、监督管理等方面进行了规定
3		工业和信息化部	2022年10月	《道路机动车辆生产准入许可管理条例（征求意见稿）》	管理条例要求智能网联汽车生产企业应当建立车辆产品网络安全、数据安全、个人信息保护、车联网卡安全管理、软件升级管理制度，完善安全保障机制，落实安全保障措施，明确责任部门和负责人，落实安全保护责任。智能网联汽车产品所使用的软件和硬件应当符合国家网络安全相关强制性标准要求
4		工业和信息化部、公安部	2022年11月	《关于开展智能网联汽车准入和上路通行试点工作的通知（征求意见稿）》	试点内容包括遴选符合条件的道路机动车辆生产企业和具备量产条件的搭载自动驾驶功能的智能网联汽车产品，开展准入试点；对通过准入试点的智能网联汽车产品，在试点城市的限定公共道路区域内开展上路通行试点
5	北京	北京市高级别自动驾驶示范区工作办公室	2022年3月	《北京市智能网联汽车政策先行区智能网联客运巴士道路测试、示范应用管理实施细则（试行）》	为保障测试示范中的乘客安全与公共安全，细则在车内管理、车辆运行、道路测试、保险保障、产品技术参数等方面作出了针对性管理要求
6		北京市高级别自动驾驶示范区工作办公室	2022年4月	《北京市智能网联汽车政策先行区乘用车无人化道路测试与示范应用管理实施细则》	实施细则规定，获得通知书的示范应用主体可在北京市高级别自动驾驶示范区60平方公里范围内进行公开道路的无人化自动驾驶载人示范应用。在无人化道路测试基础上，实施细则对测试主体的安全管理、网络与数据安全、风险应对等方面提出了更高要求
7		北京市高级别自动驾驶示范区工作办公室	2022年11月	《北京市智能网联汽车政策先行区无人接驳车管理细则（道路测试与示范应用）》	细则整体以安全可控为基本原则，参照机动车管理规则，通过发放车辆编码的方式，给予无人接驳车相应路权，允许其在先行区60平方公里基础上申请行驶线路，依示范区批准分阶段开展道路测试与示范应用活动

续上表

序号	层次	发布机构	发布时间	政策法规名称	概要信息
8	北京	北京市规划自然资源委和市经信局	2023年3月	《北京市智能网联汽车高精度地图试点工作指导意见》	从基础地图试点范围、加强主动服务、强化安全监管、落实试点单位主体责任等方面,推动智能网联汽车高精度地图应用,持续推进北京市智能网联汽车产业发展。
9		北京市高级别自动驾驶示范区工作办公室	2023年5月	《北京市智能网联汽车政策先行区数据安全管理办法(试行)》	明确了在市自动驾驶办公室统筹指导下,企业负数据安全主体责任,构建了示范区企业数据能力提升及共享机制
10		北京市高级别自动驾驶示范区工作办公室	2023年6月	《北京市智能网联汽车政策先行区数据分类分级管理细则(试行)》	细则有三大核心亮点,一是构建了多维统一的数据层级,二是落实了保护措施贯穿数据流转全生命周期,三是逐步压实了企业数据治理责任
11	深圳	深圳市人民代表大会常务委员会	2022年7月	《深圳经济特区智能网联汽车管理条例》	管理条例共9章64条,对智能网联汽车的道路测试和示范应用、准入和登记、使用管理等作了全面规定
12		深圳市交通运输局、发展改革委、工业和信息化局、公安交警局	2022年11月	《深圳市智能网联汽车道路测试与示范应用管理实施细则》	实施细则明确深圳自动驾驶测试道路扩展到包括高速公路在内的公路、城市道路和区域,并允许在深圳市行政区域范围内开展驾驶人不在车辆驾驶位上的无人道路测试与示范应用活动
13		深圳市坪山区人民政府	2023年1月12日	《深圳市坪山区智能网联汽车全域开放道路测试及示范应用管理办法(试行)》	主要包括5章32条,由总则、道路测试与示范应用申请、道路测试与示范应用管理、交通违法与事故处理、附则五部分组成。《测试示范管理办法》建立"联席工作小组+第三方机构"的协同管理工作机制,全面负责推进坪山区智能网联汽车测试示范活动;规范道路测试、示范应用、高速公路测试示范、无人化测试示范等活动申请流程,对申请主体、车辆、驾驶人提出了明确的要求;针对测试示范过程中的驾驶人责任义务、载人或载物规定、网络和数据保护等方面提出安全管理规定;明确了交通违法与事故处理流程
14		深圳市坪山区人民政府	2023年1月12日	《深圳市坪山区关于智能网联汽车全域开放商业化试点管理的若干规定(试行)》	主要包括21条规定,明确了商业化试点是指以商业运营探索为目的开展的智能网联汽车载人、载货和专项作业等多种形式的收费服务试点活动;规定了商业化试点的业态、试点运营范围和时间;对商业化试点申请主体、车辆、驾驶人提出了明确的申请要求;明确商业化试点过程中驾驶人责任义务、事故处理、违规处理等管理要求

附录 | 附录2：2022—2023年发布的政策法规清单

续上表

序号	层次	发布机构	发布时间	政策法规名称	概要信息
15		深圳市坪山区人民政府	2023年1月	《深圳市坪山区关于无人小车全域开放管理的若干规定（试行）》	主要包括21条规定，明确了无人小车是指无驾驶座、无驾驶舱、具备自动驾驶功能的低速电动轮式车辆，包括无人配送车、无人零售车、无人清扫车、无人安防车等；对车辆载重、最高设计时速、安全警示功能、远程控制功能等车辆技术参数提出明确规定；规范了无人小车道路测试、商业化试点的申请要求和流程；明确无人小车上路开展相关活动应遵守的通行规则，以充分保障道路交通安全
16		深圳市南山区科技创新局	2023年8月	《深圳市南山区智能网联汽车全域开放测试及应用管理办法（征求意见稿）》	《测试应用管理办法》主要包括6章40条，由总则、申请条件、申请程序、安全管理、事故和违法处理、附则六部分组成
17	深圳	深圳市南山区科技创新局	2023年8月	《深圳市南山区关于无人小车全域开放管理的若干规定（征求意见稿）》	《无人小车管理若干规定》主要包括23条规定，明确了无人小车是指无驾驶座、无驾驶舱、具备自动驾驶功能的低速电动轮式车辆，包括无人配送车、无人零售车、无人清扫车、无人安防车等；从安全角度出发，对车辆载重、最高设计时速、安全警示功能、远程控制功能等车辆技术参数提出明确规定，不对车辆动力系数、通过性参数、工作环境（湿度、温度）等作出规定，避免限制创新产品研发；规范了无人小车道路测试、商业化运营试点的申请要求和流程，同步建立异地互认机制，同型号、同系统、同架构无人小车已在其他省、市进行相同或类似功能的道路测试、商业化运营试点的，适用简化申请材料；明确无人小车上路开展活动应遵守的通行规则，以充分保障道路交通安全
18		深圳市宝安区发展和改革局	2023年9月	《深圳市宝安区智能网联汽车全域开放道路测试及示范应用管理办法（征求意见稿）》	主要包括5章30条，由总则、道路测试与示范应用申请、道路测试与示范应用管理、交通违法与事故处理、附则五部分组成
19		深圳市宝安区发展和改革局	2023年9月	《深圳市宝安区智能网联汽车全域开放商业化试点管理办法（征求意见稿）》	主要包括5章21条，由总则、商业化试点申请、商业化试点管理、附则四部分组成
20		深圳市宝安区发展和改革局	2023年9月	《深圳市宝安区关于无人小车全域开放管理办法（征求意见稿）》	主要包括5章20条，由总则、无人小车道路测试及商业化试点申请、无人小车道路测试及商业化试点管理、违规及交通事故处理、附则五部分组成

续上表

序号	层次	发布机构	发布时间	政策法规名称	概要信息
21	上海	上海市人民代表大会常务委员会	2022年11月	《上海市浦东新区促进无驾驶人智能网联汽车创新应用规定》	应用规定共三十四条，明确了适用范围和管理体制、完善创新应用流程、加强道路交通安全管理和风险防控、强化网络安全与数据安全保护、明确应急处置要求和相关法律责任、明确无人驾驶装备创新应用要求等
22		上海市交通委员会、经济和信息化委员会、公安局	2022年11月	《上海市智能网联汽车示范运营实施细则》	实施细则共二十二条，包括目的和依据、适用范围、职责分工、申请要求、确认程序、收费管理、工作规则、安全措施等内容
23		上海市浦东新区人民政府	2023年3月	《上海市浦东新区促进无驾驶人智能网联汽车创新应用规定实施细则》	明确由区科经委、区建交委、浦东公安分局共同成立浦东新区智能网联汽车创新应用推进工作小组；明确了智能网联汽车企业在申请开展创新应用活动中需要完成的关键步骤、操作流程等；明确了各个阶段完成的能力评估标准；明确了交通保险、事故处理、数据监管等管理要求；为科技企业在创新应用过程中开展收费的商业运营活动打开了通道
24		中国（上海）自由贸易试验区临港新片区管委会	2023年3月	《中国（上海）自由贸易试验区临港新片区促进无驾驶人智能网联汽车创新应用实施细则（试行）》	规定了在临港新片区浦东区域范围内划定的路段、区域开展的无驾驶人智能网联汽车道路测试、示范应用、示范运营、商业化运营等创新应用活动以及相关监督管理工作要求
25		上海临港新片区	2023年11月	《中国（上海）自由贸易试验区临港新片区促进智能网联汽车发展若干政策》	从支持技术创新与应用、支持应用场景拓展、支持营造创新环境生态3大角度，11条补贴政策，全方位支持测试示范发展
26	江苏	江苏省司法厅	2022年11月	《江苏省道路交通安全条例（修订草案）》	条例修订草案明确了开启自动驾驶功能的汽车开展道路测试或者上道路通行的相关要求以及违法责任的规定
27		江苏省人大常委会	2023年7月	《关于促进车联网和智能网联汽车发展的决定》	决定共十九条，围绕智能网联汽车道路测试、示范应用、商业化应用，从四个方面作出规定：一是明确范围和区域，二是提出认可异地测试号牌，三是提出区域信息公开化，四是明确了监管职责
28	天津	天津市交通运输委员会、公安局	2022年6月	《关于发布东疆保税港区智能网联汽车测试道路的通告》	通告规定将东疆保税港区的宁夏道、澳洲路等9条道路作为智能网联汽车测试道路
29	重庆	重庆市人民政府	2022年1月	《重庆市智能网联汽车道路测试与应用管理试行办法》	试行办法共8章45条，主要包括责任分工、一般规定、道路测试与应用管理、交通安全管理、日常监督管理等内容

附录 | 附录 2：2022—2023 年发布的政策法规清单

续上表

序号	层次	发布机构	发布时间	政策法规名称	概要信息
30	重庆	重庆市永川区	2022 年 8 月	《永川区智能网联汽车政策先行区道路测试与应用管理办法》	管理办法涵盖了智能网联汽车的道路测试、示范应用、示范运营以及无人化各个阶段的相关要求，申请的企业需要按照管理办法，通过严格的场地准入测试、达到规定的安全里程积累、满足相关的测试条件，才能逐步开展各个业态的测试；同时办法中还对网络信息安全、交通安全等方面进行了要求，进一步从制度层面规范道路测试和保障测试安全
31	广东	广东省工业和信息化厅、公安厅、交通运输厅	2022 年 4 月	《广东省智能网联汽车道路测试与示范应用管理实施意见(试行)》	实施意见规定了智能网联汽车道路测试与示范应用申请、管理和交通违法及事故处理的工作要求，支持有条件的地级以上市根据国家有关法律法规规范，在充分开展道路测试与示范应用的基础上，制定安全可靠的管理措施，探索开展相关商业运营活动
32		广州市 ICV 产业发展促进会	2022 年 10 月	《广州市智能网联汽车（自动驾驶）安全员培训管理办法（第一版）》	管理办法要求制定统一的安全员培训大纲、考核办法、上岗流程和安全监管措施，由专业培训机构统一进行培训，有效保障安全员培训质量和执行效果，加强对示范运营安全员和示范运营主体的监管。同时，要求安全员持证上岗，设置每年 12 分统一监督管理，并对安全员培训大纲、培训机构的遴选与审查、安全员的考核等方面做出要求
33	吉林	吉林省工业和信息化厅、公安厅、交通运输厅	2022 年 10 月	《吉林省智能网联汽车道路测试与示范应用管理实施细则(试行)》	实施细则明确管理机构及职责，道路测试与示范应用主体、驾驶人及车辆应符合的条件，以及道路测试申请、示范应用申请的具体要求等
34	无锡	无锡市工业和信息化局、公安局、交通运输局	2022 年 9 月	《无锡市智能网联汽车道路测试与示范应用管理实施细则》	新版实施细则将配备驾驶人的智能网联汽车道路测试、示范应用、示范运营的范围扩大到了全市，同时新增了智能网联汽车示范运营的相关内容，开展智能网联汽车示范运营的主体可适当收取费用，为后续形成成熟的商业模式奠定基础
35		无锡市人民政府	2023 年 2 月	《无锡市车联网发展促进条例》	条例共 7 章 55 条，主要从基础设施建设、推广应用、技术创新与产业发展、安全保障、促进措施等方面作出全面规定
36		无锡市人民代表大会常务委员会	2022 年 9 月	《无锡市车联网发展促进条例（草案）》	条例共 7 章 55 条，主要包括总则、基础设施建设、推广应用、技术创新与产业发展、安全保障、促进措施、附则等内容
37	合肥	合肥市经济和信息化局	2022 年 3 月	《智能网联汽车道路测试与示范应用管理规范》	一是在道路测试基础上增加示范应用，允许经过一定时间或里程道路测试、安全可靠的车辆开展载人载物示范应用。二是增加拟商业化运营准入条件及拟商业化运营主体要求。三是增加无人测试和示范准入条件及申请开展无人测试和示范的要求。四是明确通用项目检测结果互认，不需重复检测

续上表

序号	层次	发布机构	发布时间	政策法规名称	概要信息
38	武汉	武汉市经济和信息化局、公安局、交通运输局	2022年6月	《武汉市智能网联汽车道路测试和示范应用管理实施细则(试行)》	实施细则共8章54条，主要包括总则、管理机构及职责、道路测试申请流程及管理、示范应用申请流程及管理、商业化试点申请流程及管理、远程驾驶测试和示范应用、交通违法和事故处理、附则等内容
39	长沙	长沙市工业和信息化局、公安局、交通运输局、城市管理和综合执法局、湖南湘江新区管理委员会产业促进局	2022年6月	《长沙市智能网联汽车道路测试与示范应用管理细则(试行)V4.0》	实施细则从智能网联汽车产业意义、目标导向、管理机构、联席小组职责分工、道路测试与示范申请条件、道路测试申请及审核、示范应用申请及审核、示范运营申请及审核、道路测试与示范管理、交通违法和事故处理、附则等方面进行规定和说明
40	海南	海南省工业和信息化厅、公安厅、交通运输厅	2022年9月	《海南省低速功能型无人车道路测试与示范应用管理办法(试行)》	实施细则共8章31条，主要包括总则、管理机构及职责、一般要求、申请流程、道路测试与示范应用管理、交通违法和事故处理、违规操作责任、附则等内容
41		海南省工业和信息化厅	2023年6月	《海南省智能汽车道路测试和示范应用管理办法（征求意见稿）》	降低了原《办法》内容中对高速公路测试、示范应用的申请条件，新增商业化试点、无人道路测试、无人示范应用、无人商业化试点的申请条件及管理办法，以满足行业新的发展需求
42	成都	成都市经济和信息化局、公安局、交通运输局	2022年6月	《成都市智能网联汽车道路测试与示范应用管理规范实施细则(试行)》	实施细则明确了智能网联自动驾驶汽车在成都市开展道路测试与示范应用的相关事项，共九章三十七项内容，相比于2020年发布的版本，增加了载人载物、高速测试、专用作业车的相关规定。未涉及无人化测试、商业化试运营等内容
43		成都市经济和信息化局、公安局、交通运输局	2023年6月	《关于推进成都市智能网联汽车远程驾驶测试与示范应用的指导意见》	指导意见主要规范了智能网联汽车在我市开展远程驾驶道路测试与示范应用的相关事项，包括总体要求、工作机制、测试与示范场景、测试与示范条件、申请材料、申请流程、事故及违法处理、附则八个部分
44		成都市制造强市建设领导小组办公室	2023年6月	《成都市新能源和智能网联汽车产业发展规划（2023—2030年)》	规划主要涵盖规划背景、总体要求、重点方向、空间布局、主要任务、保障措施等六大主要内容
45	嘉兴	嘉兴市经济和信息化局、公安局、交通运输局、住房和城乡建设局	2022年12月	《嘉兴市智能网联汽车道路测试与示范应用管理实施细则》	实施细则规定了适用范围和组织管理、测试与应用主体、驾驶人及车辆相关要求、道路测试申请、示范应用申请、测试与应用管理要求等内容

附录 | 附录2：2022—2023年发布的政策法规清单

续上表

序号	层次	发布机构	发布时间	政策法规名称	概要信息
46	贵阳	贵阳市交通委员会	2023年2月	《贵阳贵安智能网联汽车测试与示范应用实施细则（征求意见稿）》	实施细则规定了道路测试与示范应用主体/安全员/车辆、道路测试申请、示范应用申请、道路测试与示范应用管理、交通违法与事故处理等内容
47	阳泉	阳泉市人民政府	2023年3月	《阳泉市智能网联汽车管理办法（草案）》	管理办法（草案）包含总则；道路测试、示范应用和运营；车路协同基础设施；交通事故及违法处理；法律责任；附则等六个部分内容
48	杭州	杭州市人民政府	2023年4月	《关于印发杭州市智能网联车辆测试与应用管理办法的通知》	在2018年实施细则基础上进行修订与完善，在管理政策方面有了迭代，在部分领域有所创新，如智能网联车辆测试与应用时发生交通违法和事故如何处理等问题给与了明确界定
49	杭州	杭州市人民政府	2023年8月	《杭州市促进智能网联车辆测试与应用规定（草案）》	规定（草案）共37条，明确了智能网联车辆道路测试与应用活动的管理机制、申请条件、审查流程、行为规范、监管要求和退出机制。
50		杭州市规划和自然资源局	2023年11月	《杭州市智能网联汽车高精度地图管理规定》	《规定》共十二条，从适用范围、工作原则、基本条件、技术标准、保密处理、审批流程和监管机制等方面进行规定
51	德清	德清县交通运输局、公安局、经济和信息化局	2023年4月	《德清县智能网联车辆道路测试与示范应用管理实施细则（试行）》	实施细则规定了在德清县行政区域范围内进行的智能网联车辆道路测试、示范应用、商业化试点应用测试与应用活动，以及相关监督管理工作要求
52	鄂尔多斯	鄂尔多斯市工业和信息化局、公安局、交通运输局、能源局	2023年5月	《鄂尔多斯市智能网联汽车测试与示范应用管理办法（试行）》	管理办法共8章37条，包含总则、测试、示范应用、智能网联汽车商业化运营、专用车道路测试示范应用及商业化运营、道路交通安全管理、网络与数据安全保护、附则等内容
53	福州	福州市人民政府	2023年8月	《福州市智能网联汽车道路测试与示范应用管理实施细则(试行)》	实施细则明确了福州市智能网联汽车道路测试与示范应用管理机构及职责，测试与示范主体、安全员及车辆，测试与示范申请要求，远程驾驶道路测试和示范应用申请要求，测试与示范申请程序和材料，测试与示范管理，交通违法和事故处理，网络及数据安全等核心内容
54	苏州	苏州市人大常委会	2023年9月	《苏州市智能车联网发展促进条例》	条例主要包括总则、产业发展、基础设施建设、应用推广、安全保障、附则等内容

续上表

序号	层次	发布机构	发布时间	政策法规名称	概要信息
55	横琴	横琴粤澳深度合作区	2023年9月	《横琴粤澳深度合作区智能网联汽车道路测试与示范应用管理细则》	细则提出对道路测试、示范应用路段实行复杂路段和基础路段二级管理，首次申请道路测试、示范应用主体仅能在基础路段开展道路测试、示范应用工作。累计里程不少于一万五千公里或者累计里程不少于七千五百公里且月平均脱离间隔里程大于四十公里，且无发生责任交通事故及失控状况，经批准后可在复杂路段开展道路测试、示范应用

附录 3：城市客运自动驾驶相关标准规范清单

城市客运自动驾驶相关国际标准清单　　　　　附表 3-1

序号	标准名称 英文名称	标准名称 中文名称	标准编号	发布机构
1	Intelligent transport systems—Low-speed automated driving system(LSADS)service—Part 1: Role and functional model	《智能交通系统——低速自动驾驶系统（LSADS）服务——第 1 部分：角色和功能模型》	ISO/TS 5255—1: 2022	ISO/TC 204
2	Intelligent transport systems—Curve speed warning systems (CSWS)—Performance requirements and test procedures	《智能交通系统——曲线速度警告系统（CSWS）——性能要求和测试程序》	ISO 11067: 2015	
3	Intelligent transport systems—Lane keeping assistance systems (LKAS)—Performance requirements and test procedures	《智能交通系统——车道保持辅助系统（LKAS）——性能要求和测试程序》	ISO 11270: 2014	
4	Intelligent transport systems—Adaptive cruise control systems—Performance requirements and test procedures	《智能交通系统——自适应巡航控制系统——性能要求和测试程序》	ISO 15622: 2018	
5	Intelligent transport systems—Forward vehicle collision warning-systems(FCW)—Performance requirements and test procedures	《智能交通系统——前方车辆碰撞预警系统（FCW）——性能要求和测试程序》	ISO 15623: 2013	
6	Intelligent transport systems—Assisted parking system(APS)—Performance requirements and test procedures	《智能交通系统——辅助停车系统（APS）——性能要求和测试程序》	ISO 16787: 2017	
7	Intelligent transport systems—Lane departure warning systems—Performance requirements and test procedures	《智能交通系统——车道偏离警告系统——性能要求和测试程序》	ISO 17361: 2017	
8	Intelligent transport systems—Lane change decision aid systems (LCDAS)—Performance requirements and test procedures	《智能交通系统——变道决策辅助系统（LCDAS）——性能要求和测试程序》	ISO 17387: 2008	
9	Intelligent transport systems—Cooperative ITS—Using V2I and I2V communications for applications related to signalized intersections	《智能交通系统——协作式 ITS——将 V2I 和 I2V 通信用于与信号交叉口相关的应用》	ISO/TS 19091: 2019	
10	Intelligent transport systems—Pedestrian detection and collision mitigation systems(PDCMS)—Performance requirements and test procedures	《智能交通系统——行人检测和碰撞缓解系统（PDCMS）——性能要求和测试程序》	ISO 19237: 2017	
11	Intelligent transport systems—Road boundary departure prevention systems(RBDPS)—Performance requirements and test procedures	《智能交通系统——道路边界偏离预防系统（RBDPS）——性能要求和测试程序》	ISO 19638: 2018	

续上表

序号	标准名称		标准编号	发布机构
	英文名称	中文名称		
12	Intelligent transport systems—Cooperative adaptive cruise control systems(CACC)—Performance requirements and test procedures	《智能交通系统——协同自适应巡航控制系统（CACC）——性能要求和测试程序》	ISO 20035: 2019	ISO/TC 204
13	Intelligent transport systems—Geographic Data Files(GDF)GDF 5.1—Part 2: Map data used in automated driving systems, Cooperative ITS, and multi-modal transport	《智能交通系统——地理数据文件（GDF）GDF5.1——第2部分：自动驾驶系统、协作式ITS和多式联运中使用的地图数据》	ISO 20524—2: 2020	
14	Intelligent transport systems—Vehicle/roadway warning and control systems—Report on standardisation for vehicle automated driving systems(RoVAS)/Beyond driver assistance systems	《智能交通系统——车辆/道路警告和控制系统——车辆自动驾驶系统（RoVAS）/Beyond驾驶员辅助系统标准化报告》	ISO/TR 20545: 2017	
15	Intelligent transport systems—Partially automated parking (PAPS)—Performance requirements and test procedures	《智能交通系统——部分自动泊车系统（PAPS）——性能要求和测试程序》	ISO 20900: 2019	
16	Intelligent transport systems—Partially automated lane change systems(PALS)—Functional/operational requirements and test procedures	《智能交通系统——部分自动变道系统（PALS）——功能/操作要求和测试程序》	ISO 21202: 2020	
17	Intelligent transport systems—Partially Automated In-Lane Driving Systems(PADS)—Performance requirements and test procedures	《智能交通系统——部分自动车道内驾驶系统（PADS）——性能要求和测试程序》	ISO 21717: 2018	
18	Intelligent transport systems—Spatio-temporal data dictionary for cooperative ITS and automated driving systems 2.0	《智能交通系统——协同ITS和自动驾驶系统的时空数据字典2.0》	ISO/TR 21718: 2019	
19	Intelligent transport system—Bicyclist detection and collision mitigation systems(BDCMS)—Performance requirements and test procedures	《智能交通系统——骑自行车者检测和碰撞缓解系统（BDCMS）——性能要求和测试程序》	ISO 22078: 2020	
20	Intelligent transport systems—Low speed following(LSF)systems—Performance requirements and test procedures	《智能交通系统——低速跟随（LSF）系统——性能要求和测试程序》	ISO 22178: 2009	
21	Intelligent transport systems—Full speed range adaptive cruise control(FSRA)systems—Performance requirements and test procedures	《智能交通系统——全速范围自适应巡航控制（FSRA）系统——性能要求和测试程序》	ISO 22179: 2009	
22	Taxonomy and definitions for terms related to driving automation systems for on-road motor vehicles	《道路机动车辆驾驶自动化系统相关术语的分类和定义》	ISO/SAE PAS 22736: 2021	

附录 | 附录3：城市客运自动驾驶相关标准规范清单

续上表

序号	标准名称 英文名称	标准名称 中文名称	标准编号	发布机构
23	Intelligent transport systems—Low-speed automated driving (LSAD) systems for predefined routes—Performance requirements, system requirements and performance test procedures	《智能交通系统——用于预定义路线的低速自动驾驶（LSAD）系统——性能要求、系统要求和性能测试程序》	ISO 22737: 2021	ISO/TC 204
24	Intelligent transport systems—Forward vehicle collision mitigation systems (FVCMS)—Operation performance, and verification requirements	《智能交通系统——前向车辆碰撞缓解系统（FVCMS）——操作性能和验证要求》	ISO 22839: 2013	
25	Intelligent transport systems—Vehicle-to-vehicle intersection collision warning systems (VVICW)—Performance requirements and test procedures	《智能交通系统——车对车交叉口碰撞预警系统（VVICW）——性能要求和测试程序》	ISO 23376: 2021	
26	Smart community infrastructures—Smart transportation by autonomous vehicles on public roads	《智能社区基础设施——公共道路上自动驾驶汽车的智能交通》	ISO 37181: 2022	ISO/TC 268/SC 2
27	Road Traffic Safety (RTS)—Guidance on ethical considerations relating to safety for autonomous vehicles	《道路交通安全（RTS）——与自动驾驶汽车安全相关的道德考虑指南》	ISO/DIS 39003	ISO/TC 241
28	Road vehicles—In-vehicle Ethernet—Part 1: General information and definitions	《道路车辆——车载以太网——第1部分：一般信息和定义》	ISO 21111—1: 2020	ISO/TC 22/SC 31
29	Road vehicles—In-vehicle Ethernet—Part 2: Common physical entity requirements	《道路车辆——车载以太网——第2部分：通用物理实体要求》	ISO 21111—2: 2020	
30	Road vehicles—In-vehicle Ethernet—Part 3: Optical 1-Gbit/s physical entity requirements and conformance test plan	《道路车辆——车载以太网——第3部分：光学1Gbit/s物理实体要求和一致性测试计划》	ISO 21111—3: 2020	
31	Road vehicles—In-vehicle Ethernet—Part 4: General requirements and test methods of optical gigabit Ethernet components	《道路车辆——车载以太网——第4部分：光千兆以太网组件的一般要求和测试方法》	ISO 21111—4: 2020	
32	Road vehicles—In-vehicle Ethernet—Part 5: Optical 1-Gbit/s physical layer system requirements and test plans	《道路车辆——车载以太网——第5部分：光学1Gbit/s物理层系统要求和测试计划》	ISO 21111—5: 2020	
33	Road vehicles—In-vehicle Ethernet—Part 6: Electrical 100-Mbit/s physical entity requirements and conformance test plan	《道路车辆——车载以太网——第6部分：电气100mbit/s物理实体要求和一致性测试计划》	ISO 21111—6: 2021	
34	Road vehicles—In-vehicle Ethernet—Part 8: Electrical 100-Mbit/s Ethernet transmission media, components and tests	《道路车辆——车载以太网——第8部分：电气100Mbit/s以太网传输介质部件和测试》	ISO 21111—8: 2022	

续上表

序号	标准名称		标准编号	发布机构
	英文名称	中文名称		
35	Road vehicles—In-vehicle Ethernet—Part 10: Transport layer and network layer conformance test plans	《道路车辆——车载以太网——第10部分：传输层和网络层一致性测试计划》	ISO 21111—10: 2021	ISO/TC 22/SC 31
36	Road vehicles—In-vehicle Ethernet—Part 11: Application layer to session layer conformance test plans	《道路车辆——车载以太网——第11部分：应用层和网络层一致性测试计划》	ISO 21111—11: 2021	
37	Road vehicles—Safety of the intended functionality	《道路车辆——预期功能安全》	ISO 21448: 2022	
38	Road vehicles—Cybersecurity engineering	《道路车辆——信息安全工程》	ISO/SAE 21434: 2021	
39	Vehicle probe data for wide area communications	《用于广域通信的车辆探测数据》	ISO 22837: 2009	
40	Road vehicles—Safety and cybersecurity for automated driving systems—Design, verification and validation	《道路车辆——自动驾驶系统的安全和网络安全——设计、验证和确认》	ISO/TR 4804: 2020	
41	Road vehicles—Test method to evaluate the performance of lane-keeping assistance systems	《道路车辆——车道保持辅助系统性能评估的试验方法》	ISO 22735: 2021	
42	Road vehicles—Test method to evaluate the performance of autonomous emergency braking systems—Part 1: Car-to-car	《道路车辆——评价自主紧急制动系统性能的试验方法——第1部分：车对车》	ISO 22733—1: 2022	
43	Road vehicles—Data communication between sensors and data fusion unit for automated driving functions—Logical interface	《道路车辆——用于自动驾驶功能的传感器和数据融合单元之间的数据通信——逻辑接口》	ISO 23150: 2021	
44	Road vehicles—Functional safety—Part 1: Vocabulary	《道路车辆——功能安全——第1部分：术语》	ISO 26262—1: 2018	
45	Road vehicles—Functional safety—Part 2: Management of functional safety	《道路车辆——功能安全——第2部分：功能安全管理》	ISO 26262—2: 2018	
46	Road vehicles—Functional safety—Part 3: Concept phase	《道路车辆——功能安全——第3部分：概念阶段》	ISO 26262—3: 2018	
47	Road vehicles—Functional safety—Part 4: Product development at the system level	《道路车辆——功能安全——第4部分：产品开发系统层面》	ISO 26262—4: 2018	
48	Road vehicles—Functional safety—Part 5: Product development at the hardware level	《道路车辆——功能安全——第5部分：产品开发硬件层面》	ISO 26262—5: 2018	
49	Road vehicles—Functional safety—Part 6: Product development at the software level	《道路车辆——功能安全——第6部分：产品开发软件层面》	ISO 26262—6: 2018	
50	Road vehicles—Functional safety—Part 7: Production, operation, service and decommissioning	《道路车辆——功能安全——第7部分：生产、经营、服务和报废》	ISO 26262—7: 2018	

附录 | 附录3：城市客运自动驾驶相关标准规范清单

续上表

序号	标准名称		标准编号	发布机构
	英文名称	中文名称		
51	Road vehicles—Functional safety—Part 8: Supporting processes	《道路车辆——功能安全——第8部分：支持过程》	ISO 26262—8: 2018	ISO/TC 22/SC 31
52	Road vehicles—Functional safety—Part 9: Automotive safety integrity level(ASIL)-oriented and safety-oriented analyses	《道路车辆——功能安全——第9部分：以汽车安全完整性等级为导向和以安全为导向的分析》	ISO 26262—9: 2018	
53	Road vehicles—Functional safety—Part 10: Guidelines on ISO 26262	《道路车辆——功能安全——第10部分：指南》	ISO 26262—10: 2018	
54	Road vehicles—Test scenarios for automated driving systems-Scenario based safety evaluation framework	《道路车辆——自动驾驶系统测试场景——基于场景的安全评估框架》	ISO 34502: 2022	
55	Road vehicles—Test scenarios for automated driving systems—Vocabulary	《道路车辆——自动驾驶系统的测试场景——词汇》	ISO 34501: 2022	
56	Functional requirements for vehicle gateways	《车辆网关的功能要求》	ITU-T F.749.1 (11/2015)	ITU
57	Service requirements for vehicle gateway platforms	《车辆网关平台的服务要求》	ITU-T F.749.2 (03/2017)	
58	Use cases and requirements for vehicular multimedia networks	《车载多媒体网络的用例和需求》	ITU-T F.749.3 (08/2020)	
59	Use cases and requirements for multimedia communication enabled vehicle systems using artificial intelligence	《多媒体通信的用例和需求以使车辆系统能够使用人工智能》	ITU-T F.749.4 (06/2021)	
60	Vehicle domain service-General information and use case definitions	《车辆域服务——一般信息和用例定义》	ITU-T F.749.5 (10/2021)	
61	Architecture and functional entities of vehicle gateway platforms	《汽车网关平台的架构和功能实体》	ITU-T H.550 (12/2017)	
62	Architecture of vehicular multimedia systems	《车载多媒体系统架构》	ITU-T H.551 (01/2022)	
63	Super-wideband and full band stereo hands-free communication in motor vehicles	《汽车的超宽带和全频带立体声免提通信》	ITU-T P.1120 (03/2017)	
64	Subsystem requirements for automotive speech services	《汽车语音服务子系统要求》	ITU-T P.1130 (06/2015)	
65	Security threats to connected vehicles	《网联车辆面临的安全威胁》	ITU-T X.1371 (05/2020)	
66	Security guidelines for vehicle-to-everything(V2X)communication	《V2X通信安全指南》	ITU-T X.1372 (03/2020)	
67	Guidelines for an intrusion detection system for in-vehicle networks	《车载网络入侵检测系统指南》	ITU-T X.1375 (10/2020)	
68	Security-related misbehavior detection mechanism using big data for connected vehicles	《网联车辆大数据安全相关的不当行为检测机制》	ITU-T X.1376 (01/2021)	
69	Architectural framework for transportation safety services	《交通安全服务架构》	ITU-T Y.4457 (06/2018)	

341

续上表

序号	标准名称		标准编号	发布机构
	英文名称	中文名称		
70	V2X Communications Message Set Dictionary	《V2X 通信消息集字典》	J2735—202007	SAE
71	Event Data Recorder	《事件数据记录器》	J1698 201703	
72	Event Data Recorder-Output Data Definition	《事件数据记录器-输出数据定义》	J1698/1—201805	
73	Event Data Recorder-Retrieval Tool Protocol	《事件数据记录器-检索工具协议》	J1698/2—201803	
74	Event Data Recorder-Compliance Assessment	《事件数据记录器-合规性评估》	J1698/3—202009	
75	Adaptive Cruise Control(ACC) Operating Characteristics and User Interface	《自适应巡航控制（ACC）运行特性和用户界面》	J2399—202110	
76	Human Factors in Forward Collision Warning Systems: Operating Characteristics and User Interface Requirements	《前向碰撞预警系统中的人为因素：运行特性和用户界面要求》	J2400—200308	
77	Messages for Handling Strings and Look-up Tables in ATIS Standards	《ATIS 标准中处理字符串和查找表的消息》	J2540—201906	
78	RDS Phrase Lists	《RDS 短语列表》	J2540/1—201906	
79	ITIS Phrase Lists(International Traveler Information Systems)	《ITIS 短语列表(国际旅客信息系统)》	J2540/2—202012	
80	ITIS Phrase Lists Traveler (International Traveler Information Systems)ASN File	《ITIS 短语列表（国际旅客信息系统）ASN 文件》	J2540/2ASN—202012	
81	ITIS Phrase Lists Traveler (International Traveler Information Systems)SET File	《ITIS 短语列表（国际旅客信息系统）SET 文件》	J2540/2S—202012	
82	National Names Phrase List	《国家名称短语表》	J2540/3—201906	
83	Blind Spot Monitoring System (BSMS): Operating Characteristics and User Interface	《盲点监控系统（BSMS）：运行特性和用户界》	J2802—202110	
84	Lane Departure Warning Systems: Information for the Human Interface	《车道偏离预警系统:人机界面信息》	J2808—201701	
85	Dedicated Short Range Communication(DSRC)Systems Engineering Process Guidance for SAE J2945/X Documents and Common Design Concepts	《SAE J2945/X 文件和通用设计概念专用短程通信（DSRC）系统工程（Engineering）过程指南》	J2945—201712	
86	Requirements Collection for Probe Data Applications	《探针数据采集应用要求》	J2945/C—202206	
87	On-Board System Requirements for V2V Safety Communications	《V2V 安全通信车载系统要求》	J2945/1—202004	
88	Vehicle Level Validation Test Procedures for V2V Safety Communications	《V2V 安全通信整车级验证测试程序》	J2945/1A—202007	
89	Dedicated Short Range Communications(DSRC)Performance Requirements for V2V Safety Awareness	《V2V 安全意识专用短程通信（DSRC）性能要求》	J2945/2—201810	

附录 | 附录3：城市客运自动驾驶相关标准规范清单

续上表

序号	标准名称 英文名称	标准名称 中文名称	标准编号	发布机构
90	Dedicated Short Range Communications(DSRC)Performance Requirements for V2V Safety Awareness ASN File	《V2V 安全意识专用短程通信（DSRC）性能要求 ASN 文件》	J2945/2A—201907	SAE
91	Dedicated Short Range Communications(DSRC)Performance Requirements for V2V Safety Awareness Set	《V2V 安全意识专用短程通信（DSRC）性能要求 Set 文件》	J2945/2S—201907	
92	Requirements for Road Weather	《道路天气应用要求》	J2945/3—202201	
93	Applications Requirements for Road Weather Applications ASN File	《道路天气应用要求 ASN 文件》	J2945/3A—202201	
94	Requirements for Road Weather Applications Set	《道路天气应用要求 Set 文件》	J2945/3S—202201	
95	Service Specific Permissions and Security Guidelines for Connected Vehicle Applications	《网联车辆应用程序服务特定权限和安全指》	J2945/5—202002	
96	Vulnerable Road User Safety Message Minimum Performance Requirements	《弱势道路使用者安全信息最低性能要求》	J2945/9—201703	
97	Considerations for ISO 26262 ASIL Hazard Classification	《ISO26262ASL 危害分级的考虑》	J2980—201804	
98	Taxonomy and Definitions for Terms Related to Driving Automation Systems for On-Road Motor Vehicles	《道路机动车辆驾驶自动化系统分级和相关术语定义》	J3016—202104	
99	Safety-Relevant Guidance for On-Road Testing of Prototype Automated Driving System(ADS)-Operated Vehicles	《原型自动驾驶系统（ADS）车辆的道路测试安全相关指南》	J3018—202012	
100	Driver-Vehicle Interface Considerations for Lane Keeping Assistance Systems	《车道保持辅助系统的驾驶-车辆界面考虑》	J3048—201602	
101	Cybersecurity Guidebook for Cyber-Physical Vehicle Systems	《信息物理车辆系统信息安全指南》	J3061—202112	
102	Active Safety Systems Terms and Definitions	《主动安全系统术语和定义》	J3063 202103	
103	Active Safety System Sensors	《主动安全系统传感器》	J3088—201711	
104	Active Safety Pedestrian Test Mannequin Recommendation	《主动安全行人测试人体模型建议》	J3116—201706	
105	Active Safety Bicyclist Test Targets Recommendation	《主动安全自行车测试目标推荐》	J3157—201902	
106	System Theoretic Process Analysis (STPA)Recommended Practices for Evaluations of Automotive Related Safety-Critical Systems	《汽车相关安全关键系统评估的系统理论过程分析（STPA）推荐规程》	J3187—202202	
107	LTE Vehicle-to-Everything(LTE-V2X)Deployment Profiles and Radio Parameters for Single Radio Channel Multi-Service Coexistence	《用于单无线信道多服务共存的LTE-V2X 部署配置文件和无线电参数》	J3161—202204	

343

续上表

序号	标准名称 英文名称	标准名称 中文名称	标准编号	发布机构
108	On-Board System Requirements for LTE-V2X V2V Safety Communications	《LTE-V2X V2V 安全通信车载系统要求》	J3161/1—202203	SAE
109	Vehicle Level Validation Test Procedures for V2V Safety Communications	《V2V 安全通信车辆级验证测试规程》	J3161/1A—202204	
110	Automated Driving System Data Logger	《自动驾驶系统数据记录器》	J3197—202107	
111	Taxonomy and Definitions for Terms Related to Cooperative Driving Automation for On-Road Motor Vehicles	《道路机动车辆协同驾驶自动化分级和相关术语定义》	J3216—202107	
112	V2X Sensor-Sharing for Cooperative and Automated Driving	《用于协作式自动驾驶的 V2X 感知共享》	J3224—202208	
113	Active Safety Roadside Metal Guardrail Surrogate Recommendation	《主动安全路侧金属护栏替代建议》	J3234/1—202201	

城市客运自动驾驶相关国家标准清单　　　　附表 3-2

序号	标准名称	标准编号	归口单位
1	《电动汽车远程服务与管理系统技术规范　第 1 部分：总则》	GB/T 32960.1—2016	全国汽车标准化技术委员会（SAC/TC 114）
2	《电动汽车远程服务与管理系统技术规范　第 2 部分：车载终端》	GB/T 32960.2—2016	
3	《电动汽车远程服务与管理系统技术规范　第 3 部分：通信协议及数据格式》	GB/T 32960.3—2016	
4	《商用车辆自动紧急制动系统（AEBS）性能要求及试验方法》	GB/T 38186—2019	
5	《道路车辆　先进驾驶辅助系统（ADAS）术语及定义》	GB/T 39263—2020	
6	《道路车辆盲区监测（BSD）系统性能要求及试验方法》	GB/T 39265—2020	
7	《汽车事件数据记录系统》	GB 39732—2020	
8	《汽车驾驶自动化分级》	GB/T 40429—2021	
9	《电动汽车远程服务与管理系统信息安全技术要求及试验方法》	GB/T 40855—2021	
10	《车载信息交互系统信息安全技术要求及试验方法》	GB/T 40856—2021	
11	《汽车网关信息安全技术要求及试验方法》	GB/T 40857—2021	
12	《汽车信息安全通用技术要求》	GB/T 40861—2021	
13	《电动汽车充电系统信息安全技术要求及试验方法》	GB/T 41578—2022	
14	《汽车用超声波传感器总成》	GB/T 41484—2022	
15	《智能泊车辅助系统性能要求及试验方法》	GB/T 41630—2022	
16	《驾驶员注意力监测系统性能要求及试验方法》	GB/T 41797—2022	

附录 | 附录3：城市客运自动驾驶相关标准规范清单

续上表

序号	标准名称	标准编号	归口单位
17	《商用车辆车道保持辅助系统性能要求及试验方法》	GB/T 41796—2022	全国汽车标准化技术委员会（SAC/TC 114）
18	《智能网联汽车自动驾驶功能场地试验方法及要求》	GB/T 41798—2022	
19	《道路车辆网联车辆方法论 第1部分：通用信息》	GB/T 41901.1—2022	
20	《道路车辆网联车辆方法论 第2部分：设计导则》	GB/T 41901.2—2022	
21	《公众电信网汽车信息服务要求》	GB/T 41239—2022	全国通信标准化技术委员会（SAC/TC 485）
22	《信息安全技术 汽车电子系统网络安全指南》	GB/T 38628—2020	全国信息安全标准化技术委员会（SAC/TC 260）
23	《信息安全技术 汽车数据处理安全要求》	GB/T 41871—2022	
24	《信息安全技术 网络预约汽车服务数据安全要求》	GB/T 42017—2022	
25	《智能运输系统 数据字典要求》	GB/T 20606—2006	全国智能运输系统标准化技术委员会（SAC/TC 268）
26	《智能运输系统 体系结构 服务》	GB/T 20607—2006	
27	《智能运输系统 自适应巡航控制系统性能要求与检测方法》	GB/T 20608—2006	
28	《智能运输系统 中央数据登记簿 数据管理机制要求》	GB/T 20611—2006	
29	《智能运输系统 通用术语》	GB/T 20839—2007	
30	《智能运输系统 车道偏离报警系统性能要求与检测方法》	GB/T 26773—2011	
31	《智能运输系统 消息集模板》	GB/T 28425—2012	
32	《合作式智能运输系统 专用短程通信 第1部分：总体技术要求》	GB/T 31024.1—2014	
33	《合作式智能运输系统 专用短程通信 第2部分：媒体访问控制层和物理层规范》	GB/T 31024.2—2014	
34	《合作式智能运输系统 专用短程通信 第3部分：网络层和应用层规范》	GB/T 31024.3—2019	
35	《合作式智能运输系统 专用短程通信 第4部分：设备应用规范》	GB/T 31024.4—2019	
36	《智能运输系统 车辆前向碰撞预警系统性能要求和测试规程》	GB/T 33577—2017	
37	《智能交通 数据安全服务》	GB/T 37373—2019	
38	《智能交通 数字证书应用接口规范》	GB/T 37374—2019	
39	《交通运输 数字证书格式》	GB/T 37376—2019	
40	《交通运输 信息安全规范》	GB/T 37378—2019	
41	《智能运输系统 扩展型倒车辅助系统性能要求与检测方法》	GB/T 37436—2019	
42	《智能运输系统 换道决策辅助系统性能要求与检测方法》	GB/T 37471—2019	

续上表

序号	标准名称	标准编号	归口单位
43	《智能运输系统　智能驾驶电子道路图数据模型与表达　第1部分：封闭道路》	GB/T 42517.1-2023	全国智能运输系统标准化技术委员会（SAC/TC 268）
44	《智能运输系统　智能驾驶电子道路图数据模型与表达　第2部分：开放道路》	GB/T 42517.2-2023	
45	《车载导航电子地图产品规范》	GB/T 20267—2006	全国地理信息标准化技术委员会（SAC/TC 230）
46	《导航电子地图框架数据交换格式》	GB/T 35645—2017	
47	《导航电子地图增量更新基本要求》	GB/T 35646—2017	
48	《导航电子地图安全处理技术基本要求》	GB 20263—2006	

城市客运自动驾驶相关行业标准清单　　附表3-3

序号	标准名称	标准编号	归口单位
1	《智能运输系统　供配电系统节能技术要求》	JT/T 1228—2018	全国智能运输系统标准化技术委员会（SAC/TC 268）
2	《智能运输系统　长距离单相供配电系统技术要求》	JT/T 1229—2018	
3	《基于车路协同的营运车辆前方交通障碍预警系统要求》	JT/T 1460-2023	
4	《基于LTE的车联网无线通信技术　空中接口技术要求》	YD/T 3340—2018	中国通信标准化协会
5	《基于LTE的车联网无线通信技术　总体技术要求》	YD/T 3400—2018	
6	《基于LTE的车联网无线通信技术　基站设备技术要求》	YD/T 3592—2019	
7	《基于LTE的车联网无线通信技术　核心网设备技术要求》	YD/T 3593—2019	
8	《基于LTE的车联网通信安全技术要求》	YD/T 3594—2019	
9	《基于LTE的车联网无线通信技术　基站设备测试方法》	YD/T 3629—2020	
10	《基于公众电信网的车载紧急报警系统　无线数据传输技术要求》	YD/T 3695—2020	
11	《基于LTE的车联网无线通信技术　网络层技术要求》	YD/T 3707—2020	
12	《基于LTE的车联网无线通信技术　网络层测试方法》	YD/T 3708—2020	
13	《基于LTE的车联网无线通信技术　消息层技术要求》	YD/T 3709—2020	
14	《基于LTE的车联网无线通信技术　消息层测试方法》	YD/T 3710—2020	
15	《基于公众电信网的车载紧急报警系统　基于IMS的数据传输技术要求》	YD/T 3711—2020	
16	《基于公众电信网的联网汽车安全技术要求》	YD/T 3737—2020	
17	《车联网信息服务　用户个人信息保护要求》	YD/T 3746—2020	
18	《车联网无线通信安全技术指南》	YD/T 3750—2020	
19	《车联网信息服务　数据安全技术要求》	YD/T 3751—2020	
20	《车联网信息服务　平台安全防护技术要求》	YD/T 3752—2020	
21	《基于LTE的车联网无线通信技术　支持直连通信的路侧设备测试方法》	YD/T 3847—2021	

附录 | 附录3：城市客运自动驾驶相关标准规范清单

续上表

序号	标准名称	标准编号	归口单位
22	《基于LTE的车联网无线通信技术 支持直连通信的车载终端设备测试方法》	YD/T 3848—2021	中国通信标准化协会
23	《基于公众电信网的车载紧急报警系统 需求及总体架构》	YD/T 3909—2021	
24	《基于公众电信网的车载紧急报警系统 车辆应急救援平台技术要求和测试方法》	YD/T 3910—2021	
25	《基于LTE的车联网无线通信技术 安全证书管理系统技术要求》	YD/T 3957—2021	
26	《基于车路协同的高等级自动驾驶数据交互内容》	YD/T 3978—2021	
27	《基于LTE的车联网无线通信技术 应用标识分配及映射》	YD/T 4008—2022	
28	《面向LTE-V2X的多接入边缘计算总体需求和业务架构》	YD/T 4358-2023	

城市客运自动驾驶相关地方标准清单　　附表3-4

序号	标准名称	标准编号	发布机构
1	《自动驾驶地图特征定位数据技术规范》	DB11/T 1880—2021	北京市市场监督管理局
2	《自动驾驶地图数据规范》	DB11/T 2041—2022	
3	《自动驾驶车辆封闭试验场地技术要求》	DB11/T 2050—2022	
4	《自动驾驶开放测试道路环境分级规范》	DB31/T 1264—2020	上海市市场监督管理局
5	《车路协同路侧设施设置指南》	DB32/T 4192—2022	江苏省市场监督管理局
6	《智能网联道路基础设施建设指南 第1部分：总则》	DB3202/T 1034.1—2022	无锡市市场监督管理局
7	《智能网联汽车 道路基础地理数据规范》	DB33/T 2391—2021	浙江省市场监督管理局
8	《智能网联道路建设规范（总则）》	DB4201/T 654—2022	武汉市市场监督管理局
9	《智能网联汽车自动驾驶功能测试规程 第1部分：公交车》	DB43/T 2292.1—2022	湖南省市场监督管理局
10	《智能网联公交车路云一体化系统技术规范 第1部分：总体技术要求》	DB43/T 2538—2022	
11	《智能网联汽车云控平台运营服务规范》	DB43/T 2291—2022	
12	《智能网联汽车道路测试远程监控系统技术规范》	DB50/T 1290—2022	重庆市市场监督管理局
13	《智慧高速公路 第4部分：车路协同系统数据交换》	DB50/T 10001.4—2021	
14	《智慧高速公路 第4部分：车路协同系统数据交换》	DB51/T 10001.4—2021	四川省市场监督管理局
15	《智能网联汽车整车信息安全技术要求》	DB4403/T 355—2023	深圳市市场监督管理局
16	《智能网联汽车软件升级技术要求》	DB4403/T 356—2023	
17	《智能网联汽车自动驾驶数据记录系统技术要求》	DB4403/T 357—2023	

续上表

序号	标准名称	标准编号	发布机构
18	《智能网联汽车自动驾驶系统设计运行条件》	DB4403/T 358—2023	深圳市市场监督管理局
19	《智能网联汽车自动驾驶系统技术要求 第1部分：高速公路及快速路自动驾驶》	DB4403/T 359.1—2023	
20	《智能网联汽车自动泊车系统技术要求》	DB4403/T 360—2023	
21	《智能网联汽车数据安全要求》	DB4403/T 361—2023	
22	《智能网联汽车车载卫星定位系统技术要求》	DB4403/T 362—2023	
23	《智能网联汽车远程服务与管理系统技术要求 第1部分：总则》	DB4403/T 363.1—2023	
24	《智能网联汽车远程服务与管理系统技术要求 第2部分：车载终端》	DB4403/T 363.2—2023	
25	《智能网联汽车远程服务与管理系统技术要求 第3部分：通讯协议及数据格式》	DB4403/T 363.3—2023	
26	《智能网联汽车V2X车载信息交互系统技术要求》	DB4403/T 364—2023	

城市客运自动驾驶相关团体标准清单　　附表3-5

序号	标准名称	标准编号	发布机构
1	《基于LTE的车联网无线通信技术安全证书管理系统技术要求》	T/CCSA 307—2021	中国通信标准化协会（CCSA）
2	《车联网络安全防护定级备案实施指南》	T/CCSA 339—2021	
3	《移动互联汽车数据共享与开放平台技术要求》	T/CCSA 352—2022	
4	《车载通信接入点技术要求》	T/ITS 0012—2014	中国智能交通产业联盟(C-ITS)
5	《基于公众电信网的汽车网关检测方法》	T/ITS 0054—2016	
6	《合作式智能运输系统车用通信系统应用层及应用数据交互标准（第一阶段）》	T/ITS 0058—2017	
7	《营运车辆自动驾驶系统分级》	T/ITS 0093—2018	
8	《智能网联驾驶标准体系架构》	T/ITS 0095—2018	
9	《基于LTE的车联网无线通信技术直连通信系统路侧单元技术要求》	T/ITS 0110—2020	
10	《营运车辆全景环视系统技术要求和实验方法》	T/ITS 0111—2021	
11	《自动驾驶车辆决策的安全保障技术要求》	T/ITS 0116—2019	
12	《合作式智能运输系统车用通信系统应用层及应用数据交互标准（第二阶段）》	T/ITS 0118—2020	
13	《自动驾驶车辆测试安全员专业技能要求》	T/ITS 0132—2020	
14	《基于车路协同的高等级自动驾驶数据交互内容》	T/ITS 0135—2020	
15	《营运车辆自动紧急制动系统仿真测试与评价方法》	T/ITS 0155—2021	
16	《基于ISO智能交通系统框架的5G上下行接口规范》	T/ITS 0165—2021	

附录 | 附录3：城市客运自动驾驶相关标准规范清单

续上表

序号	标准名称	标准编号	发布机构
17	《智能交通路侧激光雷达接口技术要求》	T/ITS 0173—2021	中国智能交通产业联盟(C-ITS)
18	《无人驾驶营运车辆安全技术条件》	T/ITS 0186—2021	
19	《车载终端与手持终端互联规范》	T/TIAA 002—2015	车载信息服务产业应用联盟（TIAA）
20	《车载信息服务终端技术规范》	T/TIAA 005—2015	
21	《车载信息服务信息分类与代码》	T/TIAA 008—2015	
22	《基于长期演进技术（LTE）的车联网终端射频和通信性能规范 第1部分：射频要求》	T/TIAA 013.1—2018	
23	《基于长期演进技术（LTE）的车联网终端射频和通信性能规范 第2部分：射频测试方法》	T/TIAA 013.2—2018	
24	《基于长期演进技术（LTE）的车联网终端射频和通信性能规范 第3部分：通信性能要求》	T/TIAA 013.3—2018	
25	《基于长期演进技术（TTE）的车联网终端射频和通信性能规范 第4部分：通信性能测试方法》	T/TIAA 013.4—2018	
26	《基于长期演进技术（LTE）的车联网终端射频和通信性能规范 第5部分：抗干扰要求》	T/TIAA 013.5—2018	
27	《基于长期演进技术（LTE）的车联网终端射频和通信性能规范 第6部分：抗干扰测试方法》	T/TIAA 013.6—2018	
28	《车联网数据采集要求》	T/TIAA 100—2018	
29	《车联网网络安全防护要求》	T/TIAA 015—2019	
30	《车联网车载应用服务数据交换格式》	T/TIAA 018—2019	
31	《车载毫米波雷达干扰侦听和规避规范》	T/TIAA 019—2021	
32	《智能网联汽车数据安全共享参考架构》	T/TIAA 020—2021	
33	《智能网联汽车数据共享安全要求》	T/TIAA 101—2021	
34	《智能网联汽车V2X系统预警应用功能测试与评价方法》	T/TIAA 102—2022	
35	《合作式智能运输系统车路协同云控系统C-V2X设备接入技术规范》	T/TIAA 103—2022	
36	《V2X车载终端安全芯片处理性能测试方法》	T/TIAA 104—2022	
37	《车路协同系统 应用层数据标准》	T/CITSA 09—2021	中国智能交通协会
38	《智能网联汽车道路测试及示范应用监管平台建设规范》	T/CITSA 30—2023	
39	《合作式智能运输系统 车用通信系统应用层及应用数据交互标准（第一阶段）》	T/CSAE 53—2017	中国汽车工程学会
40	《合作式智能运输系统 车用通信系统应用层及应用数据交互标准（第二阶段）》	T/CSAE 157—2020	
41	《基于车路协同的高等级自动驾驶数据交互内容》	T/CSAE 158—2020	
42	《基于LTE的车联网无线通信技术直连通信系统路侧单元技术要求》	T/CSAE 159—2020	

349

续上表

序号	标准名称	标准编号	发布机构
43	《智能网联汽车自动驾驶地图采集要素模型与交换格式》	T/CSAE 185—2021	中国汽车工程学会
44	《合作式智能运输系统 车路协同云控系统C-V2X设备接入技术规范》	T/CSAE 248—2022	
45	《V2X车载终端安全芯片处理性能测试方法》	T/CSAE 251—2022	
46	《自动驾驶汽车试验道路技术标准》	T/CECS G: V21-01—2020	中国工程建设标准化协会
47	《智慧交通 车联网服务平台评价规范》	T/CUPTA 034-2023	中国城市公共交通协会
48	《智慧交通 车联网数据采集规范》	T/CUPTA 035-2023	
49	《智慧交通 车联网数据服务平台总体架构》	T/CUPTA 036-2023	
50	《智能网联汽车数据通用要求》	T/TMAC 057-2023	中国技术市场协会
51	《智能运输系统 全速自适应巡航控制系统 性能要求和测试规程》	T/ITS 0002—2014	中关村中交国通智能交通产业联盟
52	《智能运输系统 车辆前向碰撞减缓系统 操作性能和检验要求》	T/ITS 0003—2014	
53	《合作式智能运输系统 专用短程通信 第1部分：总体技术要求》	T/ITS 0013.1—2014	
54	《合作式智能运输系统 专用短程通信 第2部分：媒体访问控制层和物理层规范》	T/ITS 0013.2—2014	
55	《合作式智能运输系统 专用短程通信 第3部分：网络层和应用层技术要求》	T/ITS 0013.3—2014	
56	《合作式智能运输系统 专用短程通信 第4部分：设备应用》	T/ITS 0013.4—2014	
57	《合作式智能运输系统 专用短程通信 无线互联车载单元设备应用》	T/ITS 0033—2015	
58	《合作式智能运输系统 信息安全总体技术要求》	T/ITS 0035—2015	
59	《合作式智能运输系统 参与方信息交互接口规范》	T/ITS 0036—2015	
60	《合作式智能运输系统 道路信息结构化和交互数据集规范》	T/ITS 0037—2015	
61	《合作式智能运输系统 盲区安全预警系统的数据规范》	T/ITS 0038—2015	
62	《基于合作式智能运输系统的智能手持终端应用服务规范》	T/ITS 0039—2015	
63	《合作式智能运输系统 车速引导服务数据规范》	T/ITS 0040—2015	
64	《智能运输系统 低速跟车系统 性能要求和测试规程》	T/ITS 0045—2016	
65	《合作式智能运输系统 车用通信系统应用层及应用数据交互标准》	T/ITS 0058—2017	
66	《营运车辆自动驾驶系统分级》	T/ITS 0093—2018	
67	《合作式智能运输系统 通信架构》	T/ITS 0097—2018	
68	《合作式智能运输系统 增强应用集》	T/ITS 0098—2018	

附录 | 附录3：城市客运自动驾驶相关标准规范清单

续上表

序号	标准名称	标准编号	发布机构
69	《自动驾驶商用汽车测试场建设及自动测试规范》	T/ITS 0101—2019	中关村中交国通智能交通产业联盟
70	《营运车辆 合作式自动驾驶货车编队行驶 第1部分：总体技术要求》	T/ITS 0113.1—2019	
71	《营运车辆 合作式自动驾驶货车编队行驶 第2部分：驾驶场景和行驶行为要求》	T/ITS 0113.2—2019	
72	《营运车辆 合作式自动驾驶货车编队行驶 第3部分：车辆通讯应用层数据交互要求》	T/ITS 0113.3—2021	
73	《自动驾驶车辆决策的安全保障技术要求》	T/ITS 0116—2019	
74	《合作式智能运输系统 RSU与中心子系统间数据接口规范》	T/ITS 0117—2020	
75	《合作式智能运输系统 车用通信系统应用层及应用数据交互标准 第二阶段》	T/ITS 0118—2020	
76	《限定场景下的低速自动驾驶系统 性能要求与测试规程》	T/ITS 0119—2019	
77	《面向车路协同的通信证书管理技术规范》	T/ITS 0127—2020	
78	《中小型客车自动驾驶 无线充电技术要求》	T/ITS 0130—2020	
79	《自动驾驶车辆测试安全员专业技能要求》	T/ITS 0132—2020	
80	《基于车路协同的自动驾驶实车在环测试系统 应用数据交互信息集》	T/ITS 0133—2020	
81	《基于车路协同的高等级自动驾驶 数据交互内容》	T/ITS 0135—2020	
82	《基于ETC专用短程通信的车路协同 第1部分：应用集及应用数据交互需求》	T/ITS 0136.1—2021	
83	《基于ETC专用短程通信的车路协同 第2部分：应用层数交互格式》	T/ITS 0136.2—2021	
84	《自动驾驶出租汽车 第1部分：车辆运营技术要求》	T/ITS 0137.1—2020	
85	《自动驾驶出租汽车 第2部分：自动驾驶功能测试方法及要求》	T/ITS 0137.2—2020	
86	《智慧高速公路 车路协同系统框架及要求》	T/ITS 0140—2020	
87	《普通国省干线智慧公路建设框架》	T/ITS 0144—2021	
88	《自动驾驶车辆决策安全保障系统 测试规范》	T/ITS 0150—2021	
89	《自动驾驶出租汽车测试运营规范与安全管理要求》	T/ITS 0154—2021	
90	《基于车路协同的自动驾驶实车在环测试系统 通用要求》	T/ITS 0175—2021	
91	《城市群综合客运枢纽间多模式交通系统运行风险评估方法》	T/ITS 0177—2021	
92	《综合客运枢纽智能化系统信息交换技术规范》	T/ITS 0178—2021	
93	《城市群多模式客运枢纽一体化运行评价指标体系》	T/ITS 0179—2021	
94	《车路协同信息交互技术要求 第1部分：路侧设施与云控平台》	T/ITS 0180.1—2021	

续上表

序号	标准名称	标准编号	发布机构
95	《车路协同信息交互技术要求 第2部分：云控平台与第三方应用服务》	T/ITS 0180.2—2021	中关村中交国通智能交通产业联盟
96	《自动驾驶公交车 第1部分：车辆运营技术要求》	T/ITS 0182.1—2021	
97	《自动驾驶公交车 第2部分：自动驾驶功能测试方法与要求》	T/ITS 0182.2—2021	
98	《低速无人配送车运行安全要求》	T/ITS 0202—2021	
99	《自动驾驶车辆封闭试验场地技术要求》	T/CMAX 116-02—2018	中关村智通智能交通产业联盟
100	《自动驾驶车辆道路测试数据采集要求》	T/CMAX 43001—2019	
101	《场（厂）内专用自动驾驶纯电动小型巴士技术规范》	T/CMAX 118—2019	
102	《自动驾驶车辆测试道路要求》	T/CMAX 119—2019	
103	《自动驾驶车辆道路测试安全管理规范》	T/CMAX 120—2019	
104	《自动驾驶车辆模拟仿真测试平台技术要求》	T/CMAX 121—2019	
105	《自动驾驶车辆道路测试能力评估内容与方法》	T/CMAX 116-01—2020	
106	《自动驾驶仿真测试场景集要求》	T/CMAX 21002—2020	
107	《场（厂）内专用自动驾驶纯电动小型巴士 第1部分：车辆技术要求》	T/CMAX 21003.1—2021	
108	《场（厂）内专用自动驾驶纯电动小型巴士 第2部分：自动驾驶能力评估内容与方法》	T/CMAX 21003.2—2021	
109	《自动驾驶车辆载人功能测试内容及方法》	T/CMAX 22001—2022	
110	《自动驾驶车辆编队行驶能力测试内容及方法》	T/CMAX21005—2023	
111	《自动驾驶车辆道路测试能力评估内容与方法》	T/ZSA 53—2018	中关村标准化协会
112	《自动驾驶车辆封闭试验场地技术要求》	T/ZSA 54—2018	
113	《自动驾驶仿真测试场景集要求》	T/ZSA 40—2020	
114	《自动驾驶出租汽车 第1部分：通用技术要求》	T/ZSA 32.1—2021	
115	《自动驾驶出租汽车 第2部分：自动驾驶功能场地测试方法及要求》	T/ZSA 32.2—2021	
116	《智能网联汽车 自动驾驶功能封闭道路测试与评价方法》	T/SAS 0010—2021	上海市标准化协会
117	《智能交通系统-高速公路自动驾驶系统-性能要求及道路测试规程》	T/SSAE 3—2021	上海市汽车工程学会
118	《车路协同系统 应用场景描述和技术参数定义》	T/SHJX 005—2018	上海市交通运输行业协会
119	《车路协同系统 功能性能测试技术规程》	T/SHJX 002—2019	
120	《车路协同系统 基于LTE的车路通信技术框架》	T/SHJX 003—2019	
121	《车路协同系统 车载信息系统一体化技术要求》	T/SHJX 004—2019	
122	《车路协同系统 交通信号控制机和车辆信息交互设备技术导则》	T/SHJX 005—2019	

附录 | 附录3：城市客运自动驾驶相关标准规范清单

续上表

序号	标准名称	标准编号	发布机构
123	《车路协同系统 适应自动驾驶自主泊车的停车场（库）智能化分级和测试方法》	T/SHJX 021—2021	上海市交通运输行业协会
124	《车路协同系统 面向车路协同应用场景的高精度地图技术要求》	T/SHJX 022—2021	
125	《车路协同系统 动态数字地图应用层数据集技术要求》	T/SHJX 023—2021	
126	《车联网边缘计算资源部署规范》	T/JSHLW 002-2023	江苏省互联网协会
127	《基于区块链的车联网通信安全架构规范》	T/JSHLW 003-2023	
128	《基于区块链的车联网密钥管理规范》	T/JSHLW 004-2023	
129	《基于区块链的车联网节点信任管理规范》	T/JSHLW 005-2023	
130	《基于区块链的车联网数据应用技术规范》	T/JSHLW 006-2023	
131	《基于5G边缘计算的车联网架构规范》	T/JSHLW 007-2023	
132	《智能网联汽车自动驾驶功能封闭场地测试规程》	T/SXSAE 002—2022	陕西省汽车工程学会
133	《自动驾驶小型客车总体技术要求》	T/SXSAE 003—2022	
134	《智能网联汽车封闭测试区(海南)自动驾驶功能评估内容与方法》	T/HNBX 102—2020	海南省标准化协会
135	《智能汽车封闭测试区(海南)高速公路自动驾驶汽车功能测试方法》	T/HNBX 104—2020	
136	《智能网联汽车道路测试与示范应用数据采集规范》	T/QAAM 001-2023	青岛市汽车行业协会
137	《智能网联汽车道路测试与示范应用管理平台标准》	T/QAAM 002-2023	
138	《智能网联汽车道路测试与示范应用安全管理要求》	T/QAAM 003-2023	
139	《智能网联汽车道路测试与示范应用智能化道路分级标准》	T/QAAM 004-2023	

附录4：中英文术语对照表

中英文术语对照表　　　　　　　　　　附表4-1

序号	英文简称	中文全称	英文全称
1	3D	三维	Three Dimensional
2	3G	第三代移动通信技术	3rd Generation Mobile Communication Technology
3	3GPP	第三代合作伙伴计划	3rd Generation Partnership Project
4	4G	第四代移动通信技术	4th Generation Mobile Communication Technology
5	5G	第五代移动通信技术	5th Generation Mobile Communication Technology
6	ACC	自适应巡航控制	Adaptive Cruise Control
7	ADAS	高级驾驶辅助系统	Advanced Driving Assistance System
8	ADS	自动驾驶场景	Autonomous Driving Scenario
9	AEB	自动紧急制动	Autonomous Emergency Braking
10	AI	人工智能	Artificial Intelligence
11	ALKS	自动车道保持系统	Automated Lane Keeping Systems
12	APA	自动泊车辅助	Auto Parking Assist
13	APP	应用程序	Accelerated Parallel Processing
14	ASU	确认信号单元	Acknowledgement Signal Unit
15	BEV	鹰眼视角	Bird's Eye View
16	BIM	建筑信息模型	Building Information Modeling
17	BRT	快速公交系统	Bus Rapid Transit
18	BSD	盲区监测系统	Blind Spot Detection
19	CAD	计算机辅助设计	Computer Aided Design
20	CAE	计算机辅助工程	Computer Aided Engineering
21	CBD	中央商务区	Central Business District
22	CIM	城市信息模型	City Information Modeling
23	CMOS	互补金属氧化物半导体	Complementary Metal Oxide Semiconductor
24	CNN	卷积神经网络	Convolutional Neural Network
25	CPUC	美国加州公共事业委员会	California Public Utilities Commission
26	C-V2X	蜂窝车联网	Cellular-Vehicle to Everything
27	D2RL	密集深度强化学习	Deep Dense Architectures in Reinforcement Learning
28	DMP	动态地图平台	Dynamic Map Platform
29	DMS	驾驶员监测系统	Driver Monitor System
30	DMV	美国加州车辆管理局	California Department of Motor Vehicles

附录 | 附录4：中英文术语对照表

续上表

序号	英文简称	中文全称	英文全称
31	DSSAD	自动驾驶车辆数据存储系统	Data Storage System for Automated Driving
32	ECU	电子控制单元	Electronic Control Unit
33	EDR	汽车事件数据记录系统	Event Data Recorder
34	EEA	电子电气架构	Electrical/Electronic Architecture
35	EUHT	增强型超高吞吐率	Enhanced Ultra High Throughput
36	GDP	国内生产总值	Gross Domestic Product
37	GIS	地理信息系统	Geographic Information System
38	GNSS	全球导航卫星系统	Global Navigation Satellite System
39	GPS	全球定位系统	Global Positioning System
40	GRVA	自动驾驶及网联车辆工作组	Working Party on Automated/Autonomous and Connected Vehicles
41	HMI	人机交互界面	Human Machine Interface
42	ILC	自动变道辅助系统	Indicated Lane Change
43	INS	即惯性导航系统	Inertial Navigation System
44	IoT	物联网	Internet of Things
45	ISO	国际标准化组织	International Organization for Standardization
46	ITS	智能运输系统	Intelligent Transport System
47	ITU	国际电信联盟	International Telecommunication Union
48	LCC	车道居中辅助	Lane Centering Control
49	LDW	车道偏离报警	Lane Departure Warning
50	LED	发光二极管	Light Emitting Diode
51	LKA	车道保持辅助	Lane Keeping Assist
52	LSADS	低速自动驾驶系统	Low-speed automated driving system
53	LTE	长期演进	Long Term Evolution
54	MaaS	出行即服务	Mobility as a Service
55	MPDM	多策略决策系统	Multi-policy Decision Making
56	NASA	美国航空航天局	National Aeronautics and Space Administration
57	NCAP	新车评价程序	New Car Assessment Program
58	NDE	自然驾驶环境	Natural Driving Environment
59	NHTSA	美国高速公路安全管理局	National Highway Traffic Safety Administration
60	NOA	自动辅助导航驾驶	Navigate on Autopilot
61	OBU	车载单元	On board Unit

续上表

序号	英文简称	中文全称	英文全称
62	ODD	运行设计域	Operational Design Domain
63	OEM	原始设备制造商	Original Equipment Manufacturer
64	OS	操作系统	Operating System
65	OTA	空中下载技术	Over-the-Air Technology
66	PaaS	平台即服务	Platform as a Service
67	PPP	政府和社会资本合作	Public Private Partnership
68	RSU	路侧单元	Road Side Unit
69	SAE	国际自动机工程师学会	Society of Automotive Engineers
70	SAS	速度辅助系统	Speed Assist System
71	SCIE	智慧城市产业生态圈	Smart City Industrial Ecosphere
72	SQL	结构化查询语言	Structured Query Language
73	T-BOX	智能远程信息处理网关	Telematics-BOX
74	TCO	总拥有成本	Total Cost of Ownership
75	V2P	车与行人	Vehicle To Pedestrian
76	V2V	车与车	Vehicle To Vehicle
77	V2X	车联万物	Vehicle To Everything